100 réponses de psy aux questions des parents

Anne Bacus

100 réponses de psy aux questions des parents

MARABOUT

Sommaire

Chapitre 3 – Le développement intellectuel et social

Seconde partie De l'enfance à l'adolescence (de 6 à 14 ans)

Chapitre 1 – La vie familiale

Chapitre 2 – La vie quotidienne, le caractère et le comportement

Chapitre 3 – La vie intellectuelle et sociale

Introduction

Tous les parents se posent des questions sur l'éducation qu'ils donnent à leurs enfants. Quelles limites mettre à leurs désirs d'exploration ? Comment leur annoncer que le Père Noël n'existe pas ? Faut-il leur donner de l'argent de poche ? Comment réagir s'ils mentent ? Et tant d'autres.

Ces interrogations et ces remises en question sont très positives : elles sont le signe que les parents veulent faire au mieux pour leurs enfants et souhaitent éviter les erreurs. De leur côté, tous les enfants traversent des périodes où ils sont moins « faciles » qu'à d'autres. Un jour, c'est l'aînée qui, subitement, a une peur bleue des araignées. Le lendemain, c'est le cadet qui se montre grognon ou qui refuse le pot.

Ce livre s'adresse à tous les parents qui cherchent des réponses simples et concrètes face à des événements de tous les jours. Non pas pour suivre à la lettre ce qui est conseillé, mais pour mieux saisir ce qui se joue pour l'enfant, et ainsi affiner les choix éducatifs.

Chaque famille est différente, chaque enfant est unique. Vous ne trouverez donc pas dans ce livre des réponses en « kit », prêtes à l'emploi et applicables à tous. Vous, parents, connaissez votre enfant mieux que quiconque. Vous êtes les mieux placés pour le comprendre. Mais aussi ceux pour qui c'est le plus difficile, car vous êtes les plus impliqués. V**ous trouverez ici des pistes de réflexion pour prendre un peu de recul et des conseils concrètement applicables** : à vous d'en faire des cas particuliers, en les adaptant au caractère de votre enfant et en y ajoutant tout l'amour que vous avez pour lui.

Tous les sujets de ce livre ne concernent pas votre enfant… ou pas encore. Les lire, c'est penser de manière préventive. **Anticiper une difficulté, c'est souvent l'éviter**. Au fil des pages, vous trouverez une façon de réfléchir, de vous interroger, de mieux comprendre les enfants, qui confortera vos compétences de parents et facilitera le dialogue.

Je m'adresse ici aux pères autant qu'aux mères. C'est pour moi une évidence : l'éducation d'un enfant est l'affaire de ses deux parents.

Ce livre ne répond pas à toutes vos questions. Les psychologues sont là pour discuter avec vous. N'hésitez pas à les consulter. Il est fréquent qu'une seule séance suffise à vous rassurer ou à débloquer une situation.

Première partie

Le bébé et le jeune enfant (de la naissance à 6 ans)

chapitre 1

La relation parents-bébé et la vie familiale

1 Comment traverser en douceur *le baby-blues ?*

Ouf, enfin, vous n'êtes plus enceinte ! Fini, ce ventre énorme, cette difficulté à marcher, à digérer, à dormir, cet essoufflement permanent…

L'accouchement s'est bien passé et vous êtes rentrée chez vous, votre bébé dans vos bras. Vous « devriez » être rayonnante, pleine de confiance et de dynamisme. Pourtant, au milieu d'instants de vrai bonheur, vous vous sentez perdue, anxieuse, incompétente, seule. Au lieu d'être heureuse, vous pleurez sans arrêt. Que se passe-t-il ? Les spécialistes nomment **ce moment de dépression qui suit l'accouchement le « blues du post-partum »**.

Les raisons de la dépression

• L'énorme **changement physique, moral et hormonal** que vous avez subi après l'accouchement suffirait à lui seul à expliquer ce nécessaire moment d'ajustement. Comme après un événement très attendu, porteur de tension et d'excitation, il y a un état de choc et un sentiment de vide. Chacun a eu l'occasion d'expérimenter cela une fois ou l'autre.

• Comme toute transition brusque, **le passage de l'état de femme enceinte à celui de maman est délicat**. Vous y gagnez, bien sûr : ce merveilleux bébé, vous l'avez voulu, vous l'avez attendu, et « ô merveille » il est là, entier, magnifique. Mais vous perdez aussi, ce qui était moins prévu. Quoi ? D'être le centre du monde, celle que l'on choie et que l'on entoure (maintenant, c'est votre bébé qui attire les sunlights), les tête-à-tête avec votre conjoint, les nuits complètes, les loisirs, etc.

• **La réalité est plutôt décevante, comparée aux rêves** que vous avez portés en vous si longtemps. Votre bébé ne ressemble pas à ceux de la publicité : il pleure beaucoup, il semble avoir toujours faim, il appelle la nuit et dort le jour. Il a beau être minuscule, il vous dévore entièrement !

• Quant à vous, où est passée la mère parfaite, joyeuse et patiente que vous vous promettiez d'être ? Vous vous dites que n'importe laquelle de vos copines s'en sortirait mieux que vous… et vous fondez en larmes.

• **La fatigue joue un rôle déterminant.** Accouchement, rythme de la maternité, visites, manque de sommeil… Comme vous êtes épuisée, chaque tâche prend des proportions plus grandes : agir vous fatigue, ne pas agir vous angoisse. Arrivent alors le stress, le découragement, l'exaspération… et la culpabilité.

Que faire ?

Ce moment de blues dure en général **entre deux à trois jours et deux à trois semaines**. Cela dépend des femmes, de leur état physique et émotionnel, de l'aide et du soutien dont chacune dispose. Alors en attendant que cela passe, comment réagir ?

• Savoir que ce sentiment de blues existe suffit souvent à se rassurer et à prendre patience. **Ne pas rester isolée et oser dire ce que l'on ressent** est très libérateur : donnez-vous le droit de pleurer devant votre propre mère ou bien téléphonez à votre meilleure copine pour lui raconter vos misères.

• C'est le moment ou jamais de **vous faire aider**. Une voisine peut acheter votre pain en même temps que le sien, votre conjoint peut s'occuper des repas, une femme de ménage peut venir nettoyer à votre place, etc. Si vous avez trop de visites, limitez-vous aux gens à qui vous pouvez dire : « Et si vous apportiez le dîner ? », ou : « Pendant que tu es là, peux-tu étendre le linge ? » Pas de culpabilité : vous faites cela pour votre bébé.

• Ce temps dégagé, prenez-le pour vous et pour votre petit. Vous découvrirez vite l'importance de vous reposer chaque fois que votre bébé dort et de faire des siestes. Vous savourerez la douceur merveilleuse de se laisser aller, détendue, votre bébé endormi au creux du bras…

• En plus de cela, il est important pour votre moral de **vous accorder chaque jour un moment de détente personnelle** : prendre un bain, lire un magazine, pratiquer une activité physique, téléphoner à une copine… Même si cette période est très prenante, ne la vivez pas comme si vous étiez coupée du monde ni de tout ce qui faisait votre plaisir.

• Le **conjoint peut se sentir perturbé et avoir lui aussi besoin d'un temps d'adaptation** à sa nouvelle famille. Expliquez-lui que son rôle, ces premières semaines, consiste essentiellement à prendre soin de vous (et de la maison) pour que vous puissiez prendre soin du bébé. C'est parce qu'il vous soutient et s'occupe de tout le reste que vous pouvez trouver en vous la sérénité et la confiance dans votre nouveau rôle. C'est l'essentiel… même s'il peut aussi, avec compétence et bonheur, vous seconder en jouant le « papa poule » !

Sachez vous faire aider

L'important est de ne pas rester seule avec ses difficultés. Il faut **pouvoir parler et se faire assister**. Les municipalités peuvent procurer une aide à domicile aux parents dont les revenus se situent en dessous d'un certain seuil. Si vos moyens vous le permettent, n'hésitez pas à prendre contact avec un organisme privé ou associatif qui vous fournira, à l'occasion ou régulièrement, une aide qualifiée. C'est aussi le moment d'appeler une copine qui viendra vous donner un coup de main et vous tenir compagnie.

Protégez votre couple

Être à la fois la mère parfaite d'un bébé « normal » (qui pleure, se réveille la nuit, etc.) et une conjointe attentionnée relève de la quadrature du cercle. Votre conjoint est présent pour vous relayer. Qu'il prenne la relève vous permet de vous accorder du temps personnel. Mais il est important de vous **ménager aussi du temps à deux**. N'hésitez pas à confier votre enfant à un membre de la famille ou à une baby-sitter pour sortir ensemble une fois par semaine. Essayez chaque jour de vous trouver ne serait-ce qu'une demi-heure de calme et d'intimité à deux, lorsque bébé dort. **Vous étiez un couple avant de devenir des parents, et il est important que vous le restiez**. Votre identité ne se limite pas à être père ou mère. Vous continuez à exister par vous-même et à deux, ne l'oubliez pas. Votre enfant n'en souffrira pas, bien au contraire.

Gare à la dépression

Le blues du post-partum peut être sérieux et durer plusieurs mois. Si la dépression est sévère, la maman peut avoir des difficultés à s'occuper de son bébé et ne plus pouvoir faire face au quotidien. Quant au bébé, comme il ne comprend pas pourquoi sa maman ne lui sourit pas ou ne joue pas avec lui, il peut aussi être affecté. Dans ce cas, il ne faut surtout pas s'en cacher ou se renfermer, mais aller ***consulter un médecin qui saura écouter, conseiller et aider****.*

2 La relation maman-bébé : comment se créent ***les premiers liens*** ?

Le bébé naît immature et fragile. Totalement dépendant. Pour survivre, il a un besoin absolu des autres humains et, en tout premier lieu, de sa maman. C'est pourquoi sa compétence initiale de bébé consiste à savoir s'attacher à sa mère (ou à celui qui le « materne ») et à l'attacher à lui en retour.

Naître, c'est moins venir au monde qu'en changer.

Pendant neuf mois, le bébé, dont tous les besoins physiologiques sont comblés, vit dans une totale complicité avec sa maman. Accompagné par les bruits (le cœur, la digestion, la respiration, la voix, forment un bruit de fond permanent), bercé par les mouvements (ceux de sa mère, ou la conséquence de sa simple respiration), caressé par le liquide amniotique, protégé et lové dans un confort sans faille.

Avec la naissance, le bébé découvre l'inconfort et le manque. Il a soif ou faim, il a froid ou chaud, il est gêné par un rot coincé ou une couche souillée. Il pleure. Maman survient, fait ce qu'il faut, et l'inconfort cesse. Allons, la vie n'est donc pas si pénible. Le bébé retrouve confiance. Sa maman, **c'est d'abord la personne qui lui donne envie de vivre.**

L'importance du lien

Le bébé était à l'abri dans sa « bulle » utérine. Pour qu'il se développe bien, il est nécessaire de créer autour de lui une nouvelle « bulle » où il se sentira protégé, nourri, caressé et aimé. Le corps de la mère est en lui-même un espace de sécurité et de bien-être magnifique pour un bébé. C'est d'ailleurs pourquoi il s'arrête généralement de pleurer lorsque la personne qui le materne le prend dans ses bras (et non parce qu'il est capricieux).

Grâce à cette « enveloppe » paisible et aimante créée par la mère, le bébé va pouvoir **donner sens à tout ce qu'il perçoit de son environnement et apprendre ce qu'il est**. Il se sent protégé de ce qui vient du dehors comme du dedans (les sensations douloureuses, les frustrations, les affects violents).

Comment le bébé s'y prend-il pour créer des liens ?

Dès la naissance, le bébé est équipé sur le plan sensoriel et sait solliciter une relation chaleureuse et vivante, en particulier avec sa maman. En voici quelques exemples :

- Il s'intéresse aux visages humains plus qu'à toute autre chose. Il reconnaît celui de sa mère en quelques heures.
- Il n'est pas encore sorti de la maternité qu'il sait déjà distinguer l'odeur et la voix de sa mère - qui l'apaisent de manière saisissante - de ceux d'une autre femme.
- Il agit directement à distance sur le corps de sa mère : quelle maman qui allaite n'a pas constaté des montées de lait, en pleine nuit, au premier cri de son enfant, voire dans les minutes qui le précèdent ?
- Enfin, il sourit, bien plus tôt qu'on ne le dit. Déjà dans les jours qui suivent sa naissance, le tout-petit cherche à capter le regard et ébauche des sourires heureux. Y a-t-il meilleur moyen humain pour créer un attachement ?

Comment répondre au mieux au besoin de lien de son bébé ?

• Dès que l'occasion se présente, la maman peut prendre son tout-petit et le tenir contre elle. Elle peut aussi répondre rapidement à ses pleurs, qu'ils soient de faim, de gêne ou de simple inconfort, sans crainte de le gâter. Sans oublier que beaucoup de tendresse passe à travers les gestes simples du repas, du change ou du bain.

• Dans de nombreuses cultures, les mamans répondent au besoin de s'agripper à elles que manifeste leur petit en le portant contre elles, serré dans un châle. **Ce contact corporel étroit est essentiel**. Les mamans occidentales ont le porte-bébé kangourou, qui permet à bébé de les accompagner en promenade, mais aussi dans leurs activités courantes de la maison.

• En berçant son bébé dans ses bras : il adore ! Cela lui rappelle sa vie utérine. Bébé est aussi très demandeur de chansons fredonnées d'une voix douce et d'un petit bavardage attentif fait de mots, de sons et de sourires.

La maman qui est séparée de son bébé à la naissance

Il arrive que, pour des raisons médicales, le bébé soit séparé de sa mère juste après la naissance. C'est toujours un déchirement. Pourtant, l'essentiel est de maintenir au mieux la continuité de la relation. Aller voir l'enfant, lui parler, le tenir contre soi dès que possible. Par conséquent, toute marque de tendresse reçue par son bébé sera mise à son crédit à elle, sa maman. Sa place reste là, non pas vide mais à reprendre, en tendresse et en douceur.

Ainsi, dans tous les cas, par ce lien merveilleux de tendresse, de paroles et de soin qui le lie à sa mère, puis à son père, le bébé va grandir, solide et confiant, protégé tout le temps qui lui sera nécessaire.

Avoir confiance en soi

Les premiers temps que la mère passe avec son bébé sont importants. L'un et l'autre font connaissance, ils apprennent à décrypter les messages et les besoins. À ce jeu, l'enfant est très habile et tout prêt à aider sa maman si elle-même se sent maladroite. Pour que tout se passe bien, il est bon que la jeune mère puisse se consacrer à sa tâche, qu'elle se sente en sécurité, sans être troublée par trop de soucis extérieurs.

Les jeunes mamans d'aujourd'hui ont, pour la plupart, peu d'expérience en matière de bébés. Quelques heures de baby-sitting, quelques livres de puériculture. Elles craignent souvent de ne pas savoir s'y prendre avec leur bébé, de faire des erreurs irréversibles. On leur a tant dit que tout se jouait dans les premiers mois ou les premières années ! Le rôle de l'entourage compte beaucoup. **Ce qui aide le plus les mamans, ce ne sont pas les conseils, mais l'assurance qu'elles sont de bonnes mères, compétentes, qui peuvent se fier à leur instinct.**

Quelle place pour l'autre parent ?

Comme le dit justement le proverbe : « À l'enfant, il faut la chaleur de la mère. » Mais cela n'exclut pas le conjoint, dont la présence auprès de la mère et de son bébé est **essentielle dès les premières heures.**

Pour que la mère puisse accomplir au mieux sa tâche, créer un lien vivant et chaleureux avec son bébé, s'accorder à lui, il est nécessaire qu'elle-même se sente aimée et entourée. **Avoir près d'elle un compagnon ou une compagne attentif et rassurant**, à l'écoute de ses joies et de ses doutes, **est ce qui l'aidera le plus**. Puis, très vite, le second parent entre à son tour en relation avec son enfant, d'une façon différente et riche qui n'appartient qu'à eux.

Bien sûr, au début, le conjoint fait surtout du « maternage », mais il le fait avec sa différence : son odeur, sa voix, ses gestes… Si bien que l'enfant se rend vite compte qu'il ne vit pas seul avec sa mère. Le monde est riche de diversité. Cela éveille sa curiosité et lui donne envie de grandir.

3 Faut-il garder bébé dans *la chambre parentale* ?

« J'avais prévu de garder mon bébé à côté de moi pour pouvoir le nourrir plus facilement la nuit, mais les petits bruits qu'il faisait en dormant me tenaient totalement en alerte : impossible de fermer l'œil ! »
Une maman.

Cela commence par neuf mois d'intimité totale. Dans les dernières semaines précédant la naissance, la mère ressent tout de son bébé : lorsqu'il dort, lorsqu'il se retourne, lorsqu'il a le hoquet. Après quelques jours de complicité à la maternité, on ramène enfin son beau bébé tout neuf à la maison. On rêve de le voir dans son joli couffin, dans son berceau amoureusement décoré. Et même si on lui a préparé une petite chambre pour lui, ou une place dans celle de l'aîné, on se sent plus rassurée, on trouve plus confortable de l'installer dans sa propre chambre, à côté de son lit. Normal : on vient juste de faire connaissance, on n'a pas envie de déjà se séparer.

Il y a un temps pour garder bébé près de soi

La maman allaite ? Rien de plus simple, la nuit, que de glisser bébé directement dans son propre lit dès qu'il manifeste sa faim et de l'installer au sein sans même avoir à se lever.

Bébé prend des biberons ? C'est aussi au creux du grand lit bien chaud qu'il est doux de se blottir l'un contre l'autre, le conjoint tout à côté, quand il faut faire face à une petite faim de trois heures du matin. Bébé se rendort ? On le glisse délicatement dans son couffin… et on fait comme lui.

Très bien. Mais jusqu'à quand ?

Dans les premiers mois, tant que bébé ne fait pas ses nuits, aucun problème. Certains aiment avoir leur bébé près d'eux. D'autres constatent qu'ils dorment mieux, et leur bébé aussi, s'ils se séparent la nuit. **À chaque parent de choisir la solution qui lui semble la plus naturelle, celle qui lui convient le mieux.**

Passé ce délai, il est important de trouver dans la maison un coin aménagé pour le bébé où il pourra dormir au calme et en toute sécurité. Les parents ont besoin de retrouver une intimité et le bébé, d'apprendre à dormir toute la nuit, ce qui sera beaucoup plus difficile s'il reste dans la chambre parentale.

Il peut exister plusieurs raisons de garder son bébé près de soi.

• Certaines mères ne sont apaisées qu'en sentant le souffle léger et tiède de leur bébé tout près d'elle. S'il est dans une autre pièce, les voilà inquiètes, allant à tout moment voir s'il respire bien.

• On craint aussi parfois que, mis dans la chambre d'un aîné, le bébé ne le réveille la nuit : en réalité, l'enfant s'habitue très vite à entendre pleurer son petit frère ou sa petite sœur et cesse vite d'en être gêné. L'aîné préfère souvent avoir le bébé avec lui, à égalité, plutôt que de le savoir privilégié dans le lit de maman…

... et un temps pour lui apprendre à dormir seul

Il ne s'agit pas pour autant de tomber dans l'excès inverse : on voit parfois des bébés très jeunes isolés à l'autre bout de l'appartement, dans une chambre certes jolie, mais silencieuse et coupée de la vie.

Le bébé, habitué au bruit de fond dans le ventre maternel, peut tout naturellement s'endormir dans la pièce où la famille se tient, ou bien dans sa chambre, porte ouverte : il se rassure des bruits familiers.

Cette dernière solution est sans conteste la meilleure pour prévenir les troubles du sommeil : le bébé apprend à s'endormir seul, dans son lit, dans son petit coin à lui. S'il se réveille la nuit, il ne sera pas étonné de se trouver là et saura comment faire pour se rendormir.

Une mode, qui nous vient des États-Unis, consiste à acheter de grands lits pour y dormir en famille, parents et enfants réunis, pendant plusieurs années, jusqu'à ce que l'enfant en décide autrement (on appelle cela le *family bed*). La plupart des psychologues mettent en garde contre les risques de cette pratique, à la fois pour l'équilibre du couple parental, qui doit vivre autrement sa sexualité ou bien y renoncer, et pour le bon développement psychique des enfants. Ceux-ci peuvent avoir du mal à accéder à l'**autonomie affective** et être mis en danger dans leur **équilibre intérieur**.

C'est pourquoi :

• Même si on garde bébé dans sa chambre, il est important qu'il dorme dans un couffin ou dans un petit lit, mais pas dans le lit des parents, qui n'est pas un espace sûr pour lui ;

• Garder son bébé dans sa propre chambre au-delà des six premiers mois, c'est prendre un risque. Une question se pose alors : qui, de la mère ou de l'enfant, a le plus besoin de l'autre ?

Offrir à son petit la possibilité de dormir, heureux et à quelque distance de sa maman, c'est déjà lui faire confiance. **Élever un enfant, n'est-ce pas aussi lui apprendre progressivement à se passer de nous ?**

Et si l'on n'a pas de chambre pour bébé ?

Certains parents gardent le bébé avec eux parce qu'ils ne disposent pas d'une autre chambre où le mettre. On peut dans ce cas sortir le bébé de la chambre pendant la nuit (glisser son berceau dans le salon par exemple), quitte à l'y installer dans la journée, s'il n'y a pas d'autre endroit calme. Ce système ne fonctionne que quelques mois. Si les parents doivent, pour une question de place, partager durablement leur chambre avec leur enfant, il est nécessaire alors d'**aménager au bébé un coin à lui**, séparé du reste de la chambre par un paravent ou une cloison mobile. On peut alors ajouter dans son petit coin un ou deux éléments de décoration adaptés aux enfants, comme une affiche, un mobile, une étagère avec ses jouets, qui lui permettront de se sentir chez lui.

Oui aux câlins du matin !

Le lit des parents est le lieu secret de leur intimité. C'est dans l'acceptation de ce fait que l'enfant grandira en confiance et s'épanouira. Au-delà de ses demandes de venir dormir dans ce grand lit, il sera en réalité profondément rassuré de sentir que ses parents s'aiment, ont plaisir à dormir ensemble et besoin de moments rien qu'à eux.

Mais rien n'interdit, au contraire, que le lit parental soit, au matin, le lieu des retrouvailles, des premiers câlins avec ses enfants et des fous rires en famille ! Nombreuses sont les familles où les dimanches commencent, trop tôt au gré des parents, par un dernier petit somme tous ensemble, puis se prolongent dans le joyeux partage des croissants et des biberons dans le grand lit de papa et maman. Un joyeux moment !

4 Faut-il prendre bébé dans *les bras quand il pleure* ?

Les nouveau-nés ont peu de moyens pour exprimer ce qu'ils ressentent, et parmi ceux-là, le cri est privilégié. Ce cri n'est pas forcément un signe de détresse, mais il signe toujours un malaise auquel il est bon de répondre.

Tant qu'il est dans le ventre de sa maman, le bébé n'a ni faim ni froid, ni les fesses sales ni besoin de câlin. Tous ses besoins sont comblés : c'est le paradis de la fusion. Une fois dehors, tout change, devient plus compliqué. Incapable de subvenir à ses propres besoins comme d'assurer sa survie, le bébé crie, réflexe salvateur - et insupportable ! - auquel les parents vont répondre de leur mieux.

À quoi servent les pleurs ?

Ils sont d'abord le **premier moyen de communication** dont dispose l'enfant. C'est le niveau de base de la parole et de l'échange : « Je me sens mal, je crie, maman accourt, me parle : "Qu'est-ce qu'il y a mon bébé, ça ne va pas ? », je me sens déjà mieux, je me calme. Mais elle ne sait pas que j'ai faim. Je crie à nouveau. Cette fois, elle comprend et me met au sein. Je me calme pour de bon. Décidément, cette maman-là me comprend bien, je sens que nous allons nous entendre… »

En criant, le bébé exprime vigoureusement son désir de vivre. C'est bon signe.

Ce qu'il veut ? Principalement de la nourriture, de la chaleur et de l'amour.

Vous n'arrivez pas à distinguer les pleurs de votre nouveau-né ? Normal, lui non plus. Il lui faut quelques semaines avant d'interpréter correctement le malaise qui est le sien et de trouver le moyen le plus précis de l'exprimer.

Peu à peu, au fil des jours, le dialogue va s'affiner et les pleurs se différencier, permettant aux parents d'apporter plus facilement la réponse appropriée. Il y aura les pleurs de faim, de fatigue, de douleur, de besoin d'être pris dans les bras, de solitude, etc. Chaque enfant va développer son propre langage, que les parents vont apprendre. La confiance réciproque va venir se nicher là, dans ce **tout premier dialogue, où le bébé réclame et où l'adulte répond**, avec des mots et avec des actes. L'enfant se sent entendu, respecté : la relation peut s'épanouir.

Faut-il répondre aux cris du bébé ?

On comprend bien alors pourquoi il faut aller rapidement voir son bébé lorsqu'il pleure, tenter de comprendre ce qu'il exprime et lui répondre. Ne le feriez-vous pas avec un enfant plus grand, ou avec un ami ?

Il faut répondre au bébé qui crie pour plusieurs raisons :

• Crier, c'est communiquer. Répondre à l'enfant, c'est l'introduire dans le dialogue, dans la parole qui humanise, et le reconnaître en tant que personne.

• Répondre réconforte le bébé, qui, avec le temps, se sentant compris, pleure moins et apprend à patienter davantage.

• On se sent mieux lorsque l'on agit. La mère, reliée à son bébé par un « cordon ombilical sonore », est biologiquement programmée pour lui répondre. Rien de pire pour le moral que de rester inactive en subissant les assauts furieux de son bébé. Agir n'est plus subir, et cela permet, dans une certaine mesure, d'éviter la culpabilité : « J'ai tout essayé pour le calmer ; peut-être qu'après tout, il a seulement envie de pleurer un moment. »

• Il arrive souvent que les parents trouvent des solutions qui marchent. Par exemple, nourrir un bébé qui a faim en est une. Mais si aucune des réponses « classiques » ne fait cesser les cris, on peut en inventer. Les parents font preuve d'une grande imagination pour tenter de distraire un bébé de ses larmes !

• Contrairement à ce qui a été dit, **répondre à son bébé ne le rend pas capricieux**. Au contraire, en le rassurant sur ce monde qui l'accueille, cela lui donne confiance en lui et le rend plus autonome.

Faut-il le prendre dans ses bras ?

Si vous sentez que c'est nécessaire, oui. Ce n'est pas pour autant qu'il faille prendre systématiquement dans ses bras un bébé qui pleure.

Répondre peut se faire de beaucoup de façons.

Certains cris ont pour fonction de vider un trop-plein d'énergie ou de tension intérieure : ils sont nécessaires à la détente de l'enfant, permettant ainsi son endormissement. L'enfant pleure « pour rien » : il fait le vide, ou bien il exerce ses poumons, et se sent mieux après. Le rassurer de la voix, lui caresser doucement la tête ou le dos, lui chanter une berceuse, puis le laisser tranquille, sont certainement dans ce cas des solutions plus appropriées que de le prendre dans ses bras.

Prendre son bébé contre soi au moindre cri, passé les six premiers mois de la vie, finirait par devenir une habitude dont l'enfant aurait du mal à se passer, de jour comme de nuit, ce qui peut devenir un problème.

Lui faire confiance pour apprendre à se calmer et à s'endormir seul est l'une des meilleures préventions des troubles du sommeil.

Vous avez « tout » essayé, mais il continue à pleurer

Voici quelques trucs de mamans :

• Installez le siège bébé face au hublot du lave-linge en marche. Mouvement, ronronnement et chaleur font merveille.

• Glissez sous le ventre de bébé une serviette de toilette chauffée un moment sur un radiateur. Cette bouillotte toute douce aidera à calmer les petits problèmes digestifs.

• Laissez un robinet goutter doucement. Les « bruits blancs », souvent irritants pour nous, se révèlent hypnotiques pour certains bébés.

• Emmenez-le faire un tour en voiture.

• Tapotez doucement ses fesses, en rythme.

• Passez-lui du Chopin.

• Installez un aquarium dans sa chambre, placé de telle façon qu'il puisse, de son lit, suivre les évolutions des poissons.

Lorsque bébé grandit

Puis le nouveau-né grandit. Vers deux ou trois mois, il peut commencer à trouver, seul, les moyens de se calmer, en suçant son doigt ou son poing, en caressant un petit mouchoir avec l'odeur de maman, etc.

Ici encore, la voix de la personne aimée peut soutenir l'enfant dans ses efforts sans que les bras soient toujours nécessaires. Un délai entre l'appel et la réponse devient possible.

Bébé crie, il a fini sa sieste, il veut que l'on vienne le chercher. Une voix connue et aimée répond : « J'arrive, je finis ce que je fais, prends ton nounours, j'arrive tout de suite ! » **Bébé apprend à trouver en lui les ressources nécessaires** et à patienter un peu : il fait son premier pas vers l'autonomie.

5 Comment comprendre *les pleurs de son bébé ?*

Les besoins de base du bébé sont peu nombreux et ils expliquent à eux seuls une grande quantité des cris. Pour l'essentiel, ce sont : le besoin de nourriture, le besoin de sommeil, le besoin de téter, le besoin d'être porté, le besoin d'affection et le besoin de stimulation.

Avant de vous inquiéter en entendant votre bébé pleurer, tâchez de voir si ses cris ne seraient pas tout simplement provoqués par l'un de ses besoins de base. Si oui, répondez-y. Le distraire de son besoin ne résoudra le problème que très temporairement. Donc mieux vaut s'appliquer à comprendre, et répondre simplement.

Dix minutes pour trouver la cause…

Le problème est : laquelle de ces six causes est la bonne ?

Vous avez environ cinq à dix minutes pour trouver. Au-delà, votre bébé risque, s'il est sensible à la frustration, de s'être lancé dans une agitation d'où vous aurez du mal à le sortir. Le pédiatre américain Bruce Taubman a mis au point un plan très concret et très pratique pour vous aider. Il s'appuie sur la méthode des « essais-erreurs » : il s'agit d'**essayer avec ordre, bon sens et rapidité les solutions possibles**, jusqu'à ce que vous trouviez la bonne. La première étape consiste à tenir compte du moment où surviennent les pleurs : pendant le repas, quand bébé est seul dans son siège ou son lit, quand il est porté.

Si les pleurs commencent pendant le repas

Arrêtez le repas et essayez de calmer l'enfant. Si vous n'y parvenez pas, offrez-lui une tétine : il a peut-être envie de téter et non de manger. S'il se calme en quelques minutes et qu'il reprend son repas normalement, c'est sans doute qu'il avait une crampe intestinale. S'il se calme, puis pleure de nouveau dès que vous le remettez au biberon ou au sein, on peut faire plusieurs hypothèses, que vous envisagerez rapidement :

• S'il est au sein et que le sein est vide (ou s'il a vidé rapidement et entièrement son biberon), peut-être a-t-il encore faim : offrez-lui un biberon de complément et voyez s'il est heureux de le boire ;

• S'il laisse un peu de lait dans son biberon et cesse de pleurer si vous arrêtez le repas, c'est qu'il n'a plus faim ;

• S'il refuse un biberon de complément, mais continue de pleurer, essayez la tétine ;

• Si rien de cela ne marche, reportez-vous aux deux paragraphes suivants.

Si les pleurs commencent quand l'enfant est dans les bras ou en compagnie

Trois cas sont à envisager :

• **Bébé semble fatigué**. Mettez-le au lit, dans sa position de confort habituelle. Si les pleurs diminuent d'intensité en quelques minutes, c'est que bébé était effectivement fatigué. Il ne va pas tarder à s'endormir. Si les cris intenses persistent, il s'agit d'autre chose, et vous pouvez le relever. Proposez-lui une tétine. Si cela ne le calme pas, demandez-vous s'il pourrait avoir faim ou besoin de stimulation.

• **Bébé pourrait avoir faim** (son dernier repas date de deux heures ou plus). Offrez-lui le sein ou le biberon. Si les cris cessent, il avait effectivement faim. Sinon, essayez la tétine. Il crie encore ? Peut-être a-t-il besoin de stimulation ou est-il fatigué.

• **Bébé ne semble avoir ni sommeil ni faim**. Il a sans doute soit besoin de stimulation (jeux, échanges, musique, jouets), soit besoin de téter. Si aucun des deux ne marche, essayez quand même le sein ou le lit.

Si les pleurs commencent quand l'enfant est seul dans son transat ou dans son lit

Trois cas possibles :

• Bébé a dormi et vous l'entendez crier dans son lit. Avant de vous précipiter pour le prendre dans vos bras, attendez d'être sûr qu'il est bien réveillé, que son cycle de sommeil est terminé et qu'il vous appelle. Parfois, les bébés crient pendant leur sommeil, ou entre deux cycles, et il est recommandé de ne pas intervenir afin de les laisser apprendre à replonger seuls dans une autre phase de leur sommeil. S'il est effectivement réveillé, que vous le prenez dans vos bras et que ses cris ne se calment pas, posez-vous la question de la faim ou des autres besoins.

• Bébé est seul dans son siège et n'a pas dormi : il a peut-être sommeil, faim ou besoin de compagnie.

• Bébé vient d'être glissé dans son lit alors qu'il s'était endormi dans les bras. Si les cris diminuent, pas de problème : bébé se rendort. Si les cris augmentent, tout est à refaire : vous n'avez plus qu'à relever votre bébé et l'endormir de nouveau.

En résumé... Bébé pleure ? Vérifiez si tous ses besoins de base sont bien satisfaits

• Il a **faim** ? Nourrissez-le rapidement. Ce qui veut dire soit le mettre au sein, soit avoir un biberon prêt au réfrigérateur, en prévision.

• Il a **sommeil** ? Apprenez à connaître quel lieu, quelle position et quel entourage il préfère pour s'endormir. Et couchez-le.

• Il a **besoin de téter** ? Si vous ne souhaitez pas qu'il reste pendu à votre sein vide, n'ayez aucun scrupule à lui confier une tétine.

• Il a **besoin de proximité** ? Prenez-le contre vous, sur vos genoux ou dans le porte-bébé. Inutile pour autant de le bercer ou de marcher avec lui.

• Il a **besoin de stimulation** ? Installez-le dans son transat dans une pièce où il y a de la vie, accrochez des joujoux à sa portée, mettez-lui de la musique, jouez et parlez avec lui, etc.

Et s'il ne se calme pas ?

Il arrive, bien sûr, qu'aucun de ces cinq besoins ne soit en cause. Demandez-vous alors si bébé a soif, s'il a froid ou encore s'il est mouillé. S'il a juste besoin d'être un peu dans vos bras.

Restent tous les cas où vous ne savez pas, où vous n'avez pas réussi à apaiser votre bébé à temps. N'avez-vous pas compris ce qu'il demandait ? Pleurait-il pour le simple besoin ou plaisir de crier ? Difficile à dire. Ce qui est sûr, c'est qu'une certaine proportion de bébés, ceux dont on dit qu'ils ont des coliques, sont plus difficiles à comprendre et à satisfaire. Ils sont normaux, heureux et en bonne santé physique et psychologique, mais aussi excitables, impatients, sensibles. Leurs pleurs sont énergiques, persistants et sans raison apparente.

Pour les parents, c'est très difficile à supporter. Heureusement, cela ne dure que quelques mois.

6 Papa et maman sont *différents. Tant mieux* ?

Le bébé est malin comme tout. Dès les premières semaines de sa vie, il a des aptitudes certaines pour le langage et les mathématiques… Mais là où il est le plus doué, c'est sans nul doute pour les rapports humains.

Des recherches récentes ont bouleversé les conceptions que l'on avait sur l'attachement et les relations précoces que le bébé entretient avec ses parents.

Une maman, c'est primordial

Pour un bébé, s'attacher à ses semblables est aussi vital que manger. Ce n'est pas un apprentissage : c'est un besoin impérieux qui est là d'emblée. Sa survie en dépend. Bien évidemment, sa mère est en première ligne. Comme c'est elle, prioritairement, qui allaite, lange, berce et pouponne, elle est reconnue et aimée la première. C'est à elle qu'il revient de décoder les signaux de son bébé et d'y répondre de manière appropriée. Pleure-t-il d'ennui ou de fatigue ? Elle va apprendre à traduire.

Pour un tout-petit, impossible de bien se développer sur le plan intellectuel ou physique si on n'est pas heureux. Les études sont formelles : **les bébés souvent pris dans les bras, qui se sentent aimés et entourés, se développent mieux que les autres**. La maman disponible fait l'enfant curieux de tout. C'est l'amour qui pousse à agir, apprendre, découvrir et progresser.

Mais, très vite, elle va partager regards, gazouillis, sourires avec un autre dont l'importance va croître au fil du temps : le conjoint. On va le voir, son rôle est tout aussi important.

Les pères sont différents

Le conjoint a un rôle spécifique à jouer, justement parce que son comportement est différent de celui de la mère. **Il ne s'occupe pas de l'enfant de la même façon**, et c'est cela dont ce dernier a besoin. Le bébé distingue ses parents dès sa naissance, mais, vers six mois, il va montrer une différence nette entre eux : maman arrive dans sa chambre ? Il se calme. C'est papa ? Il est en éveil, comme stimulé par sa présence. Tout son corps semble dire : « Chic, on va s'amuser ! »

C'est d'ailleurs souvent ce qui se passe. C'est avec papa que l'on saute en l'air, que l'on joue au cheval ou que l'on se roule par terre. Avec maman, on fait un puzzle ou on regarde un livre. C'est prouvé : les pères préfèrent les jeux physiques avec leur bébé, quand on se touche, alors que les mères préfèrent les jeux visuels… et les gros câlins. Or, ces jeux corporels avec papa jouent un rôle non négligeable dans le **développement de l'équilibre et l'aisance du corps**.

Quand une maman prend son bébé dans ses bras, elle a une façon bien à elle de le tenir qui sera la même neuf fois sur dix. L'homme, lui, s'il prend son bébé dix fois, le fera de neuf façons différentes : sur le bras droit, sur le bras gauche, sur l'épaule, sur la hanche, entre les jambes ou par la taille, etc.

L'importance des papas (et des conjoints en général)

Ce que fait maman rassure ; ce que fait papa stimule. Maman protège son petit, papa l'aide à prendre son autonomie. C'est ainsi que l'on peut le plus simplement résumer ce qui les distingue. Et bébé a besoin des deux.

Prenons encore quelques exemples tirés d'études récentes.

• Le père accepte, davantage que la mère, que son petit enfant s'éloigne hors de sa vue et il va le laisser ramper bien plus loin avant de le rattraper. Passion pour le journal du soir ? Indifférence au danger ? Pas du tout : respect du désir d'explorer.

• Quand le petit est confronté à une situation délicate ou nouvelle, la mère se rapproche de lui, visant à le rassurer. Dans le même cas, le père, lui, reste en arrière et laisse l'enfant se débrouiller tout seul. Il intervient aussi moins souvent dans les activités de l'enfant et dans ses jeux pour résoudre les tâches à sa place. Simple négligence ? Non plus : incitation à grandir et à faire face aux situations.

Une vie en stéréo...

Ces différences nombreuses et spontanées dans les attitudes des parents offrent au bébé équilibre et enrichissement. **Il n'y a pas une manière de se comporter avec l'enfant qui soit meilleure que l'autre** : les deux contribuent à son épanouissement. Si le conjoint participe à l'éducation, le bébé semble pousser plus fort, plus malin, et mieux contrôler son impulsivité. Il pleure moins lorsqu'il est séparé de ses parents ou mis en présence d'un étranger. Il explore davantage. Même des années plus tard, il semble mieux se développer intellectuellement. Il se contrôle mieux et montre une meilleure adaptation sociale.

Au fond, ce que fait le conjoint, et qui est fondamental, c'est inventer pour l'enfant un lien entre l'univers maternel, protecteur et rassurant, et le monde extérieur, attirant mais inquiétant. Maman sécurise et l'autre parent permet d'aller de l'avant : bébé a besoin des deux.

Et les pères au foyer ?

Cette manière différente qu'ont les pères d'entrer en relation avec leur petit enfant et de s'occuper de lui se retrouve dans tous les milieux sociaux ou culturels. Elle se retrouve même chez les pères qui restent au foyer avec les enfants pendant que la mère travaille. Même si le père est celui qui prend le plus soin du bébé au quotidien, il ne le fait pas comme une mère. Et cette différence s'observe pendant toute la petite enfance. Alors, papa qui hésitez à vous investir à temps plein dans la prise en charge de votre enfant en bas âge, n'hésitez pas. Faites-le à votre idée, sans tenter de vous comporter « comme sa maman ». Soyez un vrai papa, proche de son enfant, et ce dernier ne manquera de rien.

Et en ce qui concerne le langage ?

Bébé ne parle pas de la même manière à ses deux parents. Âgé de dix-huit mois ou de deux ans, bébé gazouille ou baragouine. Comme maman le comprend très bien comme cela, il ne fait avec elle aucun effort de langage. Il montre du doigt, pointe les biscuits d'un air entendu ou secoue la tête pour refuser sa purée de haricots. Il compte sur elle pour le comprendre à l'instinct.

Mais papa, lui, souvent moins familier avec le « petit langage » de son enfant, l'oblige à mieux s'exprimer s'il veut se faire comprendre. Résultat : bébé fait avec papa des efforts et des progrès qu'il ne ferait pas autrement.

7 Parler au bébé : *mode ou nécessité* ?

Le bébé est sensible, dès les jours qui suivent sa naissance, aux mots qui se prononcent autour de lui, montrant une nette préférence pour la langue maternelle.

Comment se mettent en place cette sensibilité langagière et le développement de la parole ?

L'imitation des adultes est une condition nécessaire à cet apprentissage : aucun enfant ne peut apprendre à parler s'il n'entend pas parler autour de lui. Mais ce mécanisme est plus complexe qu'une simple imitation puisque, bien avant de parler, les bébés, même sourds, produisent spontanément des sons qui, chez les enfants entendants, ressembleront de plus en plus à ceux de leur langue maternelle. L'aptitude à prononcer certains sons, non stimulée par l'audition et l'entraînement, disparaîtra.

Si les bébés apprennent si facilement et si parfaitement la langue qui leur est parlée, alors que cette tâche devient difficile, voire impossible, à l'adulte normal, c'est que le cerveau des tout-petits est véritablement programmé pour cet apprentissage.

La majorité des enfants, quel que soit leur niveau intellectuel, parlent couramment à trois ou quatre ans. Plus les années passent et plus apprendre une langue devient difficile.

L'adulte enseigne spontanément au bébé à parler

Dans le monde entier, on a repéré le même phénomène : l'adulte qui parle avec le bébé modifie sa manière de s'exprimer, l'aidant inconsciemment dans sa tâche. Il parle d'une voix plus aiguë et souvent plus haute, qui capte davantage l'attention des petits. Il reprend les babillages du bébé, en leur donnant un sens qu'ils n'avaient pas forcément au départ. Il insiste sur les séparations entre les mots (les césures), afin que le bébé apprenne comment sa langue se découpe. Il articule bien et prend soin de parler distinctement. Il répète certains mots, insiste sur d'autres, joue avec les intonations (« Je vais te faire un gros, grrrros baiser ! »).

Enfin, et c'est un point très important, il introduit l'enfant dans un dialogue. Les mères transmettent très tôt au bébé l'information nécessaire : pour parler, on prend son tour. Puis on change. Spontanément, les mères, lorsqu'elles s'adressent à leur nourrisson, alternent les moments où elles parlent et les moments où elles se taisent, laissant au bébé un espace de réponse ou de réaction.

L'acquisition des règles grammaticales, pourtant bien complexes, reste encore en partie une énigme. Comment l'enfant peut-il les repérer et les appliquer aussi vite ? Certains supposent l'existence d'une base innée, d'autres d'un apprentissage reposant sur la structure des tout premiers jeux que parents et bébés partagent…

Des acquisitions à la vitesse record

Vers l'âge de un an, l'enfant commence à faire le lien entre les mots et les objets correspondants. Vers dix-huit mois, il peut joindre deux mots et acquiert de nouveaux mots à la vitesse record d'un toutes les deux heures. À deux ans, il possède un stock de mille à deux mille mots dont il connaît la signification. Viennent ensuite les règles d'expression et de grammaire, ainsi que la compréhension de l'une des règles essentielles du langage : les mots ont un sens différent selon l'ordre où on les range. « Toto mange le poisson » n'a pas le même sens que « le poisson mange Toto » !

Si les étapes, dans l'acquisition du langage, sont les mêmes pour tous les enfants, elles ne se déroulent pas forcément au même âge ; **les écarts peuvent être d'un an ou davantage entre deux enfants**.

À noter : on n'a jamais mis en évidence que les enfants qui parlent tard seront, au bout du compte, moins à l'aise avec le langage ou moins compétents que ceux qui parlent tôt.

Parler à son nouveau-né

Parler s'apprend bien avant les premiers mots, et les rudiments du langage commencent à s'élaborer dès la naissance. Or, parler ne peut pas s'apprendre seul. Pour apprendre à parler, il faut que l'on nous parle.

Vers six semaines, le bébé commence à répondre au sourire et à la parole : il va sourire à son tour et bouger pour montrer son plaisir. Vers deux mois, il ajoute des sons de son invention, et vers trois mois, il répond aux paroles par du babillage.

Parlez-lui de tout, pendant que vous le baignez ou que vous le changez, pendant qu'il mange ou pendant qu'il joue. Posez-lui des questions. Montrez-lui des objets, nommez-les et expliquez-lui à quoi ils servent. Parlez-lui de ce que vous faites et de ce qui vous tient à cœur. Chantez-lui des comptines et lisez-lui des poésies. Dites-lui bonjour quand vous le retrouvez le matin ou quand vous entrez dans sa chambre.

Même s'il ne comprend pas encore tout ce que vous lui dites, votre bébé prend l'habitude de vous écouter et vous prenez celle de lui parler. **Il sent que vous le considérez comme quelqu'un d'important, digne que l'on s'adresse à lui, et non comme un objet que l'on se contente de manipuler en silence**.

Un dialogue intime

De même que votre visage est, pour votre bébé, ce qu'il y a de plus intéressant à regarder, votre voix est ce qu'il y a de plus passionnant à entendre. Si vous vous penchez sur lui pour lui parler doucement, il aura les deux à la fois ! Mettez-vous donc face à votre bébé pour lui parler et vous verrez comme il observe attentivement le mouvement de vos lèvres. Par cette attention qu'il montre à votre voix et aux mouvements de la bouche, votre bébé vous témoigne son intérêt pour le langage.

Babiller ensemble

Mettez-vous face à votre bébé et captez son regard afin qu'il comprenne que vous entrez en relation avec lui. Imitez les sons de votre bébé. Repérez ce qu'il émet et renvoyez-le en écho, avec parfois une petite variation, un enrichissement. Parmi les sons du bébé, vous pourrez repérer, vers six mois, les sons préférentiels « ma-ma » ou « pa-pa ». Ce sont des sons que le bébé a entendus de nombreuses fois dans votre bouche et dont il a vite compris qu'ils avaient une valeur certaine.

L'imitation

Asseyez-vous en face de votre bébé. Regardez-le dans les yeux. En lui souriant, émettez un son très simple et bien articulé, un « ah », un « oh », un « mm » par exemple (toujours un seul à la fois). Recommencez l'opération d'un air encourageant, toujours avec le même son et en souriant, jusqu'à ce que votre bébé ait émis le même son que vous. Il arrivera qu'il vous imite très bien. D'autres fois, il fera celui qui ne comprend pas du tout ce que vous lui voulez. C'est que ce n'est pas le moment : vous reprendrez plus tard.

Le vocabulaire

Même si votre bébé émet peu de sons, **il vous écoute et engrange du vocabulaire pour plus tard**. Il a surtout besoin de vous écouter et d'apprendre. Continuez donc de lui parler avec des mots simples, commentez ce qui fait sa vie et ses activités de tous les jours.

8 Que faire si bébé en vous quittant *se cramponne et crie* ?

« Depuis deux semaines, mon petit garçon a complètement changé de comportement. Lui qui allait souvent vers son papa se colle maintenant à moi et ne supporte plus que je m'éloigne, ne serait-ce que pour passer dans une autre pièce… Craint-il que je l'abandonne ? » Une maman.

Les six ou sept premiers mois de bébé sont marqués par son sourire. Bébé reconnaît ses parents, les préfère à tout autre adulte, mais ne manifeste pas d'inquiétude particulière lorsque ceux-ci le quittent. Tout humain sympathique a droit à ses risettes et à ses grâces. Vers huit mois, changement de décor. Bébé hurle à l'approche d'un étranger qu'il ne reconnaît pas comme l'un de ses proches et ne trouve d'apaisement que caché dans les jupes de maman ou derrière le pantalon de papa.

Une étape nécessaire

Toute séparation provoque dorénavant des protestations plus ou moins véhémentes, et toujours douloureuses. Toute personne qui a expérimenté de devoir arracher de force des petits bras potelés accrochés autour de son cou pour pouvoir filer, piteuse et coupable, loin de son bébé, sait de quoi je parle !

Cette étape est nécessaire. Elle est vécue avec plus ou moins d'intensité selon les enfants. L'inquiétude normale que le bébé commence à ressentir dure quelques mois, puis diminue progressivement. Lorsqu'il aura appris à communiquer, à parler, lorsqu'il aura acquis de la confiance en lui, votre petit saura faire face à l'inconnu et à la séparation temporaire d'avec ses parents.

L'angoisse du huitième mois

C'est le nom que l'on donne à cette phase du développement. Cette angoisse est plus ou moins accentuée selon les enfants. Autour de huit mois, le bébé comprend que sa maman, lorsqu'elle le quitte, continue à exister quelque part, mais loin de lui. Ce qu'il a d'autant plus de mal à accepter qu'il n'est pas encore sûr qu'elle revienne. Il fait également mieux la différence entre ceux qu'il connaît, les familiers, et ceux qu'il ne connaît pas, qu'il se met à craindre. C'est pourquoi **la peur de l'étranger survient en même temps que la peur de se séparer de maman**.

Un conseil : il est important d'habituer votre bébé à voir des gens différents (amis, famille, enfants de son âge et d'âges différents) et de le confier à une autre personne pour une journée ou pour une nuit.

Mais en attendant, comment faire ?

Et comment réagir face au bébé qui s'agrippe à sa maman comme une moule à son rocher et pleure chaque fois qu'elle quitte son angle de vue, sort de la pièce ou fait mine de s'éloigner ?

Encouragez très tôt le sens de l'indépendance

Cela peut se faire dès la naissance. Aménagez pour votre bébé un coin à lui, où il peut rêver, jouer et évoluer en toute liberté. Puis laissez-le seul de temps en temps, en l'accompagnant de votre voix. Quand votre bébé se déplace, laissez-le évoluer dans la maison et s'éloigner de vous sans qu'il ressente votre contrôle direct (mais gardez-le à l'œil tout de même !). Enfin, chez les plus grands, récompensez toute marque d'indépendance. Il veut s'habiller seul ? Très bien. Descendre tout seul les escaliers ? Bravo ! Surveillez, mais n'intervenez que lorsqu'il demande votre aide.

Jouez à cache-cache

Dès cinq mois, bébé adore ce jeu qui consiste à cacher brièvement son visage derrière ses mains, puis à les écarter en lançant : « Coucou ! » Ensuite, on se cache derrière un rideau ou une porte. Quand l'enfant se déplace seul, on joue au vrai cache-cache, en se glissant derrière un fauteuil, facile à découvrir.

Ces jeux apprennent à l'enfant que l'on peut se séparer en s'amusant, dans la certitude de se retrouver.

Habituez votre bébé à voir du monde

Si votre foyer bruisse souvent de rires, de rencontres, d'amis, de petits cousins, votre bébé aura moins peur des étrangers. Il aura pris l'habitude de passer de mains en mains et de jouer avec chacun. Ce n'est pas pour autant qu'il cessera de crier à l'approche du facteur ou de l'agent de police…

Habituez votre bébé à la séparation

Tout enfant a besoin d'avoir des contacts avec d'autres adultes et d'autres enfants. Confier votre bébé quelques heures à une baby-sitter ou une voisine de confiance, une journée à une halte-garderie accueillante, quelques jours à une grand-mère bienveillante, seront des expériences enrichissantes qui lui apprendront à vous quitter sans angoisse.

Préparez votre enfant au changement

Si vous devez le laisser dans un lieu ou avec quelqu'un qu'il ne connaît pas encore, expliquez-lui la situation et donnez-lui un temps d'adaptation suffisant avant de le laisser.

Ne permettez pas à une personne inconnue de votre enfant de s'approcher de lui ou de le prendre dans ses bras. Cette « nouvelle personne » doit d'abord se faire accepter de l'enfant.

Apprenez à lui dire au revoir

Votre départ sera plus facile si vous choisissez, pour partir, un moment où votre enfant est plongé dans une activité intéressante. Partir sans lui dire au revoir pourrait déclencher une angoisse de séparation plus grande encore. Mais ne faites pas non plus traîner inutilement les adieux. Un petit câlin, un gros bisou, et vous filez.

Prenez garde à vos propres émotions

Le petit enfant est très habile pour percevoir ce que ressentent ses parents et réagir en conséquence. Vous êtes triste de le laisser ? Il le sent. Si ses pleurs vous culpabilisent, cela ne fait que renforcer son inconfort. S'il perçoit que vous hésitez à le laisser, il crie de plus belle !

L'enfant ne doit pas sentir qu'il peut vous influencer. Alors gardez un ton calme, rassurant, pour lui dire que vous l'aimez, qu'il va bien s'amuser et que vous reviendrez vite.

La naissance de la timidité

Ne forcez jamais votre enfant à aller vers une personne inconnue ou quelqu'un qui l'effraie tant qu'ils n'ont pas eu le temps de faire largement connaissance et de s'apprécier mutuellement. La manière forte n'est jamais bonne dans ce genre de situation.

La crainte de l'étranger, si elle ne disparaît pas lorsque l'enfant grandit, évolue vers des comportements de timidité. **Contraindre l'enfant face à un étranger ou rire de lui en moquant sa timidité ou son manque de courage ne peut que renforcer le problème.** Mais l'inciter gentiment et l'encourager l'aideront souvent à dépasser sa difficulté.

9 Comment gérer *les retrouvailles du soir* ?

Les retrouvailles du soir, lorsque l'on va récupérer son petit à la crèche ou chez l'assistante maternelle, sont souvent frustrantes, voire éprouvantes, pour les parents, fatigués de leur journée de travail et pressés de récupérer leur petite famille. Pourquoi les petits enfants réagissent-ils ainsi ?

Votre petit Maxence a été gardé loin de vous toute la journée. Il passe ses journées à la crèche ou chez son assistante maternelle, pendant que les vôtres se déroulent au bureau. Quand arrive la fin d'après-midi, vous courez dans les transports ou vous vous faufilez dans les embouteillages, tout à la joie de le retrouver. Lui, de son côté, vous attend depuis un moment déjà. Il a bien repéré que vous arriviez après la maman de Bastien mais juste avant le papa de Virginie. Pourtant, votre arrivée provoque des réactions inattendues et pour le moins désagréables. Non seulement Maxence ne se précipite pas dans vos bras, mais il feint carrément l'indifférence, d'un air de dire : « Ah, tiens, tu es là ? Attends donc deux minutes et je suis à toi. » Il y a six mois, dès que vous arriviez, il courait à l'autre extrémité de la pièce se cacher sous la table. Si vous faisiez mine de l'attraper, il hurlait. L'an dernier, il fondait en larmes quand vous quittiez ensemble la crèche… Décidément, ces retrouvailles sont bien difficiles.

Le temps n'est pas le même pour chacun

Les journées, pour un bébé de **moins de douze mois**, sont très longues. Le temps, pour lui, ne se déroule pas à la même vitesse que pour vous. Lorsque vous le récupérez en fin de journée, il lui semble vous avoir quittée depuis déjà longtemps. Il est dans son présent de la crèche ou de la nounou, dans un autre monde que celui que vous représentez, vous et la maison. Si vous voulez qu'il vous sourie et vous tende les bras, prenez le temps nécessaire. Asseyez-vous face à lui et parlez-lui doucement en l'appelant par son nom : « Bonjour Lisa, c'est maman. Tu as passé une bonne journée ? Je viens te chercher pour rentrer à la maison… » Votre bébé va reconnaître votre voix, faire le lien avec votre visage, puis marquer sa joie. Vous pouvez alors le prendre dans vos bras sans risquer une mauvaise surprise.

Le moment de fatigue

Entre douze et quinze mois, l'enfant entre dans une phase que l'on peut appeler « hyperactive ». Il se dépense sans compter et ne prend pas toujours le temps suffisant pour dormir ou même se reposer. Il y a tant de choses à explorer ! Si bien qu'en fin de journée, il est épuisé. C'est l'heure où vous arrivez. Rassuré par votre présence, il se sent soudain submergé par toutes les tensions accumulées. Avec vous, il sait qu'il peut se laisser aller : il est en de bonnes mains. Alors il va pleurer, pour un rien. Pleurer de fatigue et d'énervement. C'est le cadeau qu'il vous fait : il a confiance en vous. Vous vous énervez, vous montrez votre déception ? Il pleure de plus belle. Lui ne veut que vos bras. Il va tomber bien vite de sommeil, le nez dans l'assiette de soupe. Que faire ? Pas grand-chose. Comprendre, apaiser, donner un petit bain chaud, prendre patience. Dans quelques mois, votre enfant sera plus costaud, fera de plus longues siestes et supportera mieux les fins de journées.

Il vous en fait voir

Vers un an et demi, deux ans, autre scénario. On pourrait l'intituler, dans sa version douce : « Tu m'as fait attendre, maintenant à toi ! », et dans sa version dure : « Tu m'as laissé toute la journée, maintenant je me venge ! » À cet âge, votre petit sait très bien que vous le laissez pour aller faire votre vie ailleurs, avec d'autres gens. Il voit que certains enfants repartent plus tôt. Pour tout cela, il vous en veut, même s'il est heureux à la crèche ou qu'il adore sa nounou. Tant que vous n'êtes pas là, il vous guette anxieusement, mais dès l'instant où vous arrivez, il marque la distance. Certains jours, il va continuer son jeu sans même montrer qu'il vous a vu. D'autres jours, il va s'enfuir et se débattre comme s'il ne voulait pas repartir avec vous.

Que faire ?

• Comprenez que l'enfant n'a pas le même rythme que vous et que les transitions sont toujours pour lui des moments délicats.

• Donnez-vous un temps pour lui dire bonjour et échanger sur ce qu'il est en train de faire. Montrez-lui que vous respectez ses activités. Comme tout le monde, il déteste être interrompu.

• Parlez quelques minutes avec la personne qui le garde.

• Il viendra quand il l'aura décidé. Alors bavardez, dites votre joie de le retrouver, évoquez le dîner du soir, ce que vous ferez ensemble, et entraînez-le doucement vers la sortie.

• La situation dégénère en une grande scène ? Prenez votre enfant sous le bras et partez. Vient un moment où il faut dire stop !

Les comportements à éviter

• Attraper votre bébé par-derrière, sans qu'il vous voie.

• Montrer combien vous êtes pressé.

• Faire durer la situation plus de dix minutes.

• La laisser dégénérer. Crier, frapper.

• Échanger les bonnes grâces de l'enfant contre un pain au chocolat ou des bonbons.

Dès que vous arrivez

À la crèche ou chez l'assistante maternelle, lui ou elle, qui était si mignon jusque-là (si, si, on vous le promet), court à l'autre bout de la pièce, grimpe sur le canapé ou se roule sous la table, refuse de mettre ses chaussures, hurle si vous faites mine de vouloir l'emmener. Mais oui, tout cela est normal !

Le retour des vacances

Retourner à la crèche, chez son assistante maternelle ou à l'école, après une période de petites ou de grandes vacances, peut être un moment difficile. Plus les vacances ont été longues, plus il va falloir de temps pour se réadapter. Le matin, quand vous le laissez, votre enfant réalise qu'il va à nouveau être séparé de vous tous les jours, ce qui n'était pas le cas pendant les vacances. Il va souvent se sentir un peu perturbé par ce changement d'habitudes et de rythme. D'où une fatigue inhabituelle et des retrouvailles du soir qui risquent d'être un peu difficiles.

N'hésitez pas, dans les jours qui précèdent, à proposer à votre enfant un rythme plus proche de celui qu'il va retrouver (lever et coucher plus tôt par exemple). Si vous pouvez lui organiser deux ou trois « petites journées », cela rendra sa rentrée plus progressive.

Soyez sans crainte : votre enfant aura vite fait de digérer le changement et de retrouver ses petites habitudes.

10 Comment garder son calme *face à une colère* ?

« Quand Lucile se lance dans une grande colère, pour un prétexte qui nous paraît totalement futile, c'est un vrai show… On la croirait dans une détresse totale, réellement malheureuse. Mais il suffit d'un rien, qu'elle obtienne ce qu'elle veut par exemple, pour que le soleil revienne immédiatement ! » Un papa.

Marlène, deux ans, n'accompagne plus son papa au supermarché. Ses cris et ses mouvements de rage, à chaque refus de ce qu'elle réclame, ont eu raison de la patience paternelle. Comment ne pas se sentir à la fois désarmé et énervé devant un petit bout qui hurle, trépigne, escalade le chariot et vous fait regarder par les clients comme un bourreau d'enfants ? Flavio n'a que dix-huit mois, mais ses colères sont déjà terribles. S'il voit un objet et le réclame, il ne peut supporter qu'on le lui refuse. Cela va du gâteau pour le dessert au trousseau de clés de maman. La frustration lui semble tellement insupportable que ses parents se demandent s'ils ne sont pas trop durs avec lui et s'ils ne devraient pas lui céder davantage.

Les enfants entre dix-huit mois et quatre ans environ sont volontiers coléreux. La frustration ou le dérangement, en réalité tout ce qui s'oppose à leur désir immédiat, peut être le prétexte d'une crise. Ils voudraient décider de leur vie, mais **ils se sentent petits et impuissants**. Obéir ? C'est insupportable. Ou alors vraiment pour faire plaisir.

Comment réagir à ces colères ?

Sur le moment :

• L'enfant, lancé dans une crise de colère, perd tout contrôle émotionnel. Il n'entend rien, il vole en éclats. Le contraindre ou le raisonner ne feraient que renforcer ses cris.

• La tension nerveuse doit d'abord se vider. Le mieux est de **laisser un temps à l'enfant pour décharger cette énergie**, soit en l'ignorant, soit en l'isolant lorsque c'est possible (« Tu vas aller un moment crier dans ta chambre, tu reviendras lorsque tu seras calmé. »).

• **Ne cédez pas**. Si les colères « payent », elles deviendront plus fréquentes.

• Ne piquez pas une colère plus forte que la sienne. Il serait terrifié. **Souvenez-vous que votre attitude a toujours valeur d'exemple pour l'enfant.**

À la fin de la colère

• Lorsque vous sentez que l'enfant a vidé une grande partie de sa rage, vous pouvez, s'il accepte, l'aider à terminer. Enveloppez-le dans vos bras et tenez-le un moment contre vous, de manière ferme et tendre. Bercez-le doucement. Cela l'aide à se reconstruire.

• Si vous l'avez envoyé dans sa chambre, rappelez-lui qu'il peut en sortir et revenir vers vous dès qu'il aura fini sa colère.

• Ne restez jamais sur un conflit. **C'est à vous de faire le premier pas vers la réconciliation. L'enfant a absolument besoin de savoir que sa colère n'a pas endommagé l'amour que vous lui portez**.

• S'il a eu des gestes violents qui ont fait mal ou cassé quelque chose, **aidez-le à réparer**. Il peut demander pardon à son frère ou ramasser les morceaux du puzzle qu'il a lancé en l'air.

• Expliquez-lui qu'il a, comme tout le monde, le **droit de ressentir et d'exprimer de la colère**, mais **pas celui de détruire ou de faire mal.**

À froid

• Si votre enfant est très coléreux, s'il réagit à la moindre contrariété ou frustration, c'est le moment de vous interroger. Avez-vous su lui imposer progressivement des limites ? Est-ce bien clair que ce n'est pas lui qui commande à la maison ?

• Donnez-vous à votre enfant l'exemple d'adultes qui savent contrôler leurs émotions, dériver leur propre colère et garder leur calme ? **L'exemple des parents est fondamental dans la façon qu'aura l'enfant d'apprendre à gérer ses propres émotions.** Quand vous sentez une colère en vous, dites-lui : « Je sens la colère qui monte en moi à cause de ce qui vient de se passer ; je vais m'isoler un petit moment et sortir sur le balcon respirer pour reprendre mon calme. »

Comment éviter la prochaine colère ?

• Essayez, très rapidement, de détourner son attention vers quelque chose qui l'intéresse. Cela va de : « Oh, regarde le pigeon sur la terrasse ! » à : « N'est-ce pas l'heure de ton dessin animé ? »

• Montrez que vous comprenez son désir, avant de refuser de le satisfaire : « Tu as raison, ces bonbons ont l'air délicieux, la prochaine fois, ce sont ceux-là que nous achèterons. »

Apprendre la négociation

Parfois, un oui limité, qui est l'aboutissement d'une négociation, peut désamorcer un conflit. C'est la méthode sans perdant : « D'accord pour le bonbon, mais un seul », ou : « OK pour que tu continues ton jeu, mais cinq minutes seulement. »

De son côté, l'enfant apprend à faire valoir ses arguments et il se sent entendu de vous. Même s'il n'a pas tout ce qu'il veut, il en a une partie. De votre côté, vous avez obtenu de votre enfant qu'il vous obéisse sans déclencher de conflit. **Une fois que l'accord est trouvé, il est important de s'y tenir** : cinq minutes, c'est cinq minutes, pas quinze. Sinon, votre accord n'en était pas un et votre parole perd sa crédibilité.

Attention : tout ne se négocie pas. Si vous ne trouvez pas d'accord avec votre enfant, c'est vous qui devez avoir le dernier mot.

La colère a un sens

La colère est un débordement violent qui emporte l'enfant. Parfois soudaine, il arrive même que les parents en ignorent la cause. Les petits sont susceptibles et cette sensibilité leur est toute personnelle. En retour, la colère provoque énervement, tension, embarras. Ou bien une autre colère, des parents cette fois.

La colère de l'enfant a beau paraître soudaine et excessive, elle a pourtant un sens :

– elle dit la **frustration** : « Je veux faire quelque chose mais je n'y arrive pas » ;

– elle dit la **peur** et l'**angoisse d'abandon** ;

– elle dit l'**envie d'être autonome**, grand, et de **décider pour soi** ;

– elle dit le **besoin de respect** et la **révolte contre ce qui semble injuste.**

11 Comment faire preuve d'une *autorité bien tempérée* ?

Vers dix-huit mois commencent deux années difficiles pour les parents. Le petit enfant, dans sa toute-puissance, veut être le chef et décider de tout. Comment lui mettre des limites raisonnables et préserver une bonne ambiance familiale ?

Tant que l'enfant est très jeune, pas de problème : ses déplacements dans la maison, donc les occasions de bêtises, sont limités. Des gros yeux et un haussement de voix suffisent généralement à impressionner bébé. **Vers dix-huit mois ou deux ans**, changement de ton. L'enfant veut décider de tout, **s'oppose volontiers et refuse d'obéir**. Il ne supporte plus la frustration. Il court partout, touche à tout, se montre volontiers provocateur et déclenche ainsi toutes sortes de situations difficiles à gérer par les parents.

Eux qui rêvaient de relations pacifiques et raisonnables avec leur enfant se trouvent entraînés dans des rapports de force, où ils essaient, navigant à vue, d'éviter les écueils du laxisme ou de l'excès d'autorité.

Les mois passent. L'enfant continue à hurler quand on lui demande d'arrêter son jeu, à glisser ses feutres dans le lecteur de DVD ou à refuser de donner la main pour traverser.

Comment s'y prendre pour se faire obéir de son enfant, sans prendre ni lui laisser le rôle du tyran ?

« Qui c'est le chef, ici ? »

Beaucoup de parents se demandent, finalement, s'ils savent se faire obéir de leur petit enfant. Une manière simple de le savoir est de répondre honnêtement à cette simple question : chez vous, qui mène le jeu ? Qui commande pour ce qui concerne la vie quotidienne de l'enfant ? Est-ce lui ou vous qui décidez de sa façon de s'habiller, de son heure de coucher, de la composition de son repas, etc. ?

Si c'est lui, il est grand temps de reprendre les choses en main…

L'essentiel tient en quatre points.

Des adultes qui savent où ils vont

Il est normal que l'enfant s'oppose et pousse l'adulte à bout, mais il est souhaitable qu'il trouve en face de lui une volonté supérieure à la sienne qui sache faire preuve de la fermeté nécessaire.

Même si l'enfant proteste pour la forme, il est profondément **sécurisé s'il se sent guidé** par des adultes qui savent où ils vont et défendent ce en quoi ils croient. Discipliner vise bien à former des disciples.

Peu de règles, mais cohérentes

Les règles étant difficiles à faire appliquer, mieux vaut s'en tenir à l'essentiel. Se limiter à quelques exigences raisonnables, respectueuses et **en accord avec l'âge de l'enfant** est un gage de réussite.

Autant il est légitime de demander à un enfant de ne pas manger sa soupe avec les doigts, ni de tirer la queue du chat ou de se mettre debout sur sa chaise haute, autant il sera difficile d'exiger qu'il se couche à huit heures si son père rentre à neuf, ou bien qu'il ne touche pas aux poupées de collection qui sont à portée de main sur le buffet.

Expliquer sans se justifier

Une fois définis les quelques **règles et interdits simples et cohérents** qui régissent la vie de l'enfant, il va falloir les faire appliquer.

• La première étape est de les expliquer brièvement, avec des mots simples : « Tu ne touches pas la porte du four parce que tu risquerais de te brûler très fort. C'est interdit. »

• La deuxième étape est de les répéter chaque fois que nécessaire : « Tu te rappelles, je t'ai dit de ne pas toucher au four. C'est dangereux. »

Attention : à cet âge-là, explication n'est pas discussion ou justification.

• La troisième étape est d'appliquer les conséquences : féliciter et encourager largement l'enfant qui obéit, sinon montrer sa réprobation. Il peut être nécessaire de punir (« Si tu lances encore une fois de l'eau hors de la baignoire, tu sors tout de suite du bain. »), mais en étant économe de menaces : pour être efficaces, elles doivent être suivies d'effet !

• Dans tous les cas, on constate vite que l'adulte est mieux entendu par le jeune enfant s'il fonde son autorité sur une relation de confiance et d'affection. **Le calme est beaucoup plus efficace que les cris.** Sinon, faire monter sa mère sur ses grands chevaux peut vite devenir le jeu favori de l'enfant !

Un amour inconditionnel

Autant certains comportements de l'enfant sont inacceptables (pour des raisons de sécurité notamment), autant il doit se sentir totalement accepté et respecté dans ses désirs et dans ses émotions. Il a le droit d'être en colère, mais pas de frapper sa petite sœur. Il a raison d'avoir envie d'un pain au chocolat, mais pas de hurler dans la boulangerie si on le lui refuse. Il est essentiel de bien lui faire sentir cette différence : lui est aimé, pas ses caprices.

Une bonne fessée vaudrait-elle mieux qu'un long discours ?

Non.

La fessée est toujours un échec. Échec de la patience, de l'éducation, de l'obéissance. Elle ne peut se concevoir que comme une solution exceptionnelle, donnée dans l'urgence de sévir et dans l'impuissance de trouver mieux sur l'instant. Elle ne soulage que celui qui la donne, mais doit toujours être administrée sans violence, ce qui est parfois difficile. Alors autant l'éviter : il y a d'autres moyens plus éducatifs de se faire obéir.

Quant au discours, mieux vaut qu'il soit bref et clair. Long, il va vite lasser l'enfant, qui cessera tout simplement d'écouter. Les phrases simples et répétitives (du style : « Non, tu ne touches pas au four. Tu risques de te brûler, alors c'est interdit. ») sont celles qui s'inscrivent le mieux dans l'esprit de l'enfant.

D'où vient l'autorité ?

• « Autorité » vient du latin *auctor*, qui signifie « auteur », mais aussi « garant », « celui qui accroît », « celui qui fonde », « celui qui est à l'origine des choses et en est responsable ». L'auteur, c'est celui qui a des valeurs à transmettre pour que la personne à qui il transmet devienne à son tour acteur de sa vie et auteur pour d'autres.

• « Avoir l'autorité », étymologiquement, c'est avoir le droit de commander, mais c'est aussi être celui qui aide à se développer, à grandir et à se construire soi-même.

• « Faire autorité », c'est être la référence, le modèle, l'exemple, le guide.

• **L'autorité repose sur la confiance, sur la certitude d'être aimé et sur le calme**. L'enfant a alors naturellement le désir d'obéir pour faire plaisir et parce qu'il sent que l'adulte est « raisonnable ».

12 Comment éviter *les bagarres à table* ?

Jamais les parents n'ont gagné ces bagarres…
Le corps a une sagesse que les enfants connaissent.
Faisons-leur confiance.

Un enfant qui mange sa purée de légumes n'avale pas que de la nourriture. Il reçoit aussi de l'amour, de l'éducation, des instructions, de la culture. **À travers ses repas, il se construit et il apprend à communiquer avec les autres.**

Un papa ou une maman qui a préparé amoureusement un délicieux petit plat, équilibré et nourrissant à la fois, donne de l'affection autant que des aliments. C'est pourquoi les refus alimentaires de l'enfant sont si mal reçus par ses parents. Une mère qui ne sent plus « nourricière » s'inquiète vite pour son petit. Elle n'entend pas que son petit n'a pas faim. Elle entend qu'il ne l'aime pas ou qu'il se laisse dépérir. Elle force. Il bloque. Tous les ingrédients du problème sont en place.

Le faire manger à tout prix ?

Les parents usent une grande quantité d'énergie pour forcer à manger des petits enfants obstinés et en pleine santé. Ils emploient la séduction (« Une cuillère pour papa »), le chantage affectif (« Moi qui me suis donné tant de mal pour cuisiner cette soupe. »), le jeu (« Oh, l'avion qui entre dans le hangar ! »), la menace (« Si tu ne manges pas, tu resteras tout petit et tout maigre… »). Pour un résultat le plus souvent médiocre : une demi-heure à table à supplier, un conflit qui couve et trois petits pois avalés au bout du compte.

Certains enfants aiment manger, d'autres non. Certains sont gourmands, ou gourmets, d'autres ennuyés par le simple fait de venir à table. Certains sont ronds, d'autres maigres... Mais aucun, jamais, n'a été sauvé du risque de mourir de faim par un valeureux parent qui l'aurait forcé à finir son assiette.

Ne jamais forcer

C'est la règle de base. L'alimentation est un domaine fragile, sur lequel se reportent facilement des difficultés qui n'ont rien à voir avec elle. Des insistances trop fortes risquent de bloquer l'enfant encore plus sûrement. La contrainte aboutit presque toujours au conflit et à l'installation de rejets qui n'étaient avant qu'exceptionnels.

Le mécanisme est simple. L'enfant repère vite que ses parents vivent très mal ses refus alimentaires et ses bouderies sur les haricots verts. Il comprend qu'il tient un merveilleux moyen d'attirer l'attention, de faire durer le repas et de **faire pression sur son entourage**. À l'inverse, moins on insiste et plus le repas est un moment détendu, de plaisir partagé, et mieux les choses vont évoluer.

Respecter son appétit

L'appétit d'un petit enfant est très variable d'un jour à l'autre. Cela varie du simple au double. Il peut ne presque rien avaler lundi et manger comme un ogre mardi. Certains ont besoin de beaucoup d'apports nutritifs, d'autres grandissent avec très peu.

Seul l'enfant connaît ses désirs et ses besoins. L'unique critère est celui de sa santé. Si le pédiatre vous a dit qu'il grandit normalement, alors n'ayez aucune inquiétude.

On parle beaucoup, depuis quelques années, de l'augmentation du nombre d'enfants et d'adultes obèses. L'un des traitements consiste à apprendre à retrouver ses sensations naturelles : manger quand on a faim, ne plus manger quand on n'a plus faim, ne pas manger quand on n'a pas faim.

De la souplesse

Un jour, l'appétit de l'enfant et son rythme alimentaire vont se stabiliser. En attendant, faire preuve de souplesse est la plus grande sagesse. **Souplesse n'est pas laxisme :** pas question de démissionner totalement et de laisser l'enfant manger ce qu'il veut, quand il veut. Un équilibre est à trouver, entre forcer et tout accepter, à travers ces quelques conseils.

• Un enfant qui a bien déjeuné à la crèche ou à l'école peut avoir moins besoin d'un grand repas le soir.

• Ce que l'enfant a envie de manger varie selon ses humeurs, selon les jours, plus que selon ses goûts. Inutile de se braquer : il aura peut-être envie le soir de ce qu'il refuse le midi.

• Mieux vaut servir de petites quantités de nourriture dans l'assiette, quitte à resservir l'enfant. Une grosse assiette, lorsque l'on n'a pas très faim, est décourageante.

• Avec ses doigts ou avec sa cuillère, l'essentiel, pendant quelques mois, c'est de manger tout seul, et avec plaisir. À vous de remplacer la soupe et la purée par les petits morceaux de légumes faciles à attraper.

• Si un enfant a refusé le steak-épinards, évitez de compenser aussitôt par un paquet de chips et un yaourt aux abricots. Il n'a rien voulu manger ? Il se rattrapera au prochain repas !

50 % d'enfants sous-alimentés ?

Un récent sondage l'a montré : la moitié des parents sont convaincus que leur enfant ne mange pas assez, voire qu'il ne mange « rien ». Ce que contredisent toutes les études sur la santé des enfants. **La preuve qu'un enfant a assez mangé**, ce n'est pas qu'il a fini par avaler de mauvaise grâce 50 grammes de poisson et sa purée de céleri, **c'est qu'il est en bonne santé, vif, actif et qu'il grandit bien**.

Une nourriture équilibrée... si possible

En théorie, un enfant doit se voir offrir une nourriture variée et riche, qui l'ouvre sur des goûts et des substances différentes. Mais certains n'aiment pas la variété, et la gamme de ce qu'ils acceptent de manger est plutôt limitée. Tant pis. Pendant quelque temps, une alimentation répétitive mais équilibrée fera l'affaire.

Manger dans le calme

Un jeune enfant mangera mieux dans un espace calme, à des heures relativement régulières, selon une routine établie. Si les horaires de chacun le permettent, l'enfant trouvera sa place à la table familiale et sera encouragé à manger comme tout le monde. S'il mange seul avant le reste de la famille, un petit jouet lui tiendra mieux compagnie qu'un téléviseur allumé.

Et les fast-foods ?

Ne vous culpabilisez pas parce que vous aurez emmené votre petit dernier manger un hamburger et des frites avec ses aînés. D'abord, une fois de temps en temps, ce n'est pas si mauvais que ça. Ensuite, il est rassurant de voir son enfant dévorer de si bon appétit. Enfin, partager de la « nourriture plaisir », c'est aussi l'occasion de vivre ensemble un bon moment, chaleureux et complice.

13 Que faire pour éviter que votre *enfant s'égare* ?

Demandez aux adolescents autour de vous : tous se rappelleront avoir échappé à la surveillance de leurs parents au moins une fois et s'être retrouvés seuls dans la foule. Demandez aux parents : tous ont vécu un épisode parallèle. Souvenirs terribles…

Une expérience terrifiante

Égarer son enfant est une expérience très fréquente, mais des plus terrifiantes. L'enfant, le plus souvent âgé de **trois à sept ans**, qui réalise qu'il est seul dans un lieu inconnu peut ressentir un grand sentiment d'angoisse et d'abandon. Pour les parents, c'est un moment terrible de panique absolue. Chaque minute sans nouvelles dure des heures. Heureusement, la quasi-totalité des enfants égarés sont retrouvés sains et saufs dans les instants qui suivent. Mieux vaut cependant essayer d'éviter cette situation et savoir comment réagir si cela arrive.

Les lieux et les situations à risque

Les situations à risque sont connues :

• Ce sont tous les endroits où il y a de la foule ;

• Quand la curiosité de l'enfant est très sollicitée ;

• Lorsque les parents ont les mains occupées ou l'attention retenue ailleurs.

Citons pour exemples le centre commercial (surtout le samedi ou en période de Noël !), le parc de loisirs, le marché ou le supermarché, etc.

Comment préparer l'enfant au fait de se retrouver séparé de nous ? Il ne s'agit pas de l'effrayer sur les dangers courus, mais de lui donner une stratégie à laquelle se raccrocher si nécessaire.

Une préparation à long terme

• Même très jeune, un enfant peut apprendre par cœur son nom, son adresse et son numéro de téléphone. Avec cela, on n'est jamais tout à fait perdu.

• Dès qu'il en est capable (souvent plus tôt qu'on ne le croit), on peut apprendre à un jeune enfant à téléphoner, en mémorisant simplement le numéro. N'importe quel adulte lui prêtera un téléphone portable pour lui permettre d'appeler sa maman ou son papa.

• N'ayez pas peur d'entraîner votre enfant comme s'il s'agissait d'un jeu, jusqu'à ce que vous soyez sûr qu'il maîtrise la manœuvre, et de recommencer de temps à autre afin qu'il ne l'oublie pas.

Le jour de la balade

• Habillez votre enfant avec un anorak ou un pull de couleur vive, un bonnet rigolo... Vous le repérerez plus facilement dans la foule et les gens le remarqueront davantage.

• Une maman m'a raconté qu'elle utilisait un petit sifflet, suspendu à son cou. Quand elle ne voyait plus ses enfants, trois petits coups brefs les rappelaient à l'ordre et leur indiquaient la direction à suivre pour la rejoindre. Pourquoi ne pas essayer ?

• Dès l'arrivée dans un lieu public, prévoyez un point de rendez-vous. Prenez le même à chaque fois que vous allez à cet endroit et redites systématiquement : « Si on est séparés, on se retrouve devant la première caisse. » Vérifiez que votre enfant sait s'y rendre.

• Expliquez à votre enfant à qui il peut demander de l'aide. Même si la plupart des gens sont honnêtes et de bonne volonté, mieux vaut qu'il s'adresse en priorité à une personne derrière un comptoir, à un agent de police ou à une maman avec des enfants.

« Surtout, tu ne bouges pas ! »

Lorsque l'endroit est inconnu de l'enfant ou qu'il s'agit d'un déplacement et que vous ne pouvez pas donner de point de repère, la meilleure consigne est : « Si on est séparés, tu restes sur place. C'est moi qui viens te rechercher. » Il est en effet bien plus compliqué de se chercher à deux, et l'enfant risque de s'éloigner davantage. N'hésitez pas à redonner à chaque fois la même consigne.

Le jour où Catherine s'est retrouvée dans une rame du métro et qu'elle s'est aperçue avec horreur que Martin, quatre ans, était resté sur le quai, elle s'est félicitée d'avoir été très claire : elle est descendue à la première station, a repris le métro dans l'autre sens, pour retrouver Martin, assis sur un banc, à peine inquiet : « Je savais que tu allais revenir, alors je n'ai pas bougé. »

On se perd aussi dans son propre quartier

Beaucoup d'enfants se perdent dans leur propre quartier, sur le chemin de l'école, du parc ou des courses. Pour éviter cela, aidez-le à se repérer aussi longtemps que nécessaire : « Tu vois, pour aller à la boulangerie, on tourne au coin de la rue, puis on passe devant la pharmacie. » Faites-en un jeu : « Cette fois, c'est moi qui te suis : tu me guides jusqu'à la maison. »

Quand vous retrouvez votre enfant…

Votre petit a eu assez d'émotions comme cela : ce n'est ni le moment de vous fâcher ni celui de lui faire des reproches. **Gardez vos leçons pour plus tard**. Il est juste temps de faire un gros câlin et savourer la joie des retrouvailles.

Vous croisez un petit enfant perdu...

Vous trouvez sur votre chemin un jeune enfant manifestement égaré. Quelle conduite tenir ?

- *Rassurez l'enfant verbalement.*
- *Essayez de lui faire dire son nom.*
- *Ne l'emmenez nulle part (ses parents vont sûrement revenir sur leurs pas).*
- *Envoyez un autre adulte faire une annonce, prévenir le poste de surveillance ou rechercher les parents.*
- *Si vous trouvez l'enfant dans la rue, demandez aux commerçants les plus proches s'ils le connaissent : s'il est du quartier, il est probable que l'un ou l'autre le reconnaîtra.*
- *Si possible, restez auprès de l'enfant jusqu'à l'arrivée de ses parents.*

14 Comment lui *parler de sexualité* ?

Samedi, seize heures, dans un wagon de métro plein de monde. Soudain une petite voix s'élève, claire, au-dessus des conversations : « Dis, Papy, toi aussi t'en as un, de zizi ? » C'est la voix de Morgane, cinq ans, qui s'assure qu'elle a bien compris ce que sa maman lui a expliqué la veille. Malaise du grand-père.

Il faut s'y attendre : si les parents choisissent plutôt des moments calmes et complices pour aborder ces sujets, les enfants, eux, posent souvent leurs questions de manière tout à fait imprévue, dans la queue de la boulangerie ou au milieu d'un repas de famille. Preuve qu'ils n'ont senti aucun interdit à aborder ces sujets.

Dans ce cas, dites simplement : « C'est une question intéressante, mon chéri, rappelle-moi de te répondre ce soir, quand nous serons rentrés à la maison. »

La seule solution pour éviter la gêne consiste à devancer les questions de l'enfant, à l'informer avant qu'il ne se renseigne. Mais ce serait dommage de ne pas aussi profiter de sa curiosité, car ses questions sont le seul indicateur de son niveau de réflexion, alors mieux vaut se préparer à y faire face.

À quel âge commencer une information sexuelle ?

Justement, dès que l'enfant montre une curiosité, par ses questions ou par ses actes. Cela se situe **généralement vers l'âge de trois ans**, lorsque l'enfant commence à séparer le monde entre hommes et femmes et à s'interroger sur ce qui les différencie. Mais cela peut tout aussi bien survenir à l'occasion d'un événement familial : grossesse de la maman, mise bas de la chatte, scène à la télévision, etc.

La question peut être soit directe : « Comment il est rentré le bébé ? Par où il va sortir ? », soit indirecte : « Moi aussi j'en aurai, des enfants ? », ou : « Les bébés chats, ils n'ont pas de papa ? »

Au fil des années, c'est souvent l'enfant qui initie le dialogue sur les questions sexuelles et qui indique où il en est de ses interrogations. Il peut vous sembler « travaillé » par la curiosité un jour, puis, une fois celle-ci satisfaite, paraître s'en désintéresser pendant plusieurs mois.

Une curiosité différente selon l'âge

Certains enfants ne posent pas spontanément de questions, souvent parce qu'ils ont senti une gêne chez les adultes ou qu'ils se sont heurtés à une attitude qui leur a fait préférer le silence. Dans ce cas, il est souhaitable d'aller au-devant d'eux en leur fournissant spontanément les informations qui correspondent à leur âge.

À l'approche de la puberté, les questions s'arrêtent. Les enfants en savent souvent plus que ce que l'on imagine. La pudeur survient, leur corps commence à changer : ce n'est plus vers leurs parents qu'ils vont maintenant se tourner pour avoir des détails techniques : ils préfèrent écouter les radios FM, chercher des informations sur Internet ou enquêter auprès des copains.

Cette discrétion est à respecter par les parents, qui laissent seulement une porte ouverte : « Tu sais que tu peux toujours venir me poser toutes les questions que tu veux sur la sexualité, sur l'amour ou sur la contraception ; je suis là. »

Quels termes employer ?

Les plus vrais et les plus simples sont les meilleurs. Si vous le pouvez…

« Ça veut dire quoi, faire l'amour ? », demande Milan, six ans. « Faire l'amour, ça signifie faire de gros câlins sexuels entre deux adultes. — Comment ? — Ils se font des caresses, puis généralement l'homme introduit son pénis dans le vagin de la femme, ils se serrent très fort et ils aiment beaucoup cela. C'est aussi de cette façon que l'on fait les bébés, mais on peut faire l'amour pour le plaisir, sans vouloir de bébé à chaque fois. »

Les jeunes enfants n'attendent pas un exposé détaillé et technique sur l'accouplement du spermatozoïde et de l'ovule, mais ils sentent vite, à l'inverse, si on les prend pour des niais en employant un langage bêtifiant. Le mieux est donc de leur **parler simplement, avec des mots adaptés à leur âge**. Vous avez des petits mots à vous pour désigner les organes sexuels ? Pourquoi pas ? Mais assurez-vous de ne pas utiliser le même pour les deux sexes, et que l'enfant connaisse les vrais mots.

Que faut-il dire ?

Le vrai. L'époque n'est plus aux naissances dans les roses. Mais le niveau de détails dépend de l'âge de l'enfant. Les plus petits demandent des réponses brèves et simples. Si c'est trop peu, ils reviendront à la charge. Si c'est trop, il est clair qu'on les ennuie. Si l'enfant sent l'adulte réceptif, il demande jusqu'à ce que sa curiosité soit satisfaite, puis il cesse d'écouter.

L'image de la petite graine n'est pas mauvaise, car elle met en évidence le rôle du père, ce qui est très important. Mais il ne faut pas oublier de préciser que la maman n'est pas qu'un « réceptacle » : elle produit aussi une petite graine et il faut les deux pour faire un bébé.

Ce que l'enfant veut vraiment savoir, c'est quel est son sexe, à quels adultes il ressemblera, ce qui l'attend plus tard (« Toi aussi, un jour, si tu le désires, tu auras un bébé dans ton ventre ») **et s'il a été conçu dans l'amour.**

Les questions des plus grands (mais cela vient très vite !) peuvent vous désarçonner : « Pourquoi les dames mettent des couches ? », « C'est quoi un homosexuel ? » Répondez avec ce que vous êtes, ce que vous croyez juste de dire. Si la gêne est trop grande, vous pouvez toujours renvoyer l'enfant sur un autre adulte ou lui lire un petit livre explicatif sur la sexualité et sur la reproduction.

L'essentiel est que l'enfant sente que sa curiosité est la bienvenue et que vous n'oubliiez jamais de lui parler d'amour autant que de technique.

Une relation saine à la sexualité passe, d'abord, par un dialogue ouvert et simple sur tout ce qui s'y rapporte.

Distinguer la sexualité et la reproduction

L'itinéraire de la petite graine, passe encore, mais parler à son enfant de désir sexuel et du plaisir que cela engendre est, pour beaucoup de parents, autrement plus délicat. C'est pourtant omettre l'essentiel que de ne pas lui dire que l'on fait l'amour pour se faire plaisir, simplement parce que c'est bon, comme les très gros câlins.

15 Peut-on se montrer ***nus devant ses enfants*** ?

La nudité totale n'est plus proscrite au foyer. Les parents ont souvent relégué le pyjama aux oubliettes et partagent volontiers leur bain avec leur enfant.

Le chemin parcouru en moins d'un siècle est considérable.

En l'espace de trois générations, nous sommes passés d'une époque de grande pruderie, où l'on se lavait en gardant sa chemise de nuit et où la vue d'une cheville provoquait un grand émoi, à une ère de liberté affichée où les corps quasiment nus s'exhibent librement sur les plages et à la devanture des marchands de journaux.

Est-ce pour autant que les tabous ont disparu et que la question de la nudité devant les enfants est définitivement réglée ? Non, et c'est tant mieux.

Nul doute : une attitude plus libre et naturelle face au corps est meilleure que la pudibonderie qui l'a précédée. Mais les limites n'en sont que plus difficiles à définir. Les interdits ont disparu : où trouver de nouveaux repères ?

Se montrer nus, d'accord, mais dans quelles circonstances et jusqu'à quel âge ?

Comment l'enfant vit-il la nudité ?

Pour les petits, être nu est vraiment un grand plaisir. Avant dix-huit mois ou deux ans, c'est surtout une question de confort et d'aisance : se promener nu, sans couche, en plein soleil ou dans la maison, est une vraie joie, toute naturelle.

Entre deux et cinq ans apparaît la fierté de montrer ce que l'on est et à quel sexe on appartient. On se découvre fille ou garçon et on le montre bien pour que nul ne l'ignore. L'enfant aime déambuler nu, s'admirer dans la glace. Mais il aime tout autant regarder : ne comptez pas sur lui pour détourner pudiquement le regard si d'autres enfants ou d'autres adultes nus croisent son chemin ! Son regard va droit à ce qui l'intéresse, à ce qui fait une différence. Et, comme c'est de son âge, il a aussi envie de toucher. **Il souhaite se montrer, voir et explorer**. Cette curiosité est saine, ce qui ne signifie pas que l'on doive y souscrire !

Quand arrive la pudeur

Beaucoup d'adultes ont gardé ce plaisir de la nudité. Ils trouveraient ridicule de se couvrir devant leur enfant. La nudité en famille est devenue banale.

Pourtant, la pudeur n'a pas disparu. Variable selon les enfants, la pudeur peut surgir soudainement et disparaître de même. L'enfant qui s'enferme dans la salle de bains ou qui se cache pour se déshabiller sera également gêné s'il est confronté à la nudité d'autrui. **Respecter sa pudeur**, c'est ne pas le forcer ni se moquer, mais c'est aussi savoir enfiler soi-même un peignoir lorsque l'enfant est là.

À la pudeur des enfants répond celle des adultes. Les parents qui se sentent mal à l'aise nus devant le regard de leurs enfants et leur désir « d'inspection », n'ont pas à se forcer au nom d'une prétendue éducation libérale. Se montrer discret incitera les enfants à en faire autant.

Un lien entre pudeur et sexualité

C'est lorsque l'enfant commence à s'intéresser directement à la sexualité et à comprendre le rôle que son corps est appelé à y jouer qu'il devient pudique. Même s'il se doute que ce sont des « histoires de grands », il se sait intimement concerné. Il se protège, et c'est une attitude que les adultes doivent respecter. Parallèlement, c'est le moment d'ouvrir avec lui un dialogue. Il va s'agir de mettre des mots (et des images, éventuellement), sur les questions qu'il se pose, mais n'ose pas toujours aborder directement.

Quelles limites se donner ?

Quels comportements peuvent être considérés comme normaux en famille, et lesquels vous feront dire : « Non, pas cela, quand même ! » ? Il faut en décider.

Voici quelques exemples :

- Il est souvent admis d'être nus, en famille, dans la salle de bains. Peut-on l'être aussi dans la cuisine ?

- Peut-on accepter que l'enfant vienne se glisser la nuit entre ses parents nus ?

- On voit souvent un parent partager le plaisir du bain ou de la douche avec son enfant. À quel âge trouvez-vous raisonnable d'arrêter cette pratique ? Un an, trois ans, sept ans, dix ans ? Là encore, où fixer la limite ?

- À trois ans, Thomas écarte le peignoir de sa maman pour lui caresser les seins et les téter comme un bébé. Doit-elle le laisser faire ?

- À deux ans et demi, Camille essaie de toucher le sexe de son papa lorsqu'ils sont ensemble sous la douche. Doit-il accepter ?

Chaque parent peut sentir, à l'intérieur de lui, où il est souhaitable de placer les limites. **Voir et toucher, ce n'est pas la même chose**. Traverser le couloir et s'exhiber non plus. La nudité est une chose simple et belle. La partager en famille ? Tout dépend de l'âge et des circonstances. À partir de deux ans, une certaine discrétion est nécessaire. Si la nudité au foyer relève avant tout d'un choix personnel, **permettre à chacun de préserver son intimité est un bon facteur d'équilibre**.

L'interdit de l'inceste

Entre deux et six ans, l'enfant peut avoir un comportement séducteur vis-à-vis du parent de sexe opposé et ressentir une rivalité jalouse avec le parent de même sexe. Il cherche un rapprochement. C'est le moment, pour les parents, de poser clairement quelques règles :

- Le lit des parents n'est pas celui des enfants ;

- Chacun, parent et enfant, a droit à la propriété de son propre corps et au respect de son intimité. L'enfant, dès qu'il en est capable, va seul aux toilettes, se lave seul, etc. ;

- On lui précise : « Ton corps t'appartient. Personne n'a le droit d'y toucher sans ton accord, sauf pour te soigner, si tu es malade. »

Papa est à maman et maman est à papa : l'enfant, bien qu'en étant la conséquence, est de fait exclu de cette relation de couple. Mais, un jour, lui aussi rencontrera quelqu'un qu'il aimera, etc.

L'enfant est un « pervers polymorphe »

Les questions de nudité contiennent toujours une dimension sexuelle qu'il est impossible d'éluder.

L'enfant n'est pas un ange. Freud lui-même en parlait comme d'un « pervers polymorphe » ! Aussi faut-il toujours se demander à quel moment la nudité des parents peut gêner le développement de l'enfant. Celui-ci a une vie sexuelle et des fantasmes qui lui sont propres, très différents de ceux des adultes, et qu'il satisfait à sa façon.

Entre deux et six ans, très séducteur vis-à-vis du sexe opposé, il revendique avec son parent une place qui n'est pas la sienne. C'est alors que le spectacle de la nudité des parents peut être perturbant pour l'enfant, à la fois trop stimulant pour son âge et un peu désespérant (« Comparé à mon père, je n'ai pas ce qu'il faut pour satisfaire ma mère... »).

Respecter l'enfant, ce sera lui permettre de découvrir l'anatomie d'autres enfants plutôt que celle des adultes.

16 Comment mettre en garde ***contre les abus sexuels*** ?

Tous les enfants, quels que soient leur tempérament et leur environnement, ont besoin d'être informés et préparés aux « mauvaises rencontres » et aux abus en tout genre.

Depuis notre enfance, le monde a bien changé…

Quelques règles simples suffisaient à nous protéger : « Tu ne suis pas les étrangers », « Tu rentres avant la nuit », « Tu préviens si tu es en retard ». Tout cela est encore valable, bien sûr, mais devenu insuffisant. On parle de plus en plus d'abus sexuels, ce qui ne signifie pas qu'ils soient plus fréquents, mais que les enfants osent parler et que leur parole est prise en compte.

Les parents savent qu'il est impossible de protéger totalement leur enfant, mais il est nécessaire d'essayer. La tâche est difficile. Tout parent désireux de mettre en garde efficacement son enfant se trouve vite confronté à deux dilemmes. D'une part, **comment informer sans pour autant inquiéter ou rendre craintif** ? Et d'autre part, **comment assurer la sécurité de son enfant tout en respectant son légitime désir d'indépendance** ?

La démarche tient en quatre points.

Une information correcte

Bien sûr, les enfants, à tout âge mais d'autant plus lorsqu'ils sont jeunes, sont vulnérables. Cependant il faut raison garder : à l'immense majorité des enfants, il n'arrivera jamais rien. **L'angoisse parentale ne protège pas** les enfants. Mieux vaut s'informer sur les risques réels que véhiculer des fantasmes.

Il est par exemple important de savoir que plus de la moitié des enfants mis en danger le sont par une personne connue d'eux, dont ils ne se méfient pas, alors que tous ont spontanément peur des étrangers, de ceux qui ont « une drôle de tête ».

Une éducation préventive

Les enfants timides, bien élevés, discrets ou peu sûrs d'eux peuvent trouver très difficile d'affirmer leur droit et de se défendre contre un adulte convaincant ou exigeant. Il est donc important d'apprendre à tout enfant qu'il a le droit de dire non et le droit de défendre ses opinions, même face à une figure d'autorité.

Les enfants surprotégés sont aussi, paradoxalement, **plus vulnérables**, car ils n'ont pas appris à se débrouiller ni à se défendre par eux-mêmes. Malgré leur anxiété, il est important que les parents donnent à leur enfant une autonomie en rapport avec leur âge. C'est en apprenant progressivement la liberté que l'enfant se prépare à affronter le monde.

Enfin, aider son enfant à se défendre contre les abus sexuels, c'est avant tout, **très tôt, lui faire comprendre que son corps n'appartient qu'à lui.** Cela veut dire respecter sa pudeur, mettre des limites claires entre les membres de la famille, lui apprendre dès quatre ans à se laver seul, etc.

Une mise en garde efficace

Parler aux enfants de l'existence des abus sexuels n'est pas facile : c'est leur faire perdre une part de leur innocence, en évoquant des choses moches dont ils ignorent tout.

Mais c'est le prix à payer pour la prévention. On est plus vigilant quand on est au courant des dangers potentiels. On peut dire par exemple : « Il existe des personnes qui ont des problèmes, et cela les amène à essayer de toucher les enfants là où il ne faut pas. Même ceux qui ont l'air gentil peuvent parfois faire du mal. Ton corps est à toi. Personne, même un adulte proche, n'a le droit de toucher les parties cachées de ton corps, surtout si cela te crée un malaise. »

Un apprentissage ciblé

Viennent ensuite les règles de conduite précises. **L'enfant doit savoir concrètement ce qu'il doit faire s'il se trouve dans une situation inhabituelle ou qu'il ressent comme dangereuse**.

Les instructions les plus simples sont les mieux mémorisées :

- « Si un adulte te demande de garder un secret, méfie-toi et parle-m'en » ;
- « N'accompagne jamais un inconnu, même pour lui rendre service » ;
- « Ce n'est pas impoli de dire non » ;
- « Si tu es seul, sans personne pour t'accompagner, reste dans les lieux où il y a du monde » ;
- « Si tu as besoin d'aide, entre dans un magasin, alerte un groupe de gens ou sonne à n'importe quelle porte. »

On ne peut pas avoir en permanence nos enfants sous les yeux : éducation, information du danger et mise en garde pratique sont les meilleures mesures de prévention.

S'entraîner à crier

Toutes les études l'ont montré : la seule tactique vraiment efficace dont dispose un enfant pour se défendre, c'est le cri. **Un enfant qui crie fait vite fuir son agresseur**, qui craint évidemment d'attirer l'attention sur lui. C'est un élément de prévention très simple à expliquer à l'enfant.

Mais **tous les enfants n'osent pas crier, surtout les enfants timides et polis**.

Il faut donc pratiquer le hurlement, comme un exercice.

Demandez à l'enfant de hurler « non », le plus puissamment possible, depuis le ventre. Seul d'abord, puis face à la glace, puis face à vous, plusieurs fois. Faites-le quand vous êtes en promenade, dans les bois ou dans les champs. Mais entraînez-vous aussi à la maison : tant pis si vous ameutez les voisins !

Ainsi, en cas de besoin, l'enfant n'hésite pas à crier, pour appeler à l'aide et faire fuir l'agresseur.

Vous voulez savoir si votre enfant a retenu vos mises en garde ?

Jouez à « Et si ? » :

« Et si je n'étais pas à la sortie de l'école ? »

« Et si quelqu'un te demandait de garder un baiser secret ? »

« Et si un adulte te demandait de le suivre jusqu'à sa voiture ? », etc.

Comment aider l'enfant à faire la part entre le câlin « normal » et celui qui ne l'est plus ?

- *D'abord, expliquez à votre enfant que personne d'autre que lui n'a le droit de toucher à ce qui est « caché par le maillot de bain » (sauf pour une raison médicale, bien sûr).*
- *Ensuite, apprenez-lui à se méfier de ceux qui lui demandent le secret : un baiser « normal » n'a pas à être caché.*
- *Enfin, créez avec l'enfant un climat de confiance, qui l'incitera à vous dire tout ce qui lui semble « étrange ».*

17 Peut-on éviter *les mots qui font mal* ?

« Tel, qui parle étourdiment, blesse comme une épée ;
la langue des sages guérit. »

Livre des Proverbes (12,18).

Quoi que nous disions, parce que nous sommes les parents, nos enfants nous croient. Ils nous prennent au mot. Alors attention à ceux que nous prononçons, et tâchons d'y réfléchir à deux fois avant de lâcher l'une de ces phrases définitives. Certaines arrêtent l'enfant dans son élan vital, d'autres affectent sa confiance en lui, toutes abîment parce qu'elles heurtent l'enfant dans sa sensibilité et l'amour qu'il nous porte.

Respectez sa créativité et ses émotions

Certains types de phrases sont à éviter :

« Ne te salis pas ! »

C'est le plus sûr moyen d'inhiber l'enfant qui part jouer dans le jardin ou qui fait de la peinture dans ses élans d'artiste ou d'explorateur. Mieux vaut l'habiller de vieux vêtements « tout-terrain » et lui dire : « Comme cela, tu ne risques rien, fait ce que tu veux, amuse-toi ! »

« Pourquoi ne fais-tu pas le toit de la maison en rouge ? »

Si vous voulez que votre enfant devienne créatif et imaginatif, abstenez-vous de critiquer, de juger ou de conseiller ses productions. Il n'y a pas, en art, une bonne et une mauvaise façon de faire les maisons ou les bateaux. Dites-lui plutôt : « Tu peux être fier de ta maison, elle est vraiment bien dessinée ! »

« C'est ridicule d'avoir peur comme ça ! » ou « Mais non, tu ne détestes pas ta sœur ! »

Eh bien si, ça arrive. Les sentiments ont le droit de s'exprimer, et doivent être respectés. Seuls les passages à l'acte sont répréhensibles. Mieux vaut une phrase comme : « Je comprends que par moments tu l'aimes bien et par moments elle t'énerve. C'est comme cela pour l'instant, ce n'est pas grave. »

« Moi, à ta place... »

Évidemment, vous avez raison et vous feriez mieux que lui, mais cela mine sa confiance en lui.

« Moi, à ton âge... »

Oui, bien sûr, à son âge vous étiez formidable. Tout allait mieux que maintenant. Mais le monde a changé, et votre enfant est différent de vous. D'ailleurs, dès que vous commencez ainsi votre phrase, il cesse de vous écouter...

Évitez les étiquettes et les jugements définitifs

« Tu ne pourrais pas être obéissant comme ta sœur ? » ou « Tu es beaucoup plus gentille que ton frère... »

Les comparaisons entre enfants d'une même fratrie donnent des résultats désastreux. Défavorables, elles minent l'estime de soi. Favorables, elles excitent la rivalité fraternelle. Mieux vaut montrer à chacun qu'on l'aime pour ce qu'il est : unique.

« Tu ne ramasses jamais ton linge derrière toi ! »

C'est une phrase qui condamne et parle de l'autre. « Jamais » est sûrement excessif et peut être remplacé par « jusqu'ici », laissant l'avenir ouvert. Parler à partir de soi vaut mieux : « Je suis très irrité quand je trouve ton linge par terre », ou, encore plus sobre : « Le linge sale va dans le panier. »

« Tu as toujours été paresseux ! » ou « Jean est nul en français. »

Les étiquettes appliquées à l'enfant sont toujours à proscrire. L'enfant va avoir tendance à s'y conformer (« Pourquoi essayer de changer, puisque de toute façon je suis comme cela ? »), ce qui l'enferme dans son problème et, dans tous les cas, le limite et l'empêche d'être autre.

Évitez menaces et chantages

« Si tu ne viens pas, je m'en vais toute seule ! »
Si l'enfant ne se décide pas à quitter la crèche ou la maison, on comprend la menace, dite à bout de patience. Mais, soit l'enfant ne vous croit pas, et la remarque est inutile, soit il vous croit, et vous éveillez en lui une angoisse d'abandon toujours latente et bien douloureuse.

« Si tu recommences encore une fois, tu vas voir… »

Il va recommencer, juste pour voir…

« Tu vas voir ton père, ce soir… »
Si l'enfant a fait une bêtise, la punition doit être donnée sur le moment, puis on fait la paix et on oublie. Sans compter que le père n'a sûrement pas envie de jouer les Père Fouettard après sa journée de travail !

« Je te préviens, je m'en souviendrai ! »
Un problème se règle sur le moment. Menacer et faire peur à l'enfant pour se venger ou pour obtenir quelque chose, plutôt que de faire appel à ce qu'il a de meilleur en lui, c'est mettre en place des mécanismes qui sont autant de bombes à retardement. Mieux vaut : « Je suis très mécontent de ce que tu as fait. Mais je te fais confiance, je sais que tu essaieras de ne pas recommencer. »

Ne misez pas sur sa culpabilité

« Après tout ce que j'ai fait pour toi ! » ou sa variante « Pourquoi tu fais de la peine à maman ? »

L'enfant a ses expériences à faire et sa vie à vivre, indépendamment de la vôtre. Il est toujours dangereux de provoquer chez lui de la culpabilité, sentiment dont il aura bien du mal, plus tard, à se défaire.

« Tu me rends malade ! » et sa variante, plus grave, « Il me tuera, ce gosse ! »

L'enfant vous croit. Avec ces phrases, vous générez une angoisse et une culpabilité bien trop lourdes pour lui. Limitez-vous à : « Tu me fatigues ! », bien suffisant, et qui vous donne l'occasion d'aller vous détendre un moment au calme.

« Viens donner un baiser à papa, sinon il est triste... »

Pas de chantage à la tendresse. L'enfant viendra vous faire des câlins quand il en aura envie, pas par crainte de vous rendre triste. Vous voulez un contact tendre ? Allez donc lui faire un baiser !

Les mots qui blessent

Les mots que l'on dit à nos enfants, sous le coup de la colère ou de la lassitude, **peuvent faire très mal. Autant que les coups**. Celui qui dit ces mots, une fois calmé, les oublie ou les regrette. Celui qui les a reçus les garde longtemps sur le cœur. On pense souvent que les enfants, parce qu'ils sont encore jeunes et insouciants, ne nous comprennent pas, ou bien qu'ils oublient vite. Pourtant, si nous regardons loin en arrière, dans nos souvenirs d'enfance, nous y trouvons tous l'une de ces phrases, sous une forme peut-être différente, dont la blessure est encore douloureuse.

Comme disaient nos grands-mères

La sagesse populaire conseille de tourner sept fois sa langue dans sa bouche avant de parler. Et si, avant de lancer des mots qui abîment, et que l'on regrette ensuite, on essayait de respirer un bon coup, le temps de trouver une formulation plus heureuse et plus respectueuse ?

18 Et les parents, *ont-ils des droits* ?

Les droits des enfants ont été reconnus et protégés : tant mieux ! Mais certains enfants ont tant de droits qu'ils les exercent parfois aux dépens de ceux de leurs parents…

Dès la naissance, les parents donnent tout leur temps et leur énergie à leurs enfants, allant parfois jusqu'à s'oublier eux-mêmes. Qu'ils manquent de patience ou de disponibilité, et les voilà souffrant de culpabilité N'a-t-on pas oublié que les parents dévoués ont eux aussi des droits qu'ils peuvent exercer en toute légitimité ? Essayons de les passer en revue.

Les droits généraux

Les enfants bénéficient également de vos droits à être de « vrais » parents, « normaux ».

Citons :

Le droit de prendre les décisions et de commander, et le droit d'être raisonnablement obéis

Trop de parents doutent du bien-fondé de leur autorité. Ils hésitent à exiger la politesse à table ou à fixer l'heure limite du coucher. C'est pourtant à eux qu'elle est confiée, en toute légalité. Mentionnons aussi le droit de ne pas être toujours parfaitement cohérents et rationnels, parce que parfois, « c'est comme ça et pas autrement ».

Le droit à l'erreur

Il serait étouffant et insupportable pour un enfant d'avoir un parent qui ne se trompe jamais, et que l'on ne peut donc jamais critiquer. C'est à le décourager de grandir ! Le parent a le droit de faire des erreurs vis-à-vis de ses enfants (il a interdit un peu vite, il s'est fâché sans écouter les arguments). S'il les reconnaît, à lui de les corriger.

Le droit à l'émotion et à la colère

Le calme est la condition d'une autorité respectée : d'accord. Mais aucun parent ne domine totalement ses réactions et ses émotions. Les enfants sont de redoutables provocateurs, qui, avec un instinct très sûr, appuient exactement où il faut pour nous faire sortir de nos gonds. Se sentir furieux et le montrer de temps en temps, c'est bien humain et très sain.

Le droit de rester celui ou celle que l'on était avant

Donc de continuer à aller chez le coiffeur, faire les soldes ou nager à la piscine, avec plaisir et bonne conscience, même si c'est de fait moins fréquent.

Les droits particuliers

À chacun de trouver les siens et de les faire respecter impérativement. Si ces besoins ne sont pas satisfaits, la frustration s'installe… de même que les conflits.

Selon sa personnalité, l'une s'attribuera le droit de prendre un bain sans être dérangée, l'autre le droit d'avoir la paix à l'heure où le film commence. Celle qui aime dormir voudra pouvoir profiter de son lit sans qu'il soit envahi de petits lutins ensommeillés à trois heures du matin, ou bien demandera à faire un semblant de grasse matinée le dimanche matin… Celui qui aime un peu d'ordre demandera le droit que le salon ressemble à un salon et non à l'annexe d'un magasin de jouets, ou bien que l'on ne farfouille pas dans le tiroir de son bureau.

Les droits du couple

Passer d'un couple d'amoureux à un couple de parents n'est pas toujours facile. Que le couple existe avant la naissance des enfants ou qu'il soit « recomposé », il a besoin de soin et de temps. Pour que la tendresse et la complicité se maintiennent, il faut s'en donner les moyens. **Le besoin d'intimité ne doit jamais être négligé**. D'où l'importance de se donner des droits.

Pour certains, ce sera la possibilité de passer « en amoureux », sans les enfants, une soirée par semaine, un week-end par trimestre, une semaine par an. Pour d'autres, cela se traduira par le droit de coucher les enfants assez tôt pour avoir un morceau de soirée pour soi et le temps d'échanger. Sans oublier, bien sûr, le droit de n'être qu'à deux dans sa chambre, *a fortiori* dans le lit.

Comment faire respecter ses droits ?

L'important est que la demande soit claire et présentée comme une règle. « On ne dérange pas maman quand elle est au téléphone » a autant de chances d'être obéi que : « On ne met pas ses coudes sur la table. » À condition de le dire avec autant de conviction et de tranquillité, en le répétant aussi souvent que nécessaire.

Les droits des parents sont mieux acceptés par les enfants lorsqu'ils ont été expliqués. Chaque parent dit ce qui lui fait plaisir : « J'adore dormir un peu plus tard le dimanche, alors c'est formidable pour moi quand vous vous levez sans faire de bruit et que vous prenez vos céréales tout seuls. » L'enfant veut que ses parents soient contents et de bonne humeur : il aime leur faire plaisir et il est prêt à prendre sur lui pour cela.

Mettre une limite aux demandes envahissantes des enfants n'est pas si difficile. Surtout si cela est compensé par une présence attentionnée avant et après, et de gros remerciements pour ses efforts : « Merci, vraiment, d'avoir joué doucement pendant que je me reposais. C'est très agréable pour moi. Et maintenant, qu'est-ce qu'on fait ensemble ? »

Inutile d'être des parents parfaits

Même quand on veut être un bon parent, inutile de s'efforcer d'être parfait : dans ce domaine aussi, le mieux est ennemi du bien. Le sens du sacrifice est inutile, devenir un parent martyr également. Bien sûr, avec l'arrivée des enfants, la vie change. La liberté diminue. Les parents doivent bien souvent faire passer les besoins de leurs enfants avant les leurs. Mais pas tout le temps, ni dans tous les domaines, ni trop longtemps. **En faire trop, c'est risquer de finir par s'aigrir** et en vouloir à l'enfant, lui reprocher plus tard son ingratitude. C'est aussi en faire un enfant gâté, en lui laissant croire que le monde tourne autour de lui.

chapitre 2

La vie quotidienne, le caractère et le comportement

19 Quels sont *les besoins d'un bébé* ?

Lorsqu'un enfant est câliné et entouré d'emblée d'attention chaleureuse, il est en meilleure santé physique, affective et intellectuelle. Empli d'un sentiment de sécurité, il se construit plus solidement.

Pour survivre, un bébé a besoin de nourriture, de chaleur, de paroles et d'amour. Cela, chacun le sait. Mais des études récentes sur les bébés sont allées plus loin. Elles ont mis en évidence ce qui était nécessaire au bébé au niveau affectif pour se développer au mieux sur le plan intellectuel. En résumé, pas d'ntelligence sans lien.

Les besoins de base

Pour s'éveiller au mieux et développer pleinement ses compétences, le petit enfant a un certain nombre de besoins de base qui doivent être satisfaits.

Des parents qui l'aiment et qui s'occupent de lui

Mais il a aussi besoin de temps de solitude, où il apprend à tirer parti de ses propres ressources intérieures. Cela veut dire qu'il y a des moments où il est souhaitable de laisser son bébé tranquille, avec, à portée de main, de quoi s'occuper s'il le souhaite (jouet, peluche, mobile). De même, il a des besoins de sommeil. Le sommeil est un temps de **récupération et d'organisation intellectuelle et un facteur essentiel d'équilibre**, qu'il ne faut pas sous-estimer.

Un espace et des objets à explorer, en toute liberté

Il est bon d'offrir à l'enfant de nombreuses stimulations pour lui éviter de trop s'ennuyer, mais un **équilibre est à trouver : attention à l'excès**. L'enfant a aussi besoin de gérer son temps, d'aller au fond des choses et d'apprendre à explorer toutes les ressources de ce qui l'entoure. Quant à l'ennui, à doses raisonnables, il incite à développer l'imagination.

De la confiance en soi

Celle-ci se construit partiellement par la confiance que vous avez en votre enfant. Votre petit a besoin de savoir qu'il est **aimé quoi qu'il arrive** et qu'il est **apprécié pour ce qu'il est** vraiment. Il aime que l'on soit content de lui, que l'on s'intéresse à ses productions et à ses actions.

Des paroles

Le langage a un rôle humanisant et favorise l'éclosion de l'intelligence en servant de support à la pensée. Une parole riche, personnelle, affectueuse, aide l'enfant à se **construire une représentation interne du monde et à y trouver sa place**.

Le rôle de l'affectivité

Les études les plus récentes montrent clairement que le **développement intellectuel** d'un enfant est d'abord et très fortement **lié à son développement affectif** et au climat qui règne dans son environnement. Le lien est si fort que les deux ne peuvent être dissociés. Une vie harmonieuse et équilibrée, un climat serein, ferme et bienveillant, une affection solide au fil des années : voilà ce qui peut servir de base à l'intelligence de l'enfant. Il a d'abord besoin de se sentir inclus **dans une relation sécurisante et respectueuse**. Très tôt, le bébé a besoin de savoir qu'il peut agir sur le monde et qu'il peut compter sur les plus grands que lui, et notamment ses parents, **pour le soutenir et l'aider dans son avancée**. Cette assurance passe par les activités de la vie quotidienne. Sur cette base solide, l'enfant peut partir à la découverte du monde et entamer sa compréhension.

De l'utilité des câlins

On sait que les bébés ont besoin de câlins et d'être pris dans les bras. Mais ce que l'on découvre maintenant va au-delà de ce simple constat : **le contact physique parent-bébé aide directement au gain de poids, à la santé physique et au développement du cerveau**.

Des études, menées aux États-Unis, ont montré clairement que le toucher affectueux et les massages pouvaient améliorer le gain de poids des bébés tout petits. « Le toucher, dit Tiffany Field, auteur de *Les Bienfaits du toucher*, stimule une branche d'un nerf crânien appelé le "*vagus* végétatif". Il active le travail gastro-intestinal, libérant des hormones comme l'insuline, laquelle améliore le niveau d'absorption des aliments. Selon d'autres recherches, le toucher affectif diminue le stress des bébés et augmente leur résistance immunitaire, ce qui a pu être prouvé par la mesure du cortisol dans leur urine. De la même manière, il a été mis en évidence que les mères attentives et affectueuses étaient plus susceptibles d'avoir des enfants bien éveillés. »

Tout cela est logique. Chez le bébé, plus encore que chez l'adulte, tout est lié. Parce qu'un enfant aura été câliné et aura vécu d'emblée au contact d'êtres humains chaleureux, sensibles aux besoins émis par leur bébé et capables de donner, il sera en meilleure santé physique, affective et intellectuelle. Il aura développé une sécurité intérieure et une confiance en l'autre qui lui permettront de se construire.

Un univers intéressant

Bébé a besoin de stimulations pour se développer au mieux. Il aime s'intéresser à ce qui l'entoure. Sa curiosité est sans cesse en éveil et son intelligence en mouvement.

La chambre du bébé est le lieu où il passe le plus de temps, et souvent des moments de tranquillité et de solitude. Elle est au cœur de son univers. Pourquoi dès lors ne pas faire de cette pièce un lieu d'éveil, où le bébé se sentira entouré de choses intéressantes ?

Voici quelques idées de décoration (vous en trouverez beaucoup d'autres !).

La plupart sont amovibles et peuvent donc être renouvelées pour soutenir la curiosité de l'enfant.

• Décorez le plafond, surtout au-dessus du lit du bébé, de grands posters colorés, d'un cerf-volant ou de grandes photos.

• Suspendez dans la pièce des objets légers qui volent dans les courants d'air : ballons de baudruche, guirlandes de Noël, oiseaux en papier, mobile léger, etc.

• Bébé adore les visages. Découpez-en dans les magazines et accrochez-les à côté de son lit.

• Collez sur les vitres des décorations comme on en vend à la période des fêtes ou de Pâques, ou bien fabriquez-en que vous découperez dans des feuilles de plastique adhésif.

• Bébé aime tout ce qui bouge : si vous avez un aquarium avec de jolis poissons, c'est dans sa chambre qu'il faut l'installer. Il a été démontré que l'aquarium a aussi un effet calmant sur les jeunes enfants.

• Une jolie chambre est sympathique, mais ce n'est pas une raison pour y laisser votre bébé pendant que vous vaquez dans les autres pièces. Lorsqu'il est éveillé, ce qui l'intéressera est de vous suivre de pièce en pièce, de vous voir vivre et de vous entendre commenter vos actions.

20 L'heure du lit : comment *l'endormir en douceur* ?

Quels parents n'ont jamais eu de problèmes pour coucher leur enfant ? Les difficultés pour mettre au lit ces chers petits et pour les convaincre d'y rester sont parmi les plus fréquentes… et les plus pénibles pour les parents épuisés qui rêvent d'une soirée tranquille.

C'est une certitude : l'enfant a besoin de sommeil, mais comment l'en convaincre lorsque, à onze heures du soir, il a déjà appelé cent fois pour un dernier verre d'eau ou un ultime câlin ?

Une chose à admettre d'emblée : on ne peut faire dormir un enfant de force. Aussi, **le but à se fixer n'est pas d'endormir l'enfant, mais d'obtenir de lui qu'il reste tranquille dans son lit ou dans sa chambre passé une certaine heure, ce qui est beaucoup plus facile**. L'enfant, au calme, s'endormira de lui-même lorsque le sommeil viendra.

Un rituel important

La réussite de la mise au lit dépend **beaucoup de l'heure qui précède**. Fixez une fois pour toutes une heure raisonnable de coucher, qui tient compte du temps de sieste de l'enfant, de son heure de lever, du temps qu'il a passé en famille, etc. (Une fois l'habitude installée, il deviendra possible de faire parfois des exceptions.) Une heure avant, annoncez : « Dans une demi-heure, on va se préparer à aller au lit », puis : « Allez, on se prépare à aller au lit » (et commencez le rituel), puis : « Dans dix minutes, on va au lit ! » (Au besoin, mettez en route le compte-minutes.) Enfin : « Allez, il est huit heures : pipi, les dents, et au lit. »

Les enfants, qui détestent les transitions brutales, apprécieront le fait d'être prévenus.

Environ vingt minutes avant le coucher, entamez le rituel, **immuable dans son déroulement** (un enchaînement **prévisible, donc rassurant**, est l'une des clés du succès). Selon les familles, la séquence des événements change peu : lavage des dents, passage aux toilettes, échange sur les événements du jour, lecture de l'histoire, coucher des peluches, câlin aux parents, installation du verre d'eau, quête du doudou, etc.

Savoir se séparer

Vient le moment de quitter votre enfant sur un dernier baiser et sur une phrase rassurante, dite d'une voix assurée et calme, comme : « Fais de beaux rêves, on se revoit demain matin. » Et ne revenez plus, sauf réelle urgence.

Si vous le sentez fatigué et prêt à s'endormir, éteignez la lumière. Certains enfants ont besoin d'une veilleuse ou bien réclament que la porte reste entrebâillée. Pourquoi pas ?

Si votre enfant dit qu'il n'est pas fatigué, vous pouvez tout à fait lui laisser la libre disposition de la lampe de chevet et lui confier un dernier petit livre qu'il feuillettera tout seul, ou bien un petit jouet.

À la réflexion : « Je n'ai pas sommeil ! », il est plus simple de répondre : « Eh bien tu dormiras plus tard, je te demande juste de rester calme dans ton lit (ou dans ta chambre). Maintenant, ce n'est plus l'heure des enfants, c'est l'heure des parents. Si tu es sage, je reviens te faire un baiser dans dix minutes. »

Et si ça proteste…

• Donnez vos raisons : « Tout le monde doit dormir pour se sentir en forme et joyeux le lendemain. À cette heure-ci, moi aussi je suis fatiguée et j'ai envie d'avoir un petit temps seule avec ton papa. »

• Si l'un des deux parents doit retourner dans la chambre, le père est souvent plus efficace. Il peut dire par exemple : « Voilà ton verre d'eau. C'est la dernière fois que je me dérange. Inutile d'appeler à nouveau : ta maman ne reviendra pas ; elle se repose, tu la verras demain. »

• Quand vous avez dit que c'était la dernière fois, ne revenez plus. Sinon, il n'y aura jamais de dernière fois.

• Résistez au désir de vous coucher à côté de votre enfant jusqu'à ce qu'il s'endorme. Vous le privez ainsi de l'occasion d'apprendre à devenir autonome et vous risquez, paradoxalement, d'aggraver ses difficultés d'endormissement. Vous n'avez pas à être son doudou.

• Anticipez les demandes afin qu'il n'ait plus rien à vous réclamer. **Soyez très tendre pendant tout le temps du rituel, mais ferme et presque distant ensuite**. Si votre enfant n'a pas l'espoir de vous faire marcher et revenir cent fois, il cessera d'essayer.

• Une phrase répétitive, énoncée à distance à chaque appel, comme : « Oui, je suis là, dors, tout va bien, on se verra demain », aura le mérite de le lasser par sa monotonie.

• Le but est de ne pas donner l'impression à l'enfant qu'il est maître de la situation et qu'il peut manipuler ses parents à son gré. Au-delà d'une satisfaction superficielle, cela le met dans une grande insécurité. **Ce qui le rassure en profondeur, ce sont des parents qui savent ce qui est bon pour lui**.

Pourquoi l'enfant ne veut-il pas se coucher ?

Le lit est le dernier endroit où il souhaite se rendre : pour l'enfant, cela signifie se séparer de ses parents et de ses jouets, stopper ses exploits et ses explorations pour une douzaine d'heures, se retrouver seul dans le noir, face aux démons de la nuit… On comprend son manque d'enthousiasme. Il se sentirait tellement mieux sur le canapé du salon, tendrement coincé entre ses parents, ou encore dans le lit parental… Seule la confiance en lui et dans ses parents lui permettra de devenir autonome. Il faut donc d'une part que ces derniers montrent un front uni, convaincant et ferme, d'autre part que l'enfant ait reçu le temps d'attention affectueuse dont il a besoin avant de se séparer. C'est le rôle du rituel.

Les attitudes à éviter

• Coucher son enfant dans le lit parental ou le laisser s'endormir d'épuisement sur le canapé du salon.

• « Récompenser » ses crises en l'autorisant à se relever ou en satisfaisant ses multiples demandes.

• Se mettre en colère : plus on se montre calme et décidé, plus l'enfant cesse vite de réclamer.

• Changer d'attitude chaque nuit face à son refus de dormir.

• Le coucher en vitesse, comme pour s'en débarrasser.

• Lui donner des médicaments pour dormir.

• Le menacer du lit comme d'une punition.

• Oublier de féliciter l'enfant qui s'est couché sagement ou qui a fait des progrès.

21 Comment réagir quand *il se réveille la nuit* ?

Pour le jeune enfant, traverser la nuit est une épreuve. Cela implique de se séparer le soir de ceux qu'il aime, puis d'affronter la solitude de son lit pour de longues heures. Comme par ailleurs il ne voit pas du tout l'intérêt d'un bon sommeil, il est normal qu'il lui arrive de protester !

Presque tous les enfants vont un jour tenter de se relever pour montrer leur désaccord avec le fait de se retrouver seul dans leur lit : ces petits problèmes de sommeil font partie de la vie de l'enfant. Mais il arrive que le trouble du sommeil s'installe et perturbe la vie de famille de manière importante. Mieux vaut intervenir rapidement.

De mauvaises habitudes vite enclenchées

L'exemple de Léonore, dix-huit mois, est typique. Une banale rhinopharyngite, en l'empêchant de bien respirer, a provoqué quelques réveils nocturnes auxquels sa maman a réagi avec efficacité : lavage de nez, gouttes, petit câlin et dodo. Le rhume a guéri. Léonore a continué à se réveiller et à appeler sa maman. Elle a vite compris que les heures de la nuit étaient douces, que sa mère était disponible, sa sœur endormie : bref, c'était le moment idéal pour se retrouver. Très vite, les réveils se multiplient, jusqu'à quatre ou cinq par nuit. À chaque fois, le scénario est le même : Léonore appelle, pleure, crie, réveille tout le monde, et ne se calme qu'après une intervention parentale.

Au bout de quelques mois, les parents dans ce type de situation sont épuisés par ces nuits écourtées. Certains ont fait preuve d'une grande tolérance, trouvant ces appels normaux. D'autres, excédés, sont vite dans l'intolérance. Ils ont la sensation d'avoir tout essayé : sirop pour la toux, lit parental, etc. Les enfants, quant à eux, sont vifs et pleins de vie, apparemment peu affectés par ces nuits agitées.

Si la recette miracle pour faire dormir les enfants n'existe pas, il y a cependant quelques pistes à suivre ou des erreurs à éviter.

Les conditions qui favorisent un bon sommeil

• Pour qu'un enfant supporte d'être séparé de ses parents toute la nuit, **il faut qu'il ait reçu une quantité suffisante d'affection et de présence** de leur part. L'enfant qui n'a pas eu assez d'échanges complices, d'attention personnelle, cherchera à se rattraper la nuit, lorsque ses parents sont « disponibles ».

• **C'est le jour que se règlent les problèmes de la nuit**, très liés à la sécurité intérieure de l'enfant. S'il développe une bonne autonomie affective et qu'il gère bien les moments de séparation et les moments de solitude le jour, il saura mieux gérer ses inquiétudes nocturnes.

• Il est bon que l'enfant ait, pour dormir, un petit coin à lui, un petit nid où **il se sente bien, en sécurité**, qui ne soit pas la chambre de ses parents. Un petit lit à sa taille, où il est accompagné le soir par un **rituel apaisant**.

Comment réagir sur le moment ?

Ce n'est pas sur le moment que l'on peut traiter le problème, mais la manière d'intervenir « à chaud », lorsque l'enfant se réveille, crie et appelle, peut suffire à atténuer le trouble. Cela tient en quelques points :

• S'assurer rapidement qu'il n'y a pas de problème de santé ;

• Rassurer l'enfant en lui parlant à voix basse, une main posée sur son dos, sans le prendre dans ses bras ni le sortir de son lit, sans allumer la lumière. Il s'agit de maintenir le plus possible les conditions de la nuit ;

• Lui redonner le doudou qui lui est indispensable, mais rien à manger s'il est déjà bien réglé à quatre repas ;

• Expliquer doucement mais fermement, avec des mots simples, sans s'attarder plus d'une ou deux minutes : « C'est la nuit, tout le monde dort, tout va bien, tu peux te rendormir, on se verra demain » ;

• Éviter toute stimulation, toute marque d'intérêt, afin que l'enfant ne trouve aucun bénéfice au fait de se réveiller. Il est bon qu'il sente aussi qu'il vous dérange et que vous n'aimez pas être réveillés.

À plus long terme

Les réveils multiples sont parfois le résultat d'une mauvaise habitude et de parents plutôt complaisants. Mais ils sont plus souvent un signal d'alarme que l'enfant met en place pour dire son malaise. L'aide d'un psychologue peut être la bienvenue pour mieux comprendre ce que l'enfant ne peut dire avec des mots : une inquiétude enfouie, un changement mal accepté, une mauvaise entente familiale, etc.

Puis il faudra mettre en place un programme progressif de rééducation du sommeil. Après avoir rassuré l'enfant et lui avoir bien expliqué ce que l'on attend de lui et pourquoi, on va lui apprendre peu à peu à gérer seul ses réveils et à se rendormir sans l'aide de l'adulte. Lorsque les parents sont unis et bien décidés, le problème se règle souvent en quelques jours.

De combien d'heures de sommeil un enfant a-t-il besoin ?

C'est très variable d'un enfant à l'autre. Dès les premiers mois, on constate l'existence de gros et de petits dormeurs. Jusqu'à dix-huit mois, le sommeil est plus ou moins « à la carte ». À cet âge, certains enfants font encore deux siestes par jour, d'autres plus du tout. Cela dépend, entre autres causes, de la durée et de la qualité du sommeil de nuit. De **deux à six ans, les enfants dorment en moyenne une douzaine d'heures la nuit**, d'abord avec une sieste en plus, puis sans sieste.

Certains enfants sont du soir et tardent à s'endormir. D'autres sont du matin et continuent, à trois ans passés, à se réveiller à six heures du matin.

Pour savoir s'il dort suffisamment, regardez votre enfant : s'il est à l'aise, énergique, qu'il a bonne mine et bon appétit, qu'il n'est pas fatigué le jour et qu'il se réveille spontanément, vous n'avez pas de souci à vous faire : il a son compte.

Le calme par les plantes

L'usage des sirops pour dormir, dont les enfants français font une grande consommation, doit rester exceptionnel, bref et sous contrôle médical. Ces produits masquent les conséquences des troubles mais n'en soignent pas la cause. Ils ont un effet perturbant sur la nature du sommeil et entraînent parfois chez l'enfant un effet paradoxal et une lutte encore plus forte contre le sommeil.

L'usage des plantes aux vertus apaisantes est, lui, tout à fait recommandé. En tisane ou en infusion, vous pouvez donner à boire à votre enfant du tilleul, de l'oranger ou de l'aubépine. Ces infusions peuvent aussi être versées dans l'eau d'un bain chaud. À essayer également : valériane, teinture de passiflore et eau de fleur d'oranger, à raison d'une vingtaine de gouttes dans un demi-verre d'eau (ou de lait) chaude et sucrée.

22 Que faire si *c'est un lève-tôt* ?

La journée se déroulera mieux si elle commence pour chacun, parent comme enfant, dans la bonne humeur. Or, il est très désagréable d'être réveillé par des cris d'enfant à six heures du matin quand le réveil ne doit sonner qu'à sept…

Une heure de sommeil perdue fait souvent toute la différence. Et c'est encore pire le dimanche, où l'on donnerait cher pour faire une grasse matinée.

Comment se donner une chance d'y parvenir si on a un enfant lève-tôt ?

Parfois, l'enfant n'a pas assez dormi

Deux cas se présentent. Dans le premier, votre enfant n'a pas assez dormi (et vous non plus…) pour passer une journée en forme. La stratégie à mettre en place consiste à lui permettre de dormir davantage ou bien à lui apprendre à se rendormir sans votre aide. Elle sera différente selon l'âge de l'enfant, mais, dans tous les cas, n'espérez pas de miracles. Les progrès seront limités et très progressifs. S'il se réveillait à six heures, il ne passera pas à huit en l'espace d'une semaine, mais peut-être à six heures et demie, puis sept heures…

• Le réveil de l'enfant est souvent dû à la perception de la lumière du jour ou de bruit dans sa chambre (« C'est le matin, donc je me lève ! »). Dans ce cas, quelques aménagements simples (rideaux épais par exemple) peuvent aider à régler le problème.

• Ne vous précipitez pas au premier appel. Attendez une dizaine de minutes avant d'aller dans sa chambre : parfois l'enfant se rendormira seul. Si vous y allez, chuchotez comme si c'était la nuit. Faites-lui comprendre qu'il n'est pas encore l'heure et qu'il n'est pas question de se lever maintenant.

• Si c'est lui qui vient dans votre chambre, soyez direct et ferme en lui disant de retourner dormir, que ce n'est pas l'heure. Parfois, le ton très ferme et convaincu des parents suffit. Si vous choisissez de l'accueillir dans votre lit, soyez conscient que la situation risque fort de se reproduire tous les jours. C'est parfois le prix d'une matinée un peu prolongée.

• S'il s'agit d'un enfant plus grand, assurez-vous qu'il n'est pas réveillé par l'anxiété de ne pas se réveiller à temps (pour l'école, par exemple). Si oui, confiez-lui un réveil.

Et s'il a assez dormi ?

Vous le saurez à certains signes :

• S'il dort à peu près autant toutes les nuits, même pendant les vacances ;

• S'il se réveille en pleine forme ;

• S'il vit joyeux toute la journée ;

• S'il a toujours dormi moins que les autres.

Dans ce cas, votre but sera d'entraîner votre enfant à rester dans son lit ou dans sa chambre et à y jouer jusqu'à une heure raisonnable. N'espérez quand même pas qu'il puisse tenir jusqu'à dix heures du matin ! Le jour où il saura se verser ses céréales et les manger tranquillement, ce sera gagné…

Quelques idées pour l'aider à passer le temps

• Remplissez un grand sac de « joujoux du matin », auxquels il n'a droit qu'à ce moment-là, et que vous glissez dans son lit en vous couchant.

• Renouvelez les jouets et ajoutez-y un paquet de cartes : cela peut occuper un petit un bon moment.

• Enregistrez-lui des histoires sur un CD réservé à cet usage, qu'il pourra écouter seul sur son lecteur. Vous entendre lui parler sera pour lui un grand plaisir.

• Grignoter est l'une des activités favorites de l'enfant, et l'une des plus prenantes : déposez le soir, à portée de sa main, un petit biberon de jus de fruit et quelques biscuits qu'il trouvera à son réveil.

• S'il est déjà sensible à la notion d'heure, installez une pendule au mur de sa chambre. Dites-lui qu'il ne doit pas vous réveiller (sauf problème grave) tant que la petite aiguille n'a pas atteint tel chiffre, que vous matérialisez par une gommette de couleur. Intéressez l'exercice : chaque fois qu'il y parvient, marquez une croix qui lui donnera droit, au bout de cinq, puis de dix, à un petit cadeau.

Aucun de ces conseils n'a d'effets magiques. Les choses s'arrangeront doucement. Les petits sont du matin et les parents aimeraient bien les voir dormir davantage. Les adolescents sont du soir et les mêmes parents aimeraient bien les voir se lever plus tôt. Tout cela est donc une question d'âge et de patience.

Et s'il avait faim ?

On croit souvent que c'est la faim qui réveille l'enfant. En réalité, à partir du moment où le bébé est passé à quatre repas, il n'a plus besoin, sauf exception, du biberon de nuit. Mais, une fois réveillé, il ressent certainement la faim, puisqu'il n'a pas mangé depuis la veille au soir. D'où l'intérêt qu'il ait à portée de main (ou de lui fournir, puis de se recoucher) un petit en-cas qui l'occupera et l'aidera à patienter.

L'heure du coucher

Certains parents peuvent être tentés, pour que leur bébé se réveille plus tard le lendemain matin, de le coucher plus tard la veille au soir, voire de lui faire manquer une sieste. Cela marche rarement. **La fatigue énerve l'enfant plus qu'elle ne le fait dormir davantage**. D'autre part, le bébé, pour avoir un bon sommeil, a besoin d'une vie assez régulière.

S'il a l'habitude d'être réveillé à sept heures les jours de semaine pour partir à la crèche ou chez l'assistante maternelle, il serait bien étonnant qu'il accepte, parce que vous l'aurez couché plus tard, de dormir jusqu'à dix heures le dimanche matin !

Certains parents alternent les jours : ils sont « de garde » un week-end sur deux, afin que chacun, à tour de rôle, ait des matinées de repos. À vous de trouver votre propre organisation.

Alouette ou rossignol ?

Si votre enfant est du matin, vous n'en ferez pas un « lève-tard » facilement. Mieux vaut prendre son mal en patience et lui donner les moyens de son autonomie. Même à un enfant jeune, on peut apprendre à patienter un peu, au moins certains jours de la semaine.

23 Que faire s'il crie en arrivant *chez le pédiatre* ?

« Mon bébé reconnaît lorsque nous arrivons chez le pédiatre. Nous n'y sommes pourtant pas allés si souvent, mais dès qu'il aperçoit la grille d'entrée, il se tend. Arrivé à la salle d'attente, il commence à pleurer… » Une maman.

Non seulement le jeune enfant a la crainte de l'étranger, mais en plus **le médecin est associé à de mauvais souvenirs**.

Une accumulation de mauvais souvenirs…

Un bébé, vers l'âge de un à deux ans, a déjà souvent eu affaire au pédiatre ou au médecin de famille (peut-être même a-t-il été hospitalisé). Le bébé sait bien que le médecin va l'embêter : lui mettre des objets bizarres dans la gorge, les oreilles ou le nez, le mettre nu, etc. Comme il a déjà eu des vaccins, il sait aussi que le médecin peut faire des piqûres. Ce qu'il ne sait pas encore, en revanche, c'est que toutes ces petites misères qu'on lui fait sont pour son bien, pour sa meilleure santé.

Si bien que le bébé qui, il y a quelques mois encore, allait chez le pédiatre en gazouillant, se met maintenant à hurler dès l'entrée dans la salle d'attente. Pour peu qu'il soit arrivé calme, les cris des autres enfants en provenance de l'intérieur du cabinet mettront vite fin à cette belle confiance. D'autres jeunes enfants sont simplement tendus et ne protestent violemment que lorsque le médecin veut les toucher.

Que faire ?

Rassurer l'enfant verbalement et l'encourager est le plus souvent inefficace. La peur du médecin persiste généralement jusque vers trois ans. Il arrive qu'elle se perpétue sous une autre forme (peur des piqûres, peur du sang).

Je ne connais personnellement que trois recettes :

Demander au médecin d'examiner l'enfant sur vos genoux

Vous restez assis sur le fauteuil de consultation, votre enfant contre vous. Vous le déshabillez partiellement. C'est le médecin qui s'approche de l'enfant et non le contraire. Si votre bébé doit être pesé et mesuré, vous restez en permanence à son côté, lui tenant la main.

Miser sur sa curiosité

Tout enfant est naturellement curieux. Son envie de connaître, d'expérimenter et de savoir comment marchent les choses peut prendre le dessus sur son appréhension. Encore faut-il lui permettre de toucher le stéthoscope et de tripoter une languette comme celle qu'on va lui mettre dans la bouche.

Le prévenir de ce qui va se passer et mettre des mots sur ce qu'il vit

Même si l'enfant ne comprend pas le sens exact de tout ce que vous lui dites, il est tout à fait conscient, par le son de votre voix, que vous cherchez à le rassurer.

Voici quelques idées qui vous aideront

• Choisissez un médecin dont la salle d'attente comporte des jouets, où l'ambiance est calme et qui est à l'heure à ses rendez-vous. Rien de pire que d'attendre une heure dans une salle d'attente, son enfant malade sur les genoux, avec sa peur qui monte et les cris des autres enfants.

• **Expliquez à l'enfant ce que le médecin va faire et pourquoi il va le faire**. Montrez-lui sur l'ours en peluche les différents gestes : dans la gorge, les oreilles, l'auscultation, la pesée, etc. Emportez la peluche chez le médecin.

• **N'oubliez surtout pas le doudou !** C'est l'élément essentiel qui sécurisera votre enfant avant la consultation et le consolera après.

• Dès qu'il en a l'âge, offrez à l'enfant une petite trousse de médecin et laissez-le jouer avec les instruments. Dès que l'enfant est capable de « s'identifier » au médecin en faisant avec sa poupée ou son ours ce que le médecin fait avec lui, c'est comme s'il reprenait une part des initiatives. Il n'est plus la victime de gestes qu'il ne comprend pas et qui lui font mal. **Il redevient acteur de sa vie, donc moins angoissé**.

• Prévoyez de quoi occuper, amuser ou calmer votre enfant dans la salle d'attente.

• Manger un ou deux biscuits remonte toujours le moral. Un petit biberon de jus de fruits, à la fin de la consultation, est souvent une bonne consolation.

• Ne parlez pas devant l'enfant de vos propres peurs de la maladie, du médecin ou du dentiste. Ne le menacez pas de maladie avec des phrases du type : « Si tu sors sans ton manteau, tu vas être malade » ou : « Si tu avales ça, il va falloir aller voir le docteur ! »

• Faites-vous expliquer en détail ce qui ne colle pas avec votre enfant, ce qu'est sa maladie et comment le traitement est supposé agir. Vous pourrez ainsi l'expliquer à votre tour à l'enfant, avec des mots simples et clairs.

• **Préparez votre liste de questions**. À la maison, on a toujours beaucoup de questions en tête. Puis, lors de la consultation, entre le bébé qui hurle et le médecin qui se concentre, déjà en retard dans ses rendez-vous, on oublie la moitié de ce que l'on voulait demander. La meilleure solution consiste à noter ses questions au fur et à mesure qu'elles viennent à l'esprit et à passer sa liste en revue avec le médecin.

Changer de médecin

Si les consultations se passent trop mal, n'hésitez pas à changer de médecin. Votre enfant a définitivement assimilé celui-ci à quelqu'un qui lui faisait mal, et les choses sont dans ce cas difficilement récupérables. De plus, tous les pédiatres n'ont pas le même savoir-faire pour se faire accepter des enfants.

Le pédiatre idéal

- *Sa salle d'attente est bien équipée pour recevoir des parents et de jeunes enfants (jouets, livres, coloriages, pot dans les toilettes, etc.).*
- *Il vous donne rendez-vous rapidement.*
- *Il vous prend au téléphone sans trop vous faire remarquer que vous le dérangez inutilement en pleine consultation.*
- *D'une fois sur l'autre, il se souvient de vous, du prénom de votre enfant et de votre histoire.*
- *Il n'est pas systématiquement absent le samedi, le soir après dix-neuf heures et toutes les vacances scolaires.*
- *Il sait faire appel à un spécialiste en cas de doute.*
- *En cas d'hospitalisation, il va voir votre enfant et reste en contact avec l'équipe qui le soigne.*
- *Il sait vous écouter, vous expliquer et vous rassurer.*

24 Comment lui faire prendre *ses médicaments* ?

Prendre des médicaments, gouttes, sirops, suppositoires ou piqûres, n'est certes pas une expérience agréable, mais c'est parfois indispensable. C'est ce qu'il convient de faire admettre à l'enfant…

Comment s'y prendre pour éviter les bagarres, l'exaspération, les bouches aux mâchoires serrées, les rejets, la colère ou les hurlements ?

Une épreuve désagréable mais indispensable

Jusqu'à l'âge de six ou sept ans, l'enfant a du mal à concevoir que ces séances se déroulent pour son bien. Lui ne voit que l'immédiat, ce sirop infâme qu'il va devoir avaler ou ces gouttes pour le nez qui vont lui brûler la gorge. Il vit son corps comme une enceinte bien protégée, dans laquelle il ne peut permettre aucune intrusion qu'il n'ait lui-même choisie.

Ces crises à répétition autour de la prise des médicaments sont parfois si terribles qu'elles créent un vrai traumatisme pour les parents comme pour l'enfant. Voyons comment il est possible d'éviter cela.

« *C'est pour ton bien !* »

Le secret réside dans l'attitude mentale du parent. Si l'adulte se comporte tout à fait normalement, comme s'il ne pouvait même pas imaginer un refus de l'enfant, il présente alors la prise de médicaments comme une contrainte de la journée aussi naturelle que se laver les dents. L'enfant suivra d'autant mieux qu'il sentira, dès le départ, que toute résistance serait inutile et qu'il finira, d'une manière ou d'une autre, par prendre ses médicaments. Pas de négociation possible. Son choix se limite à la façon de les prendre. Beaucoup préféreront alors la manière douce, ce dont il convient de les féliciter.

Comment s'y prendre ?

Avec un enfant jeune, le plus simple consiste à l'asseoir à table ou dans sa chaise haute, à bavarder avec lui et à lui présenter le médicament dans une cuillère habituelle, sans s'interrompre, comme on lui ferait goûter une préparation culinaire. On montre ainsi tout naturellement que **se soigner fait partie de la vie et du respect que l'on a pour son propre corps**.

Les enfants sont naturellement curieux. Ils apprécieront que vous leur expliquiez brièvement ce dont ils souffrent et quel intérêt pour eux présente ce médicament.

L'attitude la pire, parce qu'elle suscite en réaction le refus de l'enfant, est de s'excuser de devoir lui faire des choses si terribles, en fournissant des explications embrouillées, comme si l'on s'attendait à son opposition. Oubliez aussi les techniques consistant à lui pincer le nez pour lui faire ouvrir la bouche, ce qui pourrait provoquer une fausse route alimentaire, ainsi que les menaces ou les représailles.

Certains conseils pratiques tout simples peuvent beaucoup aider

• Une boisson glacée à moins de goût : vous pouvez soit mettre le sirop au réfrigérateur, soit proposer à l'enfant de sucer brièvement un glaçon avant de l'avaler.

• Si vous devez mélanger un sirop ou des gouttes à une boisson pour en dissimuler le goût, choisissez de préférence un jus de fruits plutôt fort et inhabituel, comme un jus de prune ou de raisin.

• Un comprimé écrasé entre deux cuillères n'est pas forcément plus mauvais à avaler ou plus difficile à faire prendre qu'un sirop. On peut, au choix, déposer la poudre de médicament entre deux couches de confiture, de compote, de miel, de banane écrasée ou de sirop de fraise, selon les goûts de l'enfant.

• Le suppositoire n'est plus une obligation, sauf si l'enfant vomit beaucoup. Certains enfants y sont totalement réfractaires. Presque toutes les médications existent sous une autre forme. Comme le thermomètre, le suppositoire glissera mieux si sa pointe est enduite de vaseline.

• Une seringue sans aiguille permet de faire directement glisser le liquide dans la bouche de l'enfant, sous sa langue. Si celui-ci est sur le dos, il ne peut recracher. Pour les tout-petits, pensez aussi à mettre le sirop dans une tétine que vous approchez au-dessus de la bouche de l'enfant.

• Les gouttes tiédies sont moins désagréables pour l'oreille. Attention cependant si vous passez le flacon au four à micro-ondes : le contenu peut vite devenir brûlant. Mieux vaut le poser sur le radiateur ou le réchauffer en le frottant entre ses mains.

• Tout médicament, comme les gouttes dans le nez ou les oreilles, est plus facile à accepter si on est concentré devant un dessin animé.

• Apprenez dès que possible à votre enfant à avaler les comprimés avec un verre d'eau. La technique consiste à tirer la langue et à y placer le comprimé le plus loin possible. Puis à l'avaler avec un peu d'eau, en déglutissant. Montrez-lui le geste, puis faites-le essayer avec un petit pois. Du jour où il y parvient, vous êtes en partie tiré d'affaire.

Faire de l'enfant un allié

Il sera toujours plus facile d'amener un enfant à se soigner correctement s'il comprend le sens de sa maladie et du traitement qu'il subit. On peut parfois, avec de l'humour et des explications simples sur « les méchants virus qui attaquent le corps », « nos défenses efficaces mais parfois submergées » et « les gentils médicaments qui sont là pour nous venir en aide afin de chasser l'ennemi infiltré dans nos lignes », obtenir une vraie coopération de l'enfant. Il coche sur le calendrier les jours qui restent à tenir et va seul chercher sa boîte de médicaments. Vous le félicitez régulièrement de si bien guérir, afin qu'il comprenne qu'**il est responsable de sa propre santé**, et vous lui promettez un petit cadeau pour le jour où il aura définitivement remporté la victoire !

Un enfant en bonne santé, c'est aussi une question d'éducation

La santé n'est pas qu'une question de chance. En tant que parents, vous y pouvez quelque chose. L'état d'esprit dans lequel on aborde ces questions est déterminant. Il s'agit de **vivre dans la perspective de la santé et non de la maladie**. Voici quelques exemples :

• Au lieu de dire à l'enfant : « Mets ton bonnet, sinon tu vas encore t'enrhumer », on lui dit : « Tu es trop costaud pour t'enrhumer, mais mets donc ton bonnet, il te va si bien ! » ;

• On reste serein et optimiste face aux bobos ;

• On ne se précipite pas sur les médicaments à la moindre alerte ;

• On ne passe pas son temps à se plaindre de sa propre santé.

25 Comment s'y prendre pour l'apprentissage *de la propreté* ?

Tant que l'enfant est petit, il n'y a pas de problème : tous les parents trouvent normal de changer ses couches plusieurs fois par jour. Puis vient un moment où les parents se lassent : ils auraient bien envie que leur enfant soit propre... Mais comment s'y prendre ?

La lassitude joue certainement un rôle dans la décision des parents, mais aussi la comparaison avec d'autres enfants du même âge qui, eux, utilisent déjà le pot. On pense qu'il a bien grandi, qu'il pourrait sûrement se retenir. Les conseils contradictoires entendus ici ou là génèrent chez les parents une anxiété bien inutile. Comme tous les mammifères, l'homme est naturellement continent. La quasi-totalité des enfants finit donc par être propre, certains plus tôt ou plus facilement, d'autres moins. **L'âge d'acquisition de la propreté n'a aucun rapport avec le reste de son développement**.

Une acquisition naturelle...

Et s'il suffisait, une fois le bon moment repéré, d'expliquer à l'enfant ce que vous attendez de lui, puis de simplement le soutenir dans ce nouvel apprentissage ?

Son corps lui appartient en propre et lui seul connaît ses besoins. Si vous accompagnez le développement de votre enfant, avec attention mais sans jamais le forcer, vous ne vous tromperez pas. À deux ans, un peu plus tôt ou un peu plus tard, il deviendra propre facilement, à son rythme, comme s'il franchissait une étape banale et naturelle de son développement. À la satisfaction de chacun. N'oubliez pas que tous les mammifères sont continents et que cet apprentissage, dont on fait si grand bruit, est en réalité parfaitement spontané et naturel.

Pour peu qu'on ne le perturbe pas inutilement…

… mais cependant complexe

D'abord, il s'agit d'un domaine sensible, que les parents investissent beaucoup et qui peut, de ce fait, devenir un champ privilégié d'opposition. Ensuite, **devenir propre suppose au préalable l'acquisition de certaines compétences physiques, nerveuses, intellectuelles et langagières**. C'est pourquoi un enfant est rarement propre avant dix-huit mois ou deux ans, le plus souvent entre deux et trois ans. Avant cette maturité, l'enfant ne peut se contrôler : il ne s'agit pas d'éducation mais de conditionnement.

Si les parents attendent que l'enfant soit prêt avant de commencer l'apprentissage de la propreté, celui-ci peut se faire sur quelques jours seulement, parfois quelques semaines. À condition de reconnaître le moment où l'enfant est prêt, de savoir s'y prendre et de ne pas faire d'erreur rédhibitoire…

Pour résumer, l'enfant est prêt quand :

- Il connaît son corps, les mots pour en nommer toutes les parties et ceux concernant les fonctions d'élimination ;
- Il parle assez bien et sait demander ce dont il a besoin ;
- Conscient du fonctionnement de son corps, il sait quand il élimine et demande à être changé quand sa couche est sale ;
- Il peut rester deux ou trois heures avec une couche sèche et se réveille parfois au sec ;
- Il aime imiter ses parents, ses aînés et ses copains ;
- Il est coopérant, désireux de faire plaisir et capable de suivre des instructions simples ;

• Bien coordonné, il court et grimpe : on le sent à l'aise dans son corps ;

• Il a compris ce que l'on attend de lui ;

• Il est d'accord pour ôter les couches et aller sur le pot.

Ces deux derniers points sont fondamentaux. **Si l'enfant est prêt et désireux de coopérer, l'apprentissage se fera sans difficulté.**

Les comportements et les attitudes qui aident

Vient donc un moment où l'on commence à mettre son enfant sur le pot, en envisageant d'enlever prochainement les couches. Indépendamment de la méthode adoptée, voici quelques conseils qui ont fait leurs preuves.

• Si l'enfant est à la crèche ou chez une assistante maternelle, mettez-vous d'accord pour démarrer en même temps et de la même manière. Utilisez de préférence les mêmes mots.

• Achetez le pot avec l'enfant en lui laissant choisir son modèle. Puis laissez-le se familiariser avec autant qu'il veut.

• Proposez le pot à heures plus ou moins régulières, sans jamais obliger l'enfant à s'y asseoir. Laissez-le dessus un temps bref, moins de cinq minutes. Il n'a rien fait ? Passez à autre chose. S'il ne se passe rien pendant deux semaines, rangez le pot. Vous le ressortirez dans deux ou trois mois.

• Il a fait ? Montrez votre fierté et félicitez-le de sa réussite. Si cela devient régulier, vous allez pouvoir supprimer les couches et emmener votre enfant s'acheter de jolis sous-vêtements.

• Les « accidents » sont inévitables. La meilleure attitude consiste à changer rapidement l'enfant et à le rassurer en lui répétant votre confiance. Si les accidents sont trop nombreux, posez-vous la question : votre enfant était-il vraiment prêt ?

• S'il fait assez chaud et si votre sol le permet, laissez votre enfant en petite culotte, voire les fesses à l'air : il sentira mieux ce qui se passe dans son corps et sera plus rapidement sur le pot.

Ce qu'il faut éviter

Tout se passera bien et votre enfant sera propre tout naturellement, à son rythme, à condition d'éviter les quelques maladresses que voici :

• Trop attendre de l'enfant, et trop tôt, à un âge où il ne peut le donner. On le met alors dans une situation d'échec bien douloureuse. Il voudrait vous faire plaisir, mais il s'en sent incapable. Or, l'âge varie d'un enfant à l'autre. Lui seul peut dire s'il est prêt ;

• Faire fortement pression sur l'enfant, l'obliger à s'asseoir sur le pot. Mieux vaut éviter tout rapport de force : la propreté n'est pas une bataille que vous pouvez gagner sans la coopération de l'enfant. Si l'enfant sent que l'adulte attend trop, il risque de se servir de ces situations pour « faire marcher » son entourage et attirer durablement l'attention sur lui ;

• Faisser l'enfant sur le pot plus de cinq minutes, l'y occuper avec des jouets ou des livres. Il a envie ou il n'a pas envie, mais les toilettes ne sont pas une salle de jeux ;

• Démarrer l'apprentissage de la propreté en même temps que survient un événement familial majeur (déménagement, naissance, etc.). Comme c'est un apprentissage qui va mobiliser l'enfant, mieux vaut choisir une période de calme émotionnel ;

• Habiller l'enfant avec des vêtements difficiles à enlever : bretelles, braguette à boutons, etc. Des habits simples l'aideront à devenir propre et autonome : quand il a envie, c'est tout de suite !

• Punir, critiquer ou ridiculiser l'enfant en cas d'accident. Très sensible, l'enfant peut se sentir découragé dans ses efforts si vous montrez ainsi votre contrariété, votre impatience ou votre déception. Inutile également de crier au miracle quand il a fait dans le pot. Rien de plus normal quand on devient un grand. L'enfant a besoin d'encouragement, de soutien et de sentir votre fierté à le voir grandir.

Une précocité sans intérêt

Aujourd'hui, la tendance de la société est à la performance et à la compétition dès le plus jeune âge. La précocité est érigée en vertu. Du temps de nos grands-mères, la corvée du lavage des couches était trop pénible pour que l'on n'incite pas fermement le bébé à s'en passer rapidement.

Paradoxalement, au temps des couches toujours plus sèches, on voudrait des enfants propres très jeunes, si possible avant les autres, ce qui serait un signe de leur bon démarrage. (D'ailleurs, la petite Julie, qui a le même âge, ne fait-elle pas dans le pot depuis déjà trois mois ?) On oublie seulement que l'enfant qui ne se préoccupe pas de devenir propre est occupé ailleurs, à parfaire son habileté corporelle ou à exercer son intelligence.

Réflexion sur la notion de « propreté »

Lorsqu'un petit enfant devient continent et que les adultes de référence lui apprennent les manières qui vont avec, on dit qu'il est devenu « propre ». Est-ce à dire qu'avant il était sale ? Ce mot ambigu, la « propreté », qui existe dans la langue française, ne se retrouve pas dans de nombreuses autres langues, où l'on dit de l'enfant qu'il est, par exemple, « entraîné au pot ». Peut-on supposer que le mot employé a une influence sur notre manière de concevoir ce qu'il désigne ?

26 Comment faire pour que *se laver soit un plaisir ?*

Le bain, pour la plupart des enfants, est un moment de bonheur. Mais pour certains enfants, se laver est une vraie corvée. Quand eau et savon deviennent source de conflits, comment transformer ce moment en plaisir ?

Interrompre son jeu, se déshabiller et risquer d'avoir froid, se mouiller, se savonner au risque de se piquer les yeux... Certains enfants ont tout cela en horreur. Si c'est le cas du vôtre, commencez par éviter de vous focaliser sur ce problème et de vous bagarrer tous les soirs. Ce n'est pas bien grave si votre enfant ne s'est pas lavé un jour. Un bain sans savon mais avec du bain moussant, où l'enfant joue un quart d'heure, le lave déjà. **Évitons donc les conflits qui ne sont pas indispensables**.

Le jeu et la ruse

Mieux vaut agir subtilement. Laurence, mère de Thomas, trois ans, et de Tristan, cinq ans, ne parvenait pas à obtenir d'eux qu'ils se lavent les mains avant de passer à table. Les obliger ne servant à rien, elle a décidé d'aborder la difficulté autrement :

• Pour l'aîné, elle « récompense » la propreté : quand il s'est lavé les mains spontanément, il peut par exemple choisir le parfum de son yaourt au moment du dessert ;

• Quant au plus jeune, elle lui demande tout simplement de laver un petit jouet ou sa timbale avec un peu de liquide vaisselle très doux : il s'amuse et ses mains sont de fait lavées.

De l'importance des accessoires

Agir en souplesse marche aussi en ce qui concerne la toilette. Un enfant se lavera toujours plus facilement s'il possède pour cela ses propres accessoires amusants qu'il aura choisis avec vous.

• Vous voulez qu'il se frotte ? Un gant Mickey ou une éponge fraise l'y inciteront.

• Il se servira plus volontiers du savon si vous craquez pour une forme de tortue ou un savon liquide à la pomme (l'essentiel est, comme pour le shampooing, qu'il ne pique pas les yeux).

• Le bain l'amusera davantage s'il peut choisir entre des sels de bain à la lavande et des boules multicolores.

Se soucier des éléments de confort

Se laver pour être propre n'a pas pour votre enfant la même importance, tant s'en faut, que pour vous. Faites donc du moment de se laver un temps agréable, et l'enfant s'y prêtera volontiers. Pour cela, il a sûrement besoin d'eau chaude à bonne température, d'un tapis de baignoire pour ne pas glisser et peut-être d'un petit radiateur de salle de bains. Il appréciera que vous lui permettiez d'être autonome en soignant les détails concrets : robinets faciles à régler, marchepied devant le lavabo, etc.

Enfin, **pour ce qu'il considère comme une corvée, l'enfant a souvent besoin qu'on l'entraîne**. Lavez-vous ensemble les mains, les dents et la figure, pour la petite toilette du matin ou au moment des repas : vous verrez que l'exemple est déterminant.

La routine est votre alliée

Les routines commencées très tôt sont celles qui ont le plus de chances de devenir automatiques et qui susciteront le moins d'opposition. Si, depuis sa naissance, le bain est une habitude et un plaisir de chaque soir, il y a moins de risques que votre grand de huit ans décide soudain d'y échapper. Dès l'âge de trois ans, l'enfant est capable de se laver seul dans la baignoire, si on lui a appris comment s'y prendre et les petits coins à ne pas oublier (ce n'est pas une raison pour quitter la pièce). Dès cinq ans, il peut se doucher seul si vous réglez l'eau pour lui.

Au fil des années, se laver le soir (ou le matin, selon l'habitude choisie) devient ainsi une règle qui ne se discute plus, mais qui s'apprécie toujours ; commentez avec un : « Comme tu sens bon ! Que c'est agréable un petit enfant tout propre ! » Il renâcle encore ? Faites-lui fermement comprendre que son feuilleton favori de fin de journée ne peut se voir que lavé, en pyjama…

Le lavage des dents

• Il deviendra un jeu si vous offrez à votre enfant une brosse à dents musicale, un dentifrice à la fraise (les dentifrices à pompe ont aussi beaucoup de succès) et une timbale en forme d'ours.

• Si le temps de brossage vous semble trop bref, vous pouvez régler le compte-minutes sur deux minutes, ou bien acheter un sablier : on n'arrête de brosser que lorsque tout le sable s'est écoulé.

• Apprenez-lui à passer sa langue sur ses dents après les avoir lavées pour sentir comme elles sont propres et lisses.

• Faites appliquer très tôt cette règle absolue : « On ne se couche jamais sans s'être lavé les dents et on ne met en bouche rien d'autre que de l'eau après le lavage du soir. »

• **Votre attitude actuelle face au brossage des dents et au dentiste influencera votre enfant pour la vie**. Alors n'hésitez pas à lui faire prendre de bonnes habitudes.

Favoriser l'autonomie

Si votre enfant n'est pas assez grand pour se voir dans la glace lorsqu'il se lave les dents ou qu'il se coiffe, s'il ne peut atteindre seul les robinets, achetez-lui un marchepied. Vous pouvez en fabriquer un en regroupant plusieurs annuaires téléphoniques grand format. Vous les emballez, entourés de plusieurs tours de gros ruban adhésif, dans du papier kraft solide, dans un reste de papier mural ou dans un morceau de toile cirée.

Quand la pudeur survient

L'enfant devient pudique lorsqu'il a commencé à entrevoir ce qu'il en est du rôle du corps dans la sexualité. Il sent bien ce que tout cela recèle de mystère et qu'il devra attendre les vraies réponses encore de longues années. Il se protège, et c'est une attitude à respecter. Parallèlement, c'est le moment d'ouvrir avec lui un dialogue. Il va s'agir de mettre des mots sur les questions qu'il se pose, mais n'ose pas toujours aborder directement (voir « 14. Comment parler de sexualité à son enfant ? », page 66).

27 Comment lui apprendre à ***s'habiller seul*** ?

L'habillage du petit enfant est une fréquente source de conflits. Le parent est pressé ; l'enfant fait durer. Le parent valorise l'autonomie ; l'enfant joue au bébé… Le stress aidant, cela finit parfois mal.

C'est chaque matin la même scène, lorsque Carole veut habiller Maxence, deux ans. Il se roule par terre et se trémousse, veut absolument mettre son short bleu en plein hiver, joue à cacher ses chaussures. Sa maman s'énerve. Elle crie, menace d'une fessée et habille de force Maxence, qui lui lance des coups de pied… Il est finalement habillé, mais à quel prix ! Chacun finit excédé, fâché. Voilà une journée qui commence bien mal !

Il est temps d'apprendre à Maxence à s'habiller seul. Quand il sera autonome, l'habillement cessera d'être prétexte à opposition et bagarres. Faire de l'habillage un temps simple et agréable est encore ce qui engendrera le moins de refus et le plus de coopération.

La joie et la capacité de faire

À vous de savoir ce que votre enfant est capable de faire seul. Puis apprenez-lui le reste en dehors des moments de stress matinal. Voici un petit calendrier qui peut servir de point de repère :

• À deux ans, il ôte gilet ou pull et baisse culotte et pantalon que l'on a déboutonnés ;

• À trois ans, il s'habille seul si les vêtements sont bien choisis et bien présentés ;

• À trois ans et demi, il boutonne ;

• Un an plus tard, il maîtrise tout sauf les lacets.

Cet apprentissage sera plus facile si, dès la naissance, l'enfant a appris que s'habiller et se déshabiller sont des moments de plaisir. Selon son âge, on lui parle ou on lui chante des chansons, on lui confie un jouet ou un petit livre, on invente des comptines ou on met un CD. S'habiller restera dans son esprit un moment agréable et non une corvée.

On peut aider l'enfant en préparant la tâche

Il est important de faciliter la tâche de l'enfant par le **choix de vêtements appropriés, simples à mettre et à enlever**. Pantalons et jupes à taille élastique, sweats plutôt que gilets, chaussons sans lacets, chaussures à fermeture de type Velcro, etc. Quand il saura maîtriser cela, vous passerez à plus compliqué.

Apprenez-lui progressivement les techniques de l'habillage. Pour cela, vous pouvez lui montrer puis l'encourager à s'entraîner sur un gros ours en peluche ou une poupée, avec des habits de bébé très simples. Certaines poupées sont même conçues spécialement à cet effet.

Une autre façon de lui apprendre consiste à vous habiller ensemble le matin. Au fur et à mesure, vous indiquez le nom du vêtement suivant, le sens pour le mettre, vous aidez pour un bouton… et vous ne perdez pas de temps puisque vous vous habillez aussi.

Ne soyez pas trop impatient - les petites mains des enfants sont longtemps malhabiles - et ne ménagez pas vos compliments à chaque progrès.

Il existe certains trucs pratiques

Ceux-ci vous simplifieront la vie et aideront l'enfant à devenir plus vite autonome :

• Choisissez ses vêtements ensemble, la veille, et disposez-les sur le sol, dans l'ordre et dans la position d'enfilage ;

• Mettez un point au feutre indélébile sur la paroi interne, à l'intérieur des chaussures et chaussons. Apprenez à votre enfant à mettre les deux points l'un contre l'autre avant d'enfiler les chaussures ;

• Le même point de feutre à l'arrière des pantalons, tee-shirts et pulls évitera les « devant-derrière » ;

• Enfin, si vous voulez que votre enfant s'habille seul, ne le faites pas pour lui. Comme il est plus lent que vous, veillez à le réveiller assez tôt pour qu'il ait le temps. Rien de pire que l'urgence et les « dépêche-toi » répétés toutes les cinq minutes pour stopper un enfant dans son élan et lui donner envie, justement, de prendre tout son temps, voire d'arrêter là ses efforts ;

• Les matins où vous êtes pressé, jouez à : « Je ferme un bouton, tu fermes le suivant, je mets une manche, tu mets l'autre… »

« Moi tout seul »

Chez tout enfant **survient un âge où il revendique de faire seul**. Il ne veut pas que vous touchiez à sa cuillère lorsqu'il mange et il préfère passer dix minutes à essayer d'enfiler ses chaussons plutôt que de se faire aider. C'est le moment de **lui passer la main, quelles que soient les difficultés rencontrées**.

Souvent, les parents hésitent. Faire pour lui est finalement plus rapide et plus efficace. L'enfant est maladroit, cela prend du temps, etc. C'est exact, mais c'est une vue à court terme. Car **refuser** d'entendre et de satisfaire les demandes d'autonomie de l'enfant au moment où il les exprime vivement serait prendre **un risque pour l'avenir, sur sa confiance en lui** par exemple. Il a besoin de **sentir qu'il est compétent** et que **vous êtes d'accord pour qu'il grandisse**. Et puis, l'envie risque de lui passer. Aussi va-t-il falloir apprendre à composer.

Donnez-lui le choix

Si votre enfant refuse systématiquement de porter le vêtement que vous aviez prévu pour lui, sachez que la ruse vaut mieux que le rapport de force quotidiennement rejoué. Vous allez lui donner le choix de ses vêtements, afin d'agir avec son accord et non contre lui, mais pas un choix ouvert : un choix entre deux vêtements également possibles. Non pas : « Quel pantalon veux-tu mettre ? », mais : « Veux-tu le pantalon bleu ou le pantalon vert ? C'est toi qui décides… »

Cette technique est, bien entendu, également valable pour le choix du yaourt aux fruits (« Tu préfères fraise ou ananas ? ») ou celui de la peluche (« Tu préfères qu'on emmène qui ? Lapinou ou Jolinounours ? »).

L'enfant, convaincu que c'est lui qui a décidé, ne s'oppose pas au choix.

Cette technique ne marche qu'un temps. Assez vite, l'enfant est assez malin pour la contourner. Mais ce sont toujours quelques mois de gagnés !

28 Comment réagir au *spasme du sanglot* ?

« La première fois que notre fils a fait un spasme du sanglot au cours d'une colère, nous avons été totalement affolés. Rien de plus impressionnant que de voir son petit cesser de respirer, devenir bleu et se pâmer… Heureusement, il est vite "revenu" et le médecin appelé en urgence nous a totalement rassurés. » Un papa.

Le spasme du sanglot est une **brève perte de connaissance**, de l'ordre de quelques secondes (mais cela peut sembler très long). Bien que bénin, le spasme du sanglot impressionne vivement ceux qui en sont témoins. Ce spasme n'a aucune conséquence sur le plan médical, mais il n'en est pas moins une réaction étrange qui mérite quelques explications.

Quand survient le spasme du sanglot ?

L'âge le **plus fréquent** se situe **entre dix-huit mois et deux ans**, mais il n'est pas rare de trouver aussi des spasmes chez des petits dès six mois. Il semble que 5 % environ des enfants, aussi bien les filles que les garçons, fassent un jour un spasme du sanglot, ce qui en fait une réaction relativement courante. Réaction à quoi ? À une vive émotion, à une contrariété, à une colère, à une frustration, à un petit accident.

À quoi ressemble un spasme du sanglot ?

La forme la plus courante est la « forme bleue ». Au cours d'une crise de larmes ou de colère, l'enfant se met à hoqueter et perd son souffle. L'apnée survient, l'enfant se cyanose (il devient bleu) et perd connaissance. Cela suffit à faire cesser les spasmes et sa respiration redevient normale. Pendant un petit moment, l'enfant reste blanc et apathique, les yeux dans le vague, un peu mou. Puis tout rentre dans l'ordre.

La « forme pâle », moins fréquente, survient à la suite d'une frustration. L'enfant devient tout blanc et perd également connaissance. Il reprend ensuite rapidement ses esprits.

Est-ce grave ?

S'il s'agit d'un vrai spasme du sanglot, **ses causes sont psychologiques. Médicalement, le spasme du sanglot n'est absolument pas grave et ne laisse jamais de séquelles**.

C'est différent sur le plan psychologique. Le premier spasme survient généralement de façon accidentelle : l'enfant s'est cogné ou a fait une très grosse colère. C'est alors que la réaction de l'entourage sera déterminante pour la suite des événements. La peur et la sollicitude immédiates des parents n'échappent pas à l'enfant. Elles vont agir comme un renforcement, encourageant l'enfant à récidiver et à répéter ces spasmes du sanglot.

Il est vrai qu'y assister est très impressionnant pour qui n'est pas averti. Certains parents, craignant un nouveau spasme, en viennent à surprotéger l'enfant et n'osent plus rien lui refuser. Les conséquences ne se font pas attendre : l'enfant devient tyrannique et joue avec l'anxiété de ses proches pour obtenir tout ce qu'il veut !

Comment réagir ?

Lors de la crise, l'essentiel est de **garder son calme** et de ne pas montrer à l'enfant à quel point elle déclenche de frayeur en vous.

Allongez votre enfant sur le sol, il reprendra vite des couleurs. Une autre technique consiste à souffler doucement sur sa figure, pour lui faire reprendre son souffle. Mais le mieux est encore, lorsque l'on sent la crise s'annoncer (la grosse colère suite à une frustration par exemple), de sortir tout simplement de la pièce. **Sans spectateur, le spasme tourne court**.

Si les parents sont convaincus que ce symptôme est sans gravité et qu'il ne sert à l'enfant qu'à obtenir ce qu'il veut, ils ne se laissent plus impressionner et les spasmes cessent. En effet, le petit enfant ne fait de spasme du sanglot, le plus souvent, qu'en présence d'une seule personne, de préférence la plus anxieuse ou celle dont il souhaite avant tout capter l'attention.

Essayer de comprendre

Le spasme du sanglot est une réaction psychosomatique sans conséquences médicales. Il est toutefois recommandé de **consulter son médecin après une première crise** afin de confirmer le diagnostic et d'essayer d'éclaircir les causes qui l'ont déclenchée. Bénin en lui-même, le spasme peut être associé durablement à d'autres troubles (refus de manger, perturbations du sommeil) et **révéler alors une difficulté éducative** sur laquelle il est important de faire le point.

Avec du recul, il est nécessaire de s'interroger sur la nécessité qu'a l'enfant d'attirer ainsi l'attention. N'est-il pas entouré d'un climat trop anxieux ? Ses parents ont-ils su mettre en place une relation de confiance où l'enfant ne peut douter de l'amour qu'on lui porte, même en cas de conflit ? Une discipline ouverte mais ferme est-elle appliquée, ou bien les parents se sentent-ils « débordés » par leur enfant ? Ce sont de telles questions qu'il convient de se poser si les spasmes du sanglot se reproduisent.

Le « jeu » de l'enfant est inconscient

Inutile pour autant, une fois la crise passée, de faire la leçon à l'enfant en lui disant que l'on ne se fera plus avoir ou de se moquer de lui. L'enfant ne fait pas du « cinéma », il ne fait pas « exprès » de perdre connaissance. En réalité, il est totalement inconscient des mécanismes de « manipulation affective » auxquels il recourt.

Ne laissez pas pour autant l'enfant devenir un tyran ! Nombreux sont les parents qui n'osent pas contraindre ou sanctionner leurs enfants, par crainte de la violence de leur réaction. Les enfants sentent cette hésitation ou cette culpabilité sous-jacente et ils vont vite apprendre à en profiter. Ils font des « comédies » à tout propos. Quant aux parents, ils sont dépassés.

29 Pourquoi dit-il *toujours non* ?

Tu viens te laver ? Non. On va se promener ? Non. Tu veux un gâteau ? Non. Ce qui ne l'empêche pas d'attraper le petit sablé et de l'avaler vivement. Mais qu'est-il donc arrivé à cet enfant, jusque-là si mignon ? Rien de grave, une phase inévitable de son développement : il est entré dans la crise d'opposition.

À **dix-huit mois** environ, pour **quelques semaines ou quelques mois**, vous allez rencontrer votre première véritable épreuve éducative. Transitoire mais néanmoins éprouvante, elle va exiger de vous un mélange de patience, de compréhension et de fermeté qui n'est pas toujours facile à équilibrer. Si vos « non » répondent à ceux de votre enfant, ce sera l'escalade conflictuelle. Si vous vous montrez impatient ou énervé, il va persévérer dans l'attitude qui vous irrite et aller jusqu'à la colère.

Que faire ? D'abord comprendre.

Il dit non même s'il pense oui

Vers dix-huit mois, l'enfant commence à prendre conscience beaucoup plus nettement de sa petite personne et de son identité. Il tient à faire savoir qu'il a une volonté propre et des idées personnelles. S'opposer, c'est se poser, dire maladroitement que l'on existe. Ses « non » à tout ne sont pas toujours des refus réels. L'enfant peut refuser verbalement et faire quand même volontiers ce qui lui est demandé. C'est sa façon de dire : « Si je le fais, c'est que je le veux bien et non parce que tu me l'as demandé. J'ai ma volonté propre. » **Une manière de montrer que l'on existe indépendamment de ses parents**.

Dire non, c'est s'affirmer

Dans un deuxième temps, l'opposition de l'enfant cesse d'être purement verbale. Il s'oppose dans les actes, allant jusqu'à l'épreuve de force s'il le faut. Toute maman qui a essayé, à huit heures du matin, pressée de partir à son travail, d'habiller un enfant de deux ans qui ne pense qu'à courir tout nu dans la maison, voit parfaitement de quoi je parle. Je connais une petite Agathe qui déclenche de préférence ses crises en public, sur le trottoir ou au supermarché... Tout à son désir d'affirmer sa personnalité propre, encore incapable de se contrôler, l'enfant, à certains moments, se transforme en un monstre coléreux et ingérable.

Comment s'en sortir ?

Voici quelques pistes que vous pouvez explorer...

• Essayez de respecter profondément la naissance et l'expression de cette nouvelle personnalité, même si elle est éprouvante. La crise passera d'autant plus vite que vous l'aurez gérée dans la souplesse et non dans l'autorité.

• L'enfant a besoin de sentir en face de lui un adulte ferme, sûr de ses convictions, mais non sévère. Autant il est bon de se montrer intransigeant sur les points essentiels, autant vous gagnerez à n'interdire que les choses importantes. Pour le reste, faites preuve de souplesse et négociez.

• Ne l'écrasez pas, ne lui faites jamais perdre la face en public. **Mieux vaut toujours chercher une solution sans perdant**. « Tu as raison de vouloir cette sucette, elle a l'air délicieuse, mais je te la donnerai plutôt après le repas » ou : « Je comprends que tu ne veuilles pas lâcher ton jeu pour venir dans le bain, alors je mets le compte-minutes sur dix et tu viendras quand il sonnera. »

• Avec les plus jeunes, ne discutez pas. Prenez-les doucement par la main et, tout en bavardant, emmenez-les là où vous souhaitez, à table ou dans le bain.

Un petit mot très souvent entendu

S'il dit non, c'est qu'il l'a entendu très souvent. La phase d'exploration où l'enfant est entré a entraîné une multiplication des interdits et des refus. Ce mot « non » que les grands affectionnent, qui a le pouvoir de l'arrêter dans ses élans, il va le reprendre à son compte.

Veillez à être plus positif dans vos expressions, et votre enfant vous imitera. Au lieu de : « Non, tu ne lances pas l'eau hors de la baignoire », essayez plutôt : « C'est sûrement amusant pour toi, mais moi, il va falloir que j'éponge, alors je te demande de cesser d'asperger. »

Dans tous les cas, **patience et souplesse, voix calme et décidée, sont vos meilleurs atouts**. Vous verrez : tout s'arrange en quelques mois.

Les interdits de sécurité

L'étape du « non » est si pénible avec certains petits enfants que les parents peuvent être tentés de lâcher prise et de renoncer à imposer leur volonté. Faire preuve de souplesse et ne pas tout transformer en rapport de forces est certes une bonne idée. Une crise évitée, c'est un peu de paix gagnée. Mais **l'enfant doit aussi apprendre à plier son désir à votre volonté**, surtout lorsqu'il s'agit d'interdits concernant sa sécurité. Pas question de lui demander son avis pour qu'il donne la main pour traverser ou qu'il ne joue pas avec les appareils électriques.

Expliquez-lui la notion de danger, qu'il s'agit de le protéger, et ne discutez plus.

Comme le disait justement une maman, il y a les « petits non » éducatifs sur lesquels il est possible de négocier, et les « grands non », souvent des interdits de danger, qui sont à appliquer tels quels, même si l'enfant ne les comprend pas et les trouve frustrants.

Quelques conseils

• *Ne dites pas trop souvent « non »*

... si vous ne voulez pas que votre petit vous le répète à son tour à la moindre occasion. Claquer dans ses mains est aussi une bonne manière d'arrêter un petit dans son élan vers la bêtise.

• *Ne demandez pas...*

... à votre enfant de deux ans s'il veut bien venir prendre son bain. Ce sera « non ». À la place, dites-lui sur un ton affirmatif et joyeux : « Nous allons prendre le bain maintenant, viens vite, c'est rigolo ! »

• *Maniez l'humour*

Votre enfant adore l'humour et le second degré ? Il fait de l'opposition systématique ? Tentez ceci : « Ce soir, je t'interdis de te laver les dents. Rire aussi, est totalement interdit. »

30 Comment l'inciter à *jouer tout seul* ?

Même s'il affirme haut et fort « moi tout seul » lorsque l'on veut l'aider, Roman, trois ans, se montre encore très dépendant sur le plan de ses activités. Ses parents se sentent dévorés par ses demandes permanentes. Ils aimeraient l'inciter à plus d'autonomie, mais sans pour autant le repousser ou lui faire de la peine.

Tous les petits enfants requièrent la présence des adultes pour jouer avec eux. Mais ils ont un besoin égal d'avoir du temps à eux, en marge du temps partagé. Un temps de rêve, d'invention, de création… Un temps chacun pour soi, c'est indispensable.

Ces moments solitaires sont importants pour **entraîner et assimiler les nouvelles compétences acquises**, ainsi que pour **rejouer et donner du sens** à ce qui a été vécu dans la journée. Pourtant, certains enfants réclament sans arrêt une présence ou une intervention et semblent incapables de jouer seuls, ce qui finit par être éprouvant pour les parents.

Comprendre pourquoi certains enfants ont du mal à jouer seul

Si l'enfant ressent qu'il ne voit pas assez ses parents

S'il a l'impression qu'il n'a pas assez de temps de partage et de jeu avec ses parents, l'enfant aura tendance, lorsqu'ils seront là, à réclamer leur intervention active dans toutes ses activités. Le terme « assez » est évidemment difficile à évaluer : les enfants ont des besoins différents. L'essentiel, c'est **que l'enfant se sente suffisamment aimé et intéressant**. Qu'il soit sûr que ses parents sont là quand il a besoin d'eux, à la fois au quotidien et dans le long terme.

Le manque d'habitude

Une autre raison qu'ont les jeunes enfants de ne pas savoir jouer seuls tient à leur mode de vie. Ceux qui sont allés à la crèche (et, dans une moindre mesure, chez une assistante maternelle), puis à l'école maternelle, ont toujours eu à leur disposition quelqu'un pour jouer avec eux. En collectivité, les activités sont conçues pour le groupe, même si chaque enfant peut s'y insérer à sa façon. À chaque minute de la journée, une activité est organisée, dans laquelle un adulte et des copains sont à la disposition de l'enfant pour l'accompagner dans son jeu. Il s'attend à avoir la même chose à la maison.

Un sentiment d'insécurité

Certains enfants, parce qu'ils traversent un moment difficile, se sentent en insécurité et sont très demandeurs de la présence de l'adulte. Temporaire, cette attitude passe si les adultes font confiance à l'enfant et savent le rassurer sans le couver.

Choisir sa stratégie

La seconde chose à faire consiste à choisir, parmi ces différentes stratégies, celles que l'on appliquera, afin d'inciter l'enfant à plus d'autonomie dans ses jeux.

• Définissez un ou deux moments dans la journée, par exemple le soir avant le coucher, où l'enfant sait qu'il aura votre attention complète pour lui tout seul et qu'il pourra jouer avec vous. Ces rendez-vous réguliers, qui feront vite partie de la routine quotidienne, sécuriseront l'enfant et deviendront vite très importants pour lui, compensant votre indisponibilité. Il les attendra avec impatience.

• Si vous n'êtes pas disponible pour jouer avec votre enfant au moment où il vous le demande, apprenez-lui à patienter jusqu'à ce que vous le soyez. Donnez-lui par exemple rendez-vous « après le bain », ou bien mettez le compte-minutes en route. Mais **quand c'est l'heure, ne lui faites pas faux bond** !

• Permettez à votre enfant d'apporter un jouet, comme un puzzle par exemple, et de s'installer près de vous. Il est fréquent que l'enfant ait besoin de la présence de l'adulte, mais non de sa participation active. Rassuré d'être à vos côtés, il pourra jouer un long moment sans vous déranger dans votre occupation.

• De la même façon, vous pouvez aussi initier des « jeux » qui ne vous gênent pas dans vos activités. Par exemple, proposez à votre enfant de donner le bain à sa poupée dans l'évier pendant que vous préparez le repas, ou encore organisez une « chasse aux trésors » dans la cour (chercher les petits bonbons qui y sont cachés) pendant que vous jardinez.

C'est parce que l'on a globalement renforcé son **sentiment d'indépendance et de sécurité intérieure** que l'enfant accepte progressivement de jouer seul. C'est pourquoi il est important de l'y inciter, en initiant parfois l'activité avec lui, de l'encourager et de le féliciter chaque fois qu'il y parvient.

Quelques conseils pratiques

Avoir un coin à soi

Si votre enfant n'a pas de chambre à lui, offrez-lui la possibilité d'avoir un coin personnalisé, **un espace privé** où il se sente chez lui, **à l'abri des regards**. Cela encourage le jeu solitaire, incite à inventer, à faire semblant et à parler tout seul.

Inviter des copains

L'enfant qui ne sait pas jouer seul sait souvent très bien organiser des jeux avec un ou plusieurs autres, comme il le fait à la crèche ou à l'école. Attention : l'ambiance n'est pas toujours de tout repos !

Du matériel à disposition

Mettez à sa libre disposition beaucoup d'objets qui favorisent la créativité : blocs de papier, crayons, colle, etc. Arrangez-vous aussi pour que les jouets de l'enfant soient en libre accès. Il peut ainsi initier un nouveau jeu à tout moment sans avoir besoin d'une intervention ou d'une autorisation.

Les bons jouets pour l'inciter à jouer seul

• Les jouets qui permettent d'aboutir à un résultat présentable à maman : puzzles, jeux de construction, coloriages ou dessins, etc.

• Les jeux d'imitation et d'invention : poupées, dînette, petites voitures, etc. Ils demandent souvent, pour durer, des interventions ponctuelles mais brèves.

• La petite maison (grand carton aménagé, ou sous la table sous une nappe).

• L'ordinateur ou la tablette : on trouve aujourd'hui des logiciels pour les petits, même non lecteurs, très bien faits et qui les captivent longtemps.

• **Attention : la télévision**, même si elle fait patienter l'enfant seul, **n'est pas un jouet**. Elle favorise au contraire la passivité. En user avec modération.

31 Pourquoi a-t-il ce ***comportement*** ?

« Cela fait cent fois que je te demande d'arrêter de sauter sur le canapé ! », dit une maman.
« Cela fait quatre-vingt-dix-neuf fois de trop », murmure le grand-père !

Hadrien, au lieu de venir se laver dès que sa mère l'appelle, fait celui qui n'entend rien. Une fois, deux fois, trois fois, il reste plongé dans son jeu. Jusqu'à ce que maman s'énerve, crie et vienne le chercher de force pour l'emmener dans la baignoire. D'où Hadrien, une fois installé avec ses joujoux, ne veut plus sortir Et maman de se demander, comme tous les parents d'enfants de dix-huit mois à quatre ans : « Mais enfin, pourquoi fait-il cela ? Il sait très bien que je vais finir par m'énerver ! C'est chaque soir pareil. Ce serait si bien s'il venait quand je l'appelle. Je serais plus détendue, on aurait le temps de jouer ensemble. Il gâche toutes nos soirées ! On dirait qu'il aime les conflits. »

Les petits enfants sont différents

Chaque fois que l'on essaie de comprendre le comportement de son jeune enfant en faisant référence à l'attitude que l'on aurait à sa place, on court le risque de se tromper. **Les petits ne sont pas comme nous. Ils ne fonctionnent pas comme les adultes.** Leurs motivations ne sont pas les nôtres, leurs raisonnements non plus. Nous leur expliquons les choses selon la logique - et c'est ce qu'il faut faire -, mais cela prendra encore des années avant que ce mode de pensée leur devienne spontané. Si bien que beaucoup de problèmes viennent tout simplement du fait que les parents attendent de leur enfant de deux ans qu'il se comporte comme un adulte. Alors qu'à deux ans, on vit dans l'instant, selon le principe de son plaisir immédiat, sans le souci des conséquences de ses actes.

Un papa me rapportait : « Je n'y arrive plus avec Jérémie. Je lui ai expliqué dix fois qu'il ne fallait pas jouer avec les fils électriques parce que c'est dangereux, et il continue. Je crois qu'il le fait exprès pour me provoquer. Je ne sais pas comment le faire obéir. » Mais un danger abstrait ne fait pas le poids face au **plaisir de jouer avec l'interdit et d'attirer chaque fois l'attention** de papa...

À quoi réagissent-ils alors ?

Les motivations qui sous-tendent les comportements des petits enfants sont en nombre limité. Les avoir en tête permet de décrypter beaucoup plus facilement des attitudes pour le moins étranges, et source d'innombrables conflits.

Le petit enfant a besoin d'attention

Plus encore que d'amour ou de tendresse, le petit a besoin que l'on fasse attention à lui. Ou plutôt : **c'est par la quantité d'attention qu'on lui porte qu'il évalue l'amour que l'on a pour lui**. Si bien que si être sage entraîne d'être laissé tranquille, il sera préférable de faire du bruit ou des bêtises. Mieux vaut encore être grondé que de ne pas être vu. L'essentiel est d'occuper le terrain, d'une manière ou d'une autre. C'est ainsi que l'on peut expliquer un grand nombre de comportements destinés uniquement à attirer l'attention des parents, à les déranger dans leurs activités, à les contrarier. Bref à les mobiliser. Cela sera d'autant plus net que les parents sont très occupés par autre chose (à lire ou à parler au téléphone, par exemple).

Être seul au centre du monde

Le comportement précédent est d'autant plus évident qu'un frère ou une sœur applique les mêmes stratégies. Les parents n'ayant qu'une quantité de temps et d'attention limitée, c'est à celui qui en réclamera le plus. Le petit enfant veut l'attention, et la veut tout entière pour lui. Ajoutez à cela qu'il est égocentrique, possessif et jaloux et vous avez le tableau expliquant des difficultés relationnelles, à la maison comme au square. Non, l'enfant n'est pas prêteur. C'est même le contraire : il voudrait bien tout pour lui tout seul.

Il est très sensible à la frustration

Pendant des années, le petit enfant a des désirs qu'il ne peut satisfaire. Et il en ressent une grande frustration. Il veut mettre sa salopette et on lui impose le short bleu. Il veut faire du vélo mais il manque d'équilibre. Il veut des sucettes mais elles sont interdites. Il veut faire tenir ensemble des briques qui refusent de s'emboîter. Il veut téléphoner sur le portable de papa qui n'est pas d'accord… L'intelligence de l'enfant, donc ses désirs, est en avance sur ses capacités motrices, ce qu'il est apte à réaliser : cela l'énerve au plus haut point !

Le principe de plaisir

Le petit enfant veut tout, tout de suite : les bras, la voiture de pompiers, le jouet. Une certaine quantité de colères ne sont dues qu'à cela : **le décalage entre le désir et les contraintes du réel**. Et je connais beaucoup d'adultes que cela frustre encore, même s'ils ne font plus de colères dans les allées des magasins !

La jalousie fraternelle

L'un des moments les plus délicats, pour le petit enfant, est la naissance d'un second. D'un côté, avoir cette petite poupée rigolote comme compagne est assez sympathique. D'un autre côté, constater à quel point elle suscite d'attention et d'attendrissement des parents et de toute la famille ne peut que susciter jalousie et rivalité. Oublier de continuer à prêter une attention soutenue à l'aîné peut être la source de franches difficultés.

Les mots qui font mouche

Certaines phrases sont garanties pour attirer l'attention immédiate de papa ou de maman. « Je ne t'aime plus », « Tu préfères ma sœur », etc. L'enfant les redira, voire montera d'un cran, tant que l'attention qu'il y gagnera lui assurera le même succès d'audience.

S'il est mal fichu…

Un petit enfant un peu malade, qui fait ses dents, qui a de la fièvre, a beaucoup plus de mal à se montrer gentil et à se comporter comme on l'attend de lui. De même un enfant qui a été perturbé ou déstabilisé par des événements de vie (déménagement, changement de mode de garde, naissance d'un puîné, etc.). **Le contrôle émotionnel est l'une des choses les plus difficiles à apprendre : cela prendra plusieurs années.** Alors attendre d'un enfant « mal fichu » qu'il se contrôle et se tienne bien est tout à fait illusoire.

Les conséquences de la simple fatigue sont les mêmes. **Un enfant fatigué ne se calme pas : il s'énerve et lutte contre la fatigue par un surcroît de tension**, de frustration et de caprices. **Plus sa fatigue augmente, plus il est infernal.** Mieux vaut le savoir, afin d'anticiper et d'éviter les situations qui risquent de poser un problème.

L'agressivité des petits

L'agressivité est une énergie vitale, qui débouche parfois sur l'agression. Elle est un comportement universel chez les jeunes enfants, au point que l'on peut même se poser des questions sur celui qui n'en exprime aucune. Apprendre à contrôler cette agressivité est une part importante du processus de socialisation. Elle se développe souvent si l'enfant a repéré que l'agressivité était la stratégie la plus efficace, et si elle est payante, c'est-à-dire si elle lui permet d'obtenir ce qu'il veut.

Ce qui diminue les comportements agressifs :

- *de bonnes relations affectives et sociales précoces ;*
- *ne pas laisser l'agresseur « gagner », mais lui montrer d'autres stratégies ;*
- *ne pas avoir de comportements agressifs envers l'enfant.*

32 Pourquoi est-il ***grognon*** ?

Certains enfants paraissent ainsi :
jamais contents, d'accord sur rien, réfractaires
à toute suggestion, fuyant toute nouveauté.
Capables de « chouiner » pendant des heures,
ils finissent fatalement par tendre l'ambiance générale.
Un enfant qui geint use les plus résistants.

Sa maman n'en peut plus. Cela fait plus de trois heures que Timothée, quatre ans, pleurniche. D'abord, c'étaient ses haricots qui ne lui convenaient pas : il voulait des pâtes. Puis cette sieste qu'il n'a pas voulu faire : il a geint derrière la porte de sa chambre jusqu'à ce que sa maman craque. Maintenant, c'est la promenade, mais il s'assied par terre et ne veut plus marcher : il a trop chaud, il est fatigué.

Ses plaintes sont tellement usantes que sa maman se dit qu'elle préférerait que Timothée fasse une bonne colère et qu'on n'en parle plus. Mais voilà, Timothée a choisi une autre façon de s'exprimer…

Comment faire passer cette habitude ?

Les enfants grognons n'ont jamais l'air heureux, malgré tous les efforts fournis par les parents. On les voudrait tellement insouciants et gais… Que peut-on faire pour les aider à évoluer ? La première chose est d'essayer de comprendre ce qui se passe.

Mauvais moment à passer…

L'enfant qui se transforme de Joyeux en Grincheux traverse sans doute une phase difficile. Il s'exprime comme un bébé qui chercherait à attirer attention et pitié. Que s'est-il passé dans sa vie qui expliquerait un tel changement, à la maison ou en dehors ? Si cet état est transitoire, de la patience, de la compréhension et de la bonne humeur en viendront à bout.

… ou trait de caractère

Pour d'autres enfants, ce caractère a toujours été plus ou moins le leur. **Ce sont souvent des enfants sensibles. Anxieux**, ils aiment la routine, les habitudes, le calme, et détestent les changements, la nouveauté. La faim et la fatigue les perturbent, ainsi que le moindre bobo. Ils captent toutes les vibrations négatives de leur environnement. Ces enfants ont un grand **besoin d'un adulte disponible, protecteur et sécurisant**. Dites-vous que le « sérieux » dont ils font preuve est un gage pour l'avenir !

… ou façon efficace d'attirer l'attention ?

Pleurnicher est souvent, pour un enfant, une manière d'attirer l'attention et la reconnaissance. C'est la force des faibles. Si c'est le cas du vôtre, demandez-vous honnêtement s'il a chaque jour le temps de câlins et de jeux dont il a besoin en famille. Peut-être que vous ne vous intéressez à lui que lorsqu'il grogne et beaucoup moins lorsqu'il est sage… Voyez également si votre enfant n'a pas trop pris l'habitude de compter sur autrui plutôt que sur lui-même. Dans ce cas, vous pouvez l'inciter à l'autonomie en valorisant ses initiatives et en montrant votre fierté lorsqu'il se comporte « comme un grand ».

Une éducation qui tient compte du caractère

Les parents ont toujours intérêt à **tenir compte du caractère de leur enfant dans leur attitude éducative**. On n'élève pas de la même façon la tornade, le lunatique, le rêveur ou le pleurnicheur. Ce dernier a besoin de connaître à l'avance ce qui l'attend. En matière d'emploi du temps comme de règlement intérieur. Il s'arrangera de règles simples, stables, qui déterminent ce qui est permis ou interdit, ce qu'il peut espérer ou non. Ces repères, parce qu'ils le sécurisent, l'aident à trouver sa place et son équilibre. C'est aussi un enfant qui a besoin que l'on s'intéresse à lui en prenant le temps de l'écouter. Petit à petit, on découvre comment le « prendre » et en obtenir le meilleur.

Des attitudes qui peuvent faciliter la vie avec un pleurnicheur

• Tant que vous le pouvez, ignorez son comportement. N'en tenez aucun compte. C'est le meilleur moyen de le faire disparaître. Puis, si cela devient insupportable, envoyez-le s'isoler dans sa chambre un moment, jusqu'à ce qu'il se sente d'humeur plus sociable. Expliquez-lui que ce n'est pas une punition, qu'il a le droit de râler, mais que vous avez celui de ne pas le supporter davantage.

• Essayez l'humour, mais gentiment. Si vous arrivez à le faire rire, c'est gagné. S'il se vexe, c'est pire !

• Parlez-en avec lui et demandez son avis. « J'ai un problème et je ne sais pas comment faire… » Il est le premier concerné. L'associer à la recherche d'une solution, c'est le **faire passer du statut de victime**, qu'il n'adopte que trop, **à celui d'acteur de sa propre vie**.

Le caractère d'un enfant peut changer, mais ce dernier n'en est pas totalement responsable. S'il est pleurnicheur, ce n'est pas de sa faute. **Tout en essayant de le faire évoluer, il est important de valoriser ses bons côtés et de lui montrer que vous l'acceptez et que vous l'aimez comme il est.**

Peut-être plus qu'un autre, il a besoin de se sentir beau, bon, gentil, aimable. Et d'avoir votre confiance.

« Les garçons, ça ne pleure pas ! »

Et pourquoi pas ? Élever votre fils dans l'idée qu'il ne doit pas pleurer, afin de devenir un vrai petit dur, est dangereux. Vous lui apprenez à garder à l'intérieur de lui ses sentiments et ses émotions, plutôt que de les exprimer. Refouler ainsi sa sensibilité peut faire de lui un adulte figé qui aura du mal à communiquer en profondeur avec les autres et avec lui-même.

Tous les enfants, **les garçons comme les filles, ont droit aux larmes**, lorsqu'ils ont mal ou le cœur gros. À nous, adultes, de les aider à passer à autre chose. « Tu es frustré ou en colère, alors tu pleures, d'accord. C'est un choix. Mais tu peux arrêter si tu le veux. Dès que tu as fini, viens vite, je t'attends pour préparer le dessert. »

Attention à l'étiquette du râleur

Ne prononcez pas de phrases comme : « Ça y est, tu chouines encore ! Ma parole, tu n'es jamais content ! »

Évitez de coller à votre enfant cette étiquette : il aurait d'autant plus de mal à s'en débarrasser.

Ne vous moquez pas de lui non plus. Se moquer de lui, surtout publiquement, ne ferait également qu'empirer les choses. En revanche, on peut faire de l'humour familial, au second degré, en imitant son attitude par exemple, mais toujours très délicatement et sans lui faire de peine.

Et s'il tenait cela de quelqu'un ?

Demandez-vous honnêtement s'il n'y aurait pas, dans son attitude, une part d'héritage familial. N'y a-t-il pas, à la maison, un autre râleur (ou râleuse) sur qui prendre modèle ? Il est certain que plus ses parents seront gais et toniques, plus l'enfant tendra à l'être.

33 Il ne tient pas en place. Comment lui *apprendre à se poser* ?

« Martin est monté sur ressorts… Il passe son temps d'éveil à courir, grimper, sauter. Patienter quelques minutes lui semble une éternité. Rester assis sans bouger, un supplice. Il nous épuise… On se demande comment ôter les piles… » Un papa.

Pour certains enfants, rester assis calmement paraît impossible. Ils mangent en se dandinant d'une fesse sur l'autre et semblent toujours installés sur un boisseau de puces ! D'un enfant de deux ans, on le comprend et on le tolère. À cinq ans, si par ailleurs l'enfant est incapable de se concentrer plus de quelques minutes sur une même tâche, on se pose des questions, puis on s'inquiète franchement. Lui-même est malheureux, toujours repris, souvent puni. Parce que l'école, telle qu'elle est organisée chez nous, est intransigeante : pour apprendre, il faut se tenir tranquille. Les parents se soucient, l'instituteur s'irrite, l'enfant se désespère… Que peut-on faire pour l'aider ?

Vous trouverez ci-dessous des petits exercices d'entraînement, à choisir selon l'âge et la personnalité de chacun. Mais, dans tous les cas, il faut d'abord admettre qu'il s'agit là de l'un des apprentissages les plus difficiles pour certains enfants. Aussi les attentes des adultes doivent-elles être réalistes et progressives.

Pour les plus jeunes (jusque vers quatre ans)

Notons que pour le petit enfant, le besoin de bouger est important et tout à fait naturel, même si la vie actuelle ne le respecte pas toujours.

Apprendre à rester assis

Pour les plus jeunes, l'important est de commencer par valoriser le temps resté assis. Faites-en un jeu. Asseyez votre enfant par terre et dites-lui : « On va voir si tu peux rester sans bouger pendant que je compte. » Comptez sur vos doigts jusqu'à cinq, puis félicitez-le et laissez-le se lever et bouger. Recommencez en comptant jusqu'à dix, et augmentez progressivement le temps selon ses capacités (il doit toujours pouvoir réussir et vous, toujours féliciter largement sa performance).

Le jeu du compte-minutes

Passé la minute, remplacez les chiffres par le compte-minutes. Confiez à l'enfant un jeu calme et dites-lui : « On va voir si tu peux rester tranquille assis à jouer pendant trois minutes. » Puis, un autre jour : « On va voir si tu peux battre ton record ! » Là encore, ayez des attentes raisonnables : l'enfant doit toujours réussir.

Généralisez l'usage du compte-minutes à d'autres activités où l'enfant a du mal à rester tranquille, le temps de son repas par exemple. Commencez par cinq minutes avant qu'il ait le droit de se lever, puis augmentez la durée. Félicitez toujours ses réussites, voire accordez-lui un extra (biscuit supplémentaire ou dessin animé). S'il échoue : « Ce n'est pas grave, on réessaiera une autre fois. »

Pour les plus grands (à partir de quatre ans environ)

Le jeu de la statue

Pour cela, vous asseyez l'enfant face à vous et vous lui demandez de rester comme vous, aussi immobile qu'une statue (vous avez juste le droit de respirer !). Au bout d'une minute, vous faites un geste (déplacer la main, incliner la tête…) : il doit faire le même geste et figer à nouveau la position. Ce jeu développe à la fois l'attention au mouvement, le contrôle et la concentration.

Le challenge des records

Confiez-lui un compte-minutes ou une pendule : c'est lui-même qui va se fixer des temps où il va se demander de rester tranquille. « Je vais essayer de faire ce puzzle pendant dix minutes », ou : « Je vais lire dix pages de mon livre sans m'arrêter. » Le renforcement devient intérieur : l'enfant est heureux d'avoir atteint son objectif.

Se servir d'images mentales

Aidez-le à se servir d'images qui l'aideront à rester assis : « Tu fais semblant de passer de la colle sur ta chaise avec un gros pinceau, puis tu t'assieds dessus », ou bien : « Imagine que tu es assis dans la cabine d'un avion supersonique et que tu as bouclé ta ceinture. »

Anticiper les moments difficiles

Prévoyez des petites activités variées quand vous savez que l'enfant aura à rester assis un certain temps (repas de famille, salle d'attente, etc.). L'enfant occupé est toujours plus facile à garder au calme, même si cela ne dure pas !

Chez certains enfants, la difficulté de rester tranquille et de se tenir à une tâche semble vraiment importante et durable. Il est bon dans ce cas que les parents aient une attitude à la fois claire et ferme. Des règles peu nombreuses mais bien comprises et ayant du sens, une routine quotidienne structurée, un environnement assez simple (on ne fait qu'une chose à la fois), sont des éléments qui peuvent beaucoup aider l'enfant.

Se servir des récompenses

Certains enfants aimeront qu'on leur promette une récompense : « Si tu vas jusqu'au bout de ton jeu tranquillement, on sortira faire du vélo ensuite. » Cette technique peut être utile au début, pour servir de motivation à un enfant qui en manque et lui permettre de faire rapidement quelques progrès. Ensuite, les récompenses deviennent inutiles.

L'apprentissage de la relaxation

D'autres tireront un grand profit de certaines techniques simples de relaxation. **L'agitation de l'enfant s'accompagne souvent d'une certaine anxiété**. Savoir se relaxer est une aptitude dont il peut se servir chaque fois qu'il a besoin de se calmer, de traverser un moment difficile et de retrouver confiance en lui (voir « 68. Comment lui donner confiance en lui », page 292).

L'enfant atteint d'un trouble de déficit d'attention avec hyperactivité

Il s'agit d'un enfant toujours impulsif, très remuant, hyperactif et incapable de fixer son attention, de suivre une consigne ou d'organiser son travail. C'est une vraie pathologie, qui entraîne un vécu douloureux de l'enfant (il sent qu'il « dérange »), mais dont les causes sont encore incertaines et le diagnostic difficile à poser. Les parents sont vite épuisés, débordés et impuissants.

Là où les pédiatres américains traitent les enfants avec des substances médicamenteuses, comme la Ritaline®, les Français préfèrent l'abord psychologique et comportemental. ***Ce trouble demande une prise en charge spécialisée*** *(il existe plusieurs centres en France qui traitent ce type de problème). Le pédopsychiatre ou le psychologue tenteront d'agir à la fois sur l'enfant (apprentissage de nouveaux comportements, du contrôle sur soi) et sur son environnement (avec une part de conseil et de soutien aux parents).*

34 Pourquoi a-t-il *peur du noir* ?

Rares sont les enfants qui, entre deux et cinq ans, n'ont pas pendant un temps peur de l'obscurité. Anxiété banale, qui va se traduire par un refus du coucher, une crainte de rester seul, des pleurs et une venue en douce dans le lit parental.

Jusque vers deux ans, pas de problème : l'enfant ne se plaint pas lorsque ses parents éteignent la lumière en sortant de sa chambre, le soir, après un dernier baiser. Puis un jour, il commence à réclamer que la lumière reste allumée dans la chambre ou le couloir, que la porte reste entrebâillée. Parfois même, l'enfant se réveille au milieu de la nuit et on le trouve assis dans son petit lit, tremblant de peur. Il parle de loups, de monstres, de voleurs, d'un mauvais rêve ou seulement d'une peur sans objet.

Comment expliquer la peur du noir ?

Il s'agit d'une peur qui apparaît communément à une étape charnière du développement de l'enfant, lors d'un nouvel apprentissage par exemple, ou lors de la mise en place d'un changement de vie. Les causes de cette peur sont multiples. L'enfant la mettra volontiers sur le compte d'un cauchemar, du monstre qui est caché sous le lit ou de la crainte des voleurs. Vers trois ans, l'enfant est doté d'une imagination fertile qu'il va nourrir ses inquiétudes.

Les raisons profondes sont autres. **L'obscurité entraîne la perte des repères**. L'enfant ne voit plus ceux qui l'aiment et le rassurent, mais il ne voit plus non plus son environnement familier. Le monde qu'il commençait à organiser et à construire dans sa tête semble avoir disparu.

Une autre cause de cette peur est **l'angoisse de séparation**.

Celle-ci reste très vive jusque vers quatre ans. Le soir, on se retrouve face à soi-même ; l'obscurité de la nuit, c'est l'heure où chacun se sent le plus seul, le plus vulnérable. En grandissant, l'enfant va développer des défenses lui permettant de faire face à cette anxiété. Vers six ans, il est davantage capable de différencier le réel, ce qui est possible, de l'imaginaire. Capable alors de tenir ses pensées effrayantes à distance, il craint moins l'obscurité.

Pour l'aider à atteindre ce stade, la stratégie tient en trois points :

Le soir, laisser un éclairage

Parmi les conditions qui assurent un sommeil paisible, le fait de pouvoir se repérer dans l'espace lorsque l'on se réveille au milieu de la nuit compte pour beaucoup. S'il fait noir, l'enfant est perdu. Souvent, il va appeler ses parents pour qu'ils viennent le rassurer. Mais s'il voit suffisamment, grâce à une petite lumière qui vient de la veilleuse ou du couloir, il va vite sortir de son rêve en reconnaissant sa chambre, se remettre dans le sens du lit, récupérer nounours et se rendormir. Quand il n'aura plus de couches, il osera, seul, se lever pour se rendre jusqu'à son pot ou aux toilettes, ce qu'il ne fera pas dans le noir complet avant plusieurs années. **Laisser une veilleuse à l'enfant ne nuit pas à son autonomie, mais au contraire la renforce**. Dès qu'il sait s'en servir, confiez à votre enfant une lampe de poche. Il pourra, depuis son lit, explorer tous les recoins sombres de sa chambre pour faire fuir les monstres.

La nuit, l'aider à chasser les cauchemars

Si votre enfant vous appelle à la suite d'une peur ou d'un cauchemar, commencez par allumer doucement la lumière (le rhéostat, qui permet de contrôler l'intensité lumineuse, est un bon investissement). Aidez-le à se rassurer : retrouver son espace, ses peluches, les objets quotidiens. Montrez-lui qu'il n'y a personne d'autre que vous. Murmurez à ses oreilles quelques phrases positives magiques, qu'il pourra se répéter dans sa solitude : « Tout va bien, papa et maman sont là, rien ne peut t'arriver, tu es en sécurité, tout va bien. » Quittez la chambre quand l'enfant est calmé, mais sans attendre qu'il s'endorme.

Le jour, lui donner confiance en lui.

On dit que les problèmes de la nuit se résolvent le jour. Comment ?

- En parlant avec l'enfant de ses peurs, mais sans jamais se moquer de lui ou le ridiculiser.
- Si l'enfant est assez grand, on lui demande de dessiner ses peurs : on combat mieux ce que l'on connaît bien.
- Jouer avec lui à l'aveugle ou à colin-maillard permet d'**apprivoiser les sensations que l'on a dans le noir**.

Quelques conseils pratiques

Dialoguer avec l'enfant

Le plus important est d'**expliquer à l'enfant que ces peurs sont fréquentes à son âge**. Elles signalent qu'il grandit, qu'il doit renoncer à des choses de sa petite enfance : cela, parfois, fait peur. Elles disparaîtront quand il grandira et qu'il se sentira plus fort. En attendant, ses parents sont là pour veiller à sa sécurité.

Savoir le rassurer

Quand l'enfant manifeste une peur, l'attitude des parents doit se donner comme but de permettre à l'enfant de reprendre le dessus. Pour cela, il ne faut pas avoir peur de sa peur, mais lui montrer que l'on peut y faire face tranquillement. Là comme ailleurs, rien de tel que l'exemple pour aider son enfant.

« Papa, j'ai peur du loup ! »

Sur le moment, les parents d'aujourd'hui sont plutôt surpris. Eux qui ont pris soin de ne jamais menacer du croque-mitaine, qui n'ont jamais lu à leur enfant *La Chèvre de Monsieur Seguin* et ne racontent *Le Petit Chaperon rouge* qu'avec un grand luxe de précautions oratoires, se trouvent désarçonnés par ce qu'ils qualifieraient volontiers de sornettes.

Mais si les loups se sont faits rares dans nos banlieues, les peurs, elles, sont restées. Et si les sorcières n'existent que « pour de rire », la peur, elle, est bien là « pour de vrai » !

Les mots qui éclairent

« Tante, dis-moi quelque chose, j'ai peur parce qu'il fait noir.

À quoi cela te servira-t-il puisque tu ne peux pas me voir ?

Ça ne fait rien ; du moment que quelqu'un parle, il fait clair. »

Dialogue rapporté par Freud, dans Cinq Psychanalyses.

35 Comment apprivoiser sa ***peur des insectes*** ?

La peur des insectes est fréquente chez les jeunes enfants et elle peut être handicapante.

Rares sont les gens qui aiment vraiment les insectes. L'aversion pour un grand nombre d'entre eux, en premier lieu les araignées, est tellement répandue, chez les enfants comme chez les adultes, qu'elle finit par sembler normale. Elle survient souvent à l'adolescence.

Mais certains enfants développent une peur déraisonnable concernant des petites bêtes qui ne peuvent faire aucun mal. Une aversion normale, si elle se transforme en véritable terreur, peut compliquer grandement l'existence quotidienne lorsque l'on vit à la campagne, lors de simples promenades ou pendant les vacances.

Prévenir vaut mieux que guérir

Pour éviter de telles situations, le mieux est de prendre les devants. Les réactions des parents sont, dans ce cas, aussi déterminantes que la personnalité de l'enfant.

Montrez l'exemple

Votre enfant aura tendance à modeler son attitude sur la vôtre. Si vous êtes du genre à reculer avec terreur lorsqu'une guêpe s'approche ou à appeler à l'aide lorsqu'une araignée aux longues pattes remonte le long du mur, apprenez à dépasser cette peur ou bien à ne plus la manifester.

N'effrayez pas votre enfant

Par exemple en ayant une réaction excessive, ou seulement trop vive, lorsqu'il attrape lui-même un insecte. Tous ne piquent pas. Apprenez-lui tranquillement à faire la part entre les insectes dangereux et les autres.

Éduquez votre enfant

Vous le ferez en lui apprenant à observer et mieux connaître cette vie animale complexe et fascinante qu'est celle des insectes. Prenez le temps de regarder une colonne de fourmis transportant de la nourriture, une araignée tissant sa toile ou une libellule rasant une mare. Faites-lui admirer les reflets des ailes des papillons ou la douceur de la chenille.

Feuilletez ensemble des livres

Cela contribuera à développer une forme de respect pour ces petits animaux et apprendra à l'enfant comment se comporter vis-à-vis des insectes : rester immobile jusqu'à ce que l'abeille s'éloigne ou glisser la chenille sur une feuille de papier pour la remettre dehors vaut mieux qu'écraser les araignées ou arracher les ailes des mouches !

Lorsque la peur est installée

Il se peut que ces mesures de prévention soient insuffisantes, ou bien que votre enfant ait déjà développé une peur des insectes qui gêne la vie de tous les jours. Dans ce cas, vous pouvez essayer les conseils suivants.

Parlez avec votre enfant de sa peur

Cela vous permettra de bien comprendre ce qu'il craint précisément. Certains insectes en particulier ? Ceux qui piquent ? Ceux qui volent ? Rectifiez les croyances erronées qu'il pourrait avoir sur la dangerosité de tel ou tel animal.

Misez sur l'habituation

Habituez l'enfant à entrer progressivement et calmement en contact avec l'insecte redouté.

Pour apaiser la peur que Guillaume avait des scarabées, très nombreux cette année-là sur leur lieu de vacances, Marianne a commencé par regarder avec lui des photos de magnifiques scarabées dans un dictionnaire animalier et par lui donner quelques informations. Puis elle a capturé un petit scarabée qu'elle a installé confortablement dans une boîte en plastique transparente. Elle l'a prénommé Nestor. Elle a enfin incité doucement Guillaume à venir observer Nestor, de loin d'abord, puis de plus près. « Tu vois, le petit scarabée ne peut pas sortir. Je peux prendre la boîte dans ma main. Tout à l'heure, tu lui ramasseras un peu d'herbe fraîche. Dans un jour ou deux, nous irons le remettre en liberté dans le pré derrière. » Le lendemain, Guillaume se sentait prêt à toucher l'animal avec une herbe.

Dépasser ses peurs demande beaucoup de courage. Félicitez largement votre enfant de ses progrès, lorsqu'il devient capable d'ignorer un insecte ou de se comporter avec lui de manière adaptée. Un grand pique-nique dans les bois ou les champs paraît une récompense tout à fait appropriée !

Et si c'était une phobie ?

Certains enfants développent des peurs intenses et incontrôlables face à des animaux ou à des situations totalement sûres. Ils sentent bien que c'est « idiot », mais ils ne peuvent pas contrôler leur terreur, même face à un film ou une représentation imagée de l'animal. Il s'agit alors de ce que l'on nomme une « phobie ».

Si l'incitation et la réassurance sont sans effet, il est nécessaire de consulter un psychologue.

Ces phobies se guérissent rarement seules et elles peuvent empêcher l'enfant de vivre tout ce qu'il aimerait.

Le psychologue va essayer de comprendre ce qui peut être à l'origine de cette peur incontrôlable. Il va rechercher tous les sens et les répercussions qu'elle a dans la vie de l'enfant. Puis il va entreprendre de réconcilier l'enfant, très progressivement, par étapes successives, avec ce qui l'effraie tant.

Des peurs universelles

Certaines peurs ressenties par les enfants semblent à la fois universelles et archaïques. Elles paraissent remonter à la nuit des temps. Citons par exemple : la peur des serpents, du tonnerre, du feu, des étrangers, du noir, du vide, d'être abandonné.

Ces peurs ne sont plus très adaptées à notre vie quotidienne : on se trouve rarement face à un serpent et le tonnerre ne tue plus que quelques randonneurs imprudents. Mais on comprend bien qu'elles ont pu, dans les temps reculés, aider l'homme à assurer sa sécurité et son développement. Bizarrement, rares sont les petits qui ne les connaissent pas aujourd'hui encore. Puis ces craintes s'atténuent, lorsque l'enfant mûrit, dans son corps et dans sa pensée, laissant souvent quelques traces chez l'adulte…

chapitre 3

Le développement intellectuel et social

36 Comment choisir ***un mode de garde*** ?

Le bon choix tient compte de votre préférence, bien sûr, mais aussi de votre situation financière, de vos contraintes professionnelles et des places disponibles autour de chez vous.

Le bon choix, c'est le vôtre, car alors bébé se sentira bien, en confiance.

La première chose à faire est donc de s'interroger sur le mode de garde que l'on préfère.

Les questions suivantes, sur les avantages et les inconvénients des différents modes de garde, pourront vous y aider. Et puis il importe de se mettre en recherche des possibilités correspondantes existant dans sa commune, son quartier, son entreprise.

Le bon choix est le choix possible

Le bon choix est rarement un choix idéologique, et **il n'y a pas, dans l'absolu, un mode de garde meilleur que les autres**. Mais il y en a un qui vous correspond mieux, pour une raison ou pour une autre, qui est pratique, où vous vous sentez en confiance et où votre enfant a une bonne chance d'être accueilli. Celui-là sera sûrement le bon.

Entre trois et cinq mois après la naissance de votre bébé, il vous faudra déjà le déposer le matin dans des bras mal connus et reprendre le chemin du travail. Pour que cela se passe bien, en toute confiance, il va vous falloir, d'ici là, vous livrer à une véritable enquête, déployer des trésors d'ingéniosité, de séduction et d'intuition, et déjouer de nombreux pièges. Cette période de recherche d'un mode de garde produit un stress non négligeable et demande une grande patience. Mais, au bout de ce parcours, vous aurez certainement trouvé un lieu favorable, où vous serez certain de laisser votre petit dans les bras affectueux d'une personne compétente, attentive à ses particularités, consciente de ses besoins, respectueuse de ses rythmes et désireuse de l'éveiller aux mille découvertes de la vie.

Bien souvent, il est prudent de s'inscrire dans plusieurs établissements ou de prévoir une solution de rechange au cas où votre enfant ne serait pas pris là où vous le souhaitez. À la crèche, vous n'aurez souvent la réponse qu'en juin pour une rentrée en septembre.

Quelques éléments importants du choix

Votre lieu de résidence

Près de la moitié des places en structure collective se trouvent dans la région Île-de-France. Les autres sont réparties principalement dans les grandes agglomérations. Cela signifie que si vous habitez dans un village ou dans un bourg, vous avez intérêt à vous orienter vers la crèche familiale ou l'assistante maternelle.

Vos horaires professionnels

Les crèches collectives ou familiales ont des horaires d'ouverture et de fermeture stricts. Elles tolèrent mal les parents aux horaires professionnels variables et qui peuvent être amenés à déborder sur les heures d'ouverture. Si vous commencez très tôt le matin, si vous finissez tard le soir, si vous travaillez de nuit et si vous ne pouvez pas alterner avec votre conjoint, la crèche n'est peut-être pas pour vous. Il existe néanmoins des établissements « multi-accueil » aux horaires plus souples qui tiennent compte des contraintes professionnelles des parents : renseignez-vous.

Vos moyens financiers

En crèche, le prix que vous aurez à acquitter pour votre enfant sera calculé en fonction de vos revenus, de vos charges et du nombre de vos enfants. Cela peut s'avérer très avantageux pour les couples à faibles revenus, mais très onéreux pour les couples à hauts revenus. Chez une assistante maternelle, le prix à la journée est fixe et varie relativement peu de l'une à l'autre.

Le choix essentiel se situe là. Trois grandes options s'offrent à vous : le placement de votre enfant en collectivité, son accueil dans une famille ou son maintien à la maison avec une garde à domicile.

Préférez-vous que votre enfant soit accueilli dans une structure relativement importante, dotée d'un règlement, où, même s'il est confié à une auxiliaire de référence qui s'occupera de lui de manière privilégiée, il sera en contact avec plusieurs adultes et de nombreux enfants ?

Préférez-vous le déposer dans une structure de type familial, où une assistante maternelle unique prendra soin de lui toute la journée, avec seulement la présence d'un ou deux autres enfants ?

Préférez-vous trouver une personne de confiance qui viendra à votre domicile s'occuper de votre bébé, vous évitant ainsi de le changer de lieu chaque matin ?

Il s'agit bien là d'une question de sensibilité personnelle. Vous seuls, parents, pouvez faire ce choix.

N'attendez pas le dernier moment

C'est le plus souvent **vers six mois de grossesse qu'il faut se préoccuper de trouver un mode de garde pour le bébé à venir**. Le service de la petite enfance de votre mairie vous informera sur les délais à respecter : ne tardez pas à vous y rendre et à poser toutes les questions sur les possibilités de garde qui s'offrent à vous, les démarches à effectuer, les papiers à fournir, etc.

Les relations de voisinage sont souvent une bonne source d'information, mais la mairie du lieu de domicile, le Relais Assistantes Maternelles et le centre de PMI restent les lieux essentiels pour se procurer la liste des crèches collectives ou familiales et les adresses des assistantes maternelles agréées.

Les inscriptions pour les crèches sont à faire sans tarder, soit à la mairie, soit directement auprès de la directrice de l'établissement, selon le règlement en vigueur. Les prises de contact avec les assistantes maternelles indépendantes peuvent également commencer en milieu de grossesse.

Centrez-vous sur l'essentiel

Vous serez convaincu que vous avez fait le bon choix pour votre bébé si vous sentez que, dans cet endroit où vous allez le laisser, ou avec cette personne, il sera heureux et que ses besoins essentiels seront satisfaits :

- Besoin d'affection, de tendresse et de stabilité ;
- Besoin de calme, de cadre, de joie de vivre ;
- Besoin de respect pour son développement, son rythme, son individualité, ses découvertes ;
- Besoin de paroles, d'échanges, de mots vrais qui humanisent la relation ;
- Besoin d'éveil et d'ouverture sur le monde, sur la vie, sur les autres ;
- Besoin d'une bonne entente entre les parents et la personne à qui l'enfant est confié.

37 Quels sont les avantages et inconvénients de *la crèche* ?

« La crèche était pour moi l'endroit le plus rassurant
où je pouvais laisser ma petite fille.
Celle que j'ai trouvée est un peu loin de chez moi,
mais je m'y sens en confiance
et j'y laisse mon bébé sans inquiétude. »
Une maman.

Bien s'informer sur les caractéristiques d'un mode de garde, c'est pouvoir faire, en connaissance de cause, le choix d'y inscrire ou non son enfant. Si la crèche est un lieu de vie formidable, elle n'est pas pour autant le mode de garde miracle pour tous les enfants et toutes les familles.

Les avantages

• La crèche accueille votre enfant tous les jours ouvrables. Elle ne tombe pas malade, ne déménage pas et ne prend pas de vacances.

• Elle garantit pour tous l'égalité de traitement et de soins.

• Dans toutes les crèches publiques, les tarifs sont modulés selon les revenus de la famille, ce qui peut être un bénéfice économique important.

• L'enfant est bien surveillé sur les plans de l'hygiène, de la santé, de la nutrition et de la sécurité. Le personnel est formé pour faire face à l'urgence médicale.

• C'est un milieu rassurant, car l'enfant est confié à un personnel formé à la puériculture et divers dans ses compétences (éducatrice, puéricultrice, psychologue, etc.).

• Par le côté « institution » et la dilution des rôles, la mère reste sans conteste le personnage central et essentiel dans l'éducation de l'enfant.

• L'enfant est au contact précoce d'autres enfants, ce qui est une source d'enrichissement et de socialisation.

• L'espace est important et les jeux multiples. Les possibilités de stimulation du développement intellectuel et moteur sont nombreuses. Tout un travail est fait en vue d'un développement équilibré de l'enfant et l'acquisition progressive de son autonomie.

Mais les inconvénients existent aussi...

• Les horaires d'ouverture ne conviennent pas à toutes les situations professionnelles.

• La collectivité impose un haut niveau de bruit et d'activité à l'enfant, ce qui lui fait des journées bien longues. Les parents récupèrent souvent un enfant fatigué.

• La multiplicité du personnel et les horaires changeants de chacun de ses membres ne facilitent pas l'établissement de liens affectifs réels et sécurisants.

• La loi du groupe prime sur les intérêts individuels : difficile prise en compte des particularités et du rythme de chacun, frustration dans les désirs, obligation d'attendre son tour pour être nourri ou changé, obligation de subir les cris, les pleurs ou les agressions des autres enfants, trop faibles contacts individuels avec l'adulte, etc. Ces inconvénients varient cependant d'une crèche à l'autre, selon son organisation et la réflexion qui est menée autour de l'enfant.

• Les contaminations microbiennes et virales, que certains pédiatres nomment la « crèchite », sont fréquentes. L'enfant en crèche est souvent atteint d'infections rhino-pharyngées, aux conséquences généralement bénignes. Même si la crèche ne rejette plus, comme c'était le cas précédemment, l'enfant malade, on ne peut pas dire que ce soit le lieu idéal lorsque l'on est fiévreux. Les parents d'un enfant en crèche se voient donc souvent contraints soit de prendre des journées de congé pour garder leur enfant, soit de mettre sur pied une solution de dépannage efficace. Pour certains enfants d'une santé plus fragile que d'autres, il peut s'agir là d'une contre-indication à la crèche collective.

La crèche parentale

Bien organisée, elle présente les mêmes avantages et les mêmes inconvénients que les autres crèches.

Structure plus petite, avec moins d'enfants, elle est plus familiale et conviviale que la crèche collective municipale. Elle s'appuie souvent sur un projet éducatif et pédagogique auquel chaque parent adhère. Elle requiert également une participation hebdomadaire des parents au fonctionnement de la crèche, donc exige une vraie disponibilité et une implication très supérieure à ce qu'elle est dans les autres modes de garde.

Les familles qui ont expérimenté ce mode de garde sont souvent enthousiastes.

La crèche collective d'entreprise

Les crèches d'entreprise sont généralement de très bonne qualité. Comme salarié, vous êtes pratiquement assuré d'y trouver une place pour votre bébé, et ses horaires suivent les vôtres. Cela est précieux dans les emplois hospitaliers, par exemple, ou bien dans tout emploi où les parents peuvent être appelés à travailler de nuit ou simplement hors des horaires des crèches habituels.

L'inconvénient pour le bébé risque d'être, dans certains cas, la durée des transports qui lui sera imposée, la même que la vôtre. Dans un lit ou un siège-auto, le bébé dérangé dans son sommeil peut espérer se rendormir. Mais dans le bus ou le métro ? L'autre inconvénient, pour le parent cette fois-ci, est que, s'il change d'emploi ou de lieu de travail, il perd sa place en crèche.

Et la grand-mère ?

Quand cette solution est possible, elle est bien sûr fort pratique, économique et affectivement très enrichissante pour le bébé.

Un inconvénient peut venir des liens qui unissent la mère du bébé à sa propre mère ou à sa belle-mère, selon les cas. Tout conflit latent ou larvé sera mal vécu par l'enfant.

Attention :

- *aux confusions et aux débordements ;*
- *à se mettre bien d'accord sur les règles éducatives appliquées à l'enfant ;*
- *à ne pas trop se reposer sur la grand-mère ou le grand-père : ce sont les parents qui doivent rester les parents, et donc récupérer leur enfant le soir et le week-end. C'est à eux qu'il revient de donner le bain, d'emmener l'enfant chez le médecin, etc.*

38 Quels sont les avantages et inconvénients de *l'assistante maternelle* ?

« L'assistante maternelle qui garde Pablo est presque devenue une amie. Il n'est pas rare que nous papotions en buvant un café lorsque je vais chercher mon petit en fin de journée… À la plus grande joie de Pablo, qui en profite pour faire le fou ! » Une maman.

Il est difficile de parler des assistantes maternelles en général tant des différences importantes peuvent exister de l'une à l'autre. Il s'agit là aussi bien d'un avantage que d'un inconvénient. D'un côté vous n'êtes pas assuré d'une pratique pédagogique suivie ou particulière. Et d'un autre, en prenant le temps de chercher, vous pouvez trouver la personne qui vous convient vraiment.

Les avantages

• L'enfant est dans un milieu familial, dans un véritable foyer. Cela le met dans un univers plus « vrai » que celui de la collectivité, plus varié. L'enfant est mêlé à un univers adulte et à des objets du quotidien, ce qui, en soi, est plus enrichissant et plus riche d'expériences qu'un univers spécifiquement « bébé ». L'enfant va au square, au marché ou dans les magasins, il va chercher les plus grands à la sortie de l'école : il découvre la vie réelle.

• L'enfant est mêlé également à des personnes d'âges variés : les bébés gardés par l'assistante, ses propres enfants et les autres membres de sa famille vivant au foyer. Cela permet des relations différentes et des possibilités d'imitation variées. Les petits sont toujours heureux de jouer avec des enfants plus grands, lesquels apprennent aussi beaucoup au contact des bébés.

• L'assistante qui ne garde qu'un ou deux jeunes enfants est bien plus à même de les connaître en profondeur et de respecter leurs besoins et leurs rythmes. Le bébé peut être réellement « materné », ce dont il a grand besoin, et vivre dans une tranquillité, ce qui est impossible en collectivité. La relation à l'adulte est suivie, individualisée, affectueuse et permanente, ce qui est un bon stimulant pour le développement affectif et intellectuel.

• Les horaires de l'assistante maternelle sont plus souples que ceux de la crèche. Vous vous mettez d'accord avec elle, lors de la signature du contrat, sur les heures d'arrivée et de départ de l'enfant. Si elles sont acceptées et si vous vous y tenez, tout se passera bien. Certaines assistantes acceptent une garde de nuit ou du samedi matin pour les professions qui l'imposent.

• En cas de petites maladies, si fréquentes les premières années, il est possible de déposer malgré tout son enfant chez l'assistante maternelle, sachant que l'on prendra soin de lui, que l'on adaptera les activités et les sorties à son état et qu'il pourra se reposer autant qu'il le désire.

• L'assistante maternelle accepte parfois de continuer à recevoir l'enfant après son entrée à l'école maternelle, soit pour le déjeuner, soit après la classe, soit même à mi-temps pendant les premiers temps. Cela permet une grande souplesse aux parents, protège l'enfant de trop grandes journées passées en collectivité et assure en douceur la continuité d'un lien affectif important pour l'enfant.

Mais les inconvénients existent aussi...

• Certaines mères supportent mal la force de l'attachement qui unit leur enfant à son assistante maternelle et se placent en position de rejet, de jalousie ou de rivalité. Si ces choses-là ne sont pas exprimées, elles peuvent déboucher sur des malentendus douloureux et une difficulté pour l'enfant d'arriver à se situer.

• Il est impossible aux parents de sélectionner leur assistante maternelle en toute connaissance de cause, comme de savoir précisément ce qui se passe chez elle et ce que vit l'enfant durant la journée. Il y a une obligation de confiance, ce qui décourage parfois les parents anxieux.

• Les changements d'assistante maternelle, soit temporaires (ses vacances ne correspondent pas aux vôtres), soit définitifs, sont toujours vécus douloureusement par l'enfant.

• La place et l'équipement en jouets sont parfois limités. Les qualités affectives et éducatives de l'assistante seront alors déterminantes pour le développement de l'enfant.

Finalement, avec une assistante maternelle, c'est la qualité du premier contact qui sera décisive. Fiez-vous à ce que vous ressentez de la personne et de son environnement, interrogez des parents dont elle a déjà gardé les enfants et, si tout cela est positif, faites-lui confiance !

Les bonnes questions à poser pour choisir une assistante maternelle

• Est-elle agréée ?

• Combien d'enfants garde-t-elle ?

• Où l'enfant dormira-t-il et où aura-t-il le droit de jouer ? Quel espace est prévu pour lui ? Quelles pièces lui sont interdites ?

• Quelles sont les activités proposées à l'enfant ? De quels jeux dispose l'assistante maternelle ? Sort-elle l'enfant tous les jours ? Y a-t-il un espace vert à proximité ?

• Quelle est la place de la télévision dans la journée ?

• Quels sont ses principes éducatifs ? Que fait-elle si l'enfant refuse de manger ? À quel âge le met-elle sur le pot ?

• A-t-elle des enfants ? Quel âge ont-ils ?

• A-t-elle des animaux domestiques ?

La crèche familiale

On nomme ainsi le regroupement d'assistantes maternelles agréées au sein d'une structure commune. Les enfants sont gardés au domicile de l'assistante maternelle, mais le personnel de la crèche (généralement une directrice puéricultrice et une éducatrice de jeunes enfants) veille au bon développement des enfants qui lui sont confiés et intervient dans toutes les étapes des relations entre les parents et les assistantes maternelles.

Une fois par semaine, pendant quelques heures, l'assistante maternelle se rend dans les locaux de la crèche avec les enfants dont elle a la charge. Cela permet un début de socialisation pour les enfants. C'est aussi l'occasion d'autres activités, avec l'éducatrice de la crèche.

La formation obligatoire des assistantes maternelles

Toutes les assistantes maternelles agréées sont tenues d'effectuer une formation professionnelle d'une durée de soixante heures, dans les cinq ans qui suivent leur agrément. Cette formation est organisée par le conseil général du département et les services de PMI.

Beaucoup sont maintenant réunies au sein d'un RAM (Relais Assistantes Maternelles), tenu par une puéricultrice ou une éducatrice, qui les met en lien avec les parents et veille aux bonnes relations entre tous les intervenants.

39 Comment adapter bébé à ***son mode de garde*** ?

Vous avez fait tout ce qu'il fallait, suivi le parcours du combattant, et cette fois, ça y est : vous avez une place en crèche pour votre bébé. Ou vous avez trouvé l'assistante maternelle en or. Reste le plus dur affectivement : se séparer de bébé tous les matins.

Vous êtes rassurée sur l'essentiel : bébé sera bien pris en charge à la date de votre reprise d'activité, par des professionnels formés à l'accueil des tout-petits, dans un cadre agréable. Cette légitime satisfaction est vite suivie d'une inquiétude : « Mon enfant ne va-t-il pas souffrir de cette séparation ? Sera-t-il heureux ? » Certainement oui, avec un peu de temps et quelques conseils simples.

Tenir compte de l'âge de bébé

L'âge de la séparation est important.

• Entre quatre et sept mois, l'enfant est sensible à l'absence de sa mère, qu'il considère encore comme partie intégrante de lui-même, mais son départ ne suscite pas d'inquiétudes particulières. L'attention doit porter sur la douceur de l'habituation et sur la nécessité de renouer chaque soir une relation complice et privilégiée.

• Vers huit ou neuf mois, le bébé traverse une période d'angoisse de séparation : il s'agrippe à sa mère. Toute séparation qui commence à cet âge doit se faire avec une attention et une réassurance toutes particulières.

• À partir de un an, l'enfant sait que ses parents vont revenir le chercher le soir : il est donc moins inquiet, mais toujours apte à manifester son désaccord.

Se préparer à la séparation

Une séparation, cela se prépare. **Il est préférable que la maman qui allaite évite de sevrer son bébé dans les jours qui précèdent l'entrée à la crèche ou chez l'assistante maternelle**. Perdre le sein, la maison et maman à la fois rendrait les choses beaucoup plus difficiles. Même en se donnant deux semaines pour introduire les biberons, il est toujours possible de garder deux tétées matin et soir pendant encore quelque temps.

Il n'est pas souhaitable non plus que l'entrée à la crèche soit la première séparation du bébé et de sa maman. L'adaptation sera plus facile pour celui qui aura déjà été séparé de sa mère que pour celui qui sort d'un tendre tête-à-tête… Faire garder son bébé une heure ou un après-midi de temps en temps, par une grand-mère ou une baby-sitter de confiance, habitue l'enfant aux départs suivis de retours.

Et votre conjoint ? Le laissez-vous prendre des initiatives lorsque vous quittez la maison ? Avez-vous confiance dans son aptitude à materner, ou bien préférez-vous avoir l'œil sur tout ? **Il va falloir apprendre à déléguer**…

La douceur de l'adaptation

À quatre ou cinq mois, l'enfant n'a ni les moyens de comprendre sa nouvelle situation, ni ceux d'exprimer sa détresse. D'où la nécessité de l'adapter très progressivement à sa nouvelle vie. Chaque crèche, chaque assistante, a ses habitudes, qui sont expliquées aux parents. Une à deux semaines sont généralement nécessaires pour l'adaptation. Cela implique de prendre du temps pour rester avec son bébé, pendant quelques jours, le temps pour lui d'élaborer des repères et de se familiariser. Puis de le laisser seul très progressivement, d'abord une heure, puis pour un repas, etc.

Les premiers temps de la séparation, le bébé fera des petites journées. Peu à peu, il apprendra à s'y retrouver dans deux cadres de vie et parmi les personnes qui prendront soin de lui.

Pour que bébé ne se sente pas perdu

Protéger la sécurité intérieure du bébé reste l'élément essentiel qui fera qu'il ne souffrira pas de ces séparations quotidiennes. Cela se fait par petites touches :

• Le jeune bébé est sensible aux odeurs : glisser dans son petit lit un foulard que sa maman a porté quelques jours lui rappellera sa présence.

• Emporter quelques jouets, hochets ou peluches auxquels il est habitué aidera l'enfant à faire le lien entre son mode de garde et la maison.

• Ce lien sera encore renforcé si les parents prennent un petit temps, matin et soir, pour échanger avec le personnel les menues informations qui font le quotidien et le bien-être de l'enfant.

• Savoir dire au revoir à son bébé, après un petit câlin, tranquillement mais sans traîner, fait partie des signes qui le rassurent vraiment. Il ne faut pas oublier que **l'anxiété du bébé fait souvent écho à celle de ses parents** !

• La plupart des enfants sont heureux là où ils sont gardés. Très vite, le vôtre s'y rendra avec joie. Surtout si vous n'oubliez jamais que le temps qu'il vous reste à passer ensemble doit être du temps disponible et de qualité. Alors laissez tomber l'aspirateur ou les soucis professionnels, détendez-vous, et **faites du temps partagé avec votre enfant de riches moments d'échange et d'amour**.

Respecter ses petites habitudes

En prévision du premier jour de crèche, préparez une liste destinée à son auxiliaire de référence. Vous y noterez tout ce qu'il est, à votre avis, important de savoir concernant le bien-être de votre bébé :

- Ses habitudes de sommeil (position, durée, etc.) ;
- Ses habitudes de repas (heures, quantité, etc.) ;
- Ses rythmes, ses joies, ses déplaisirs, son caractère ;
- Ses petits troubles, ses fragilités, ses maladies.

L'auxiliaire sera heureuse d'avoir toutes ces informations par écrit et elle pourra s'en servir pour mieux adapter votre bébé. En effet, les efforts des premiers jours consistent à atténuer le plus possible l'inquiétude de l'enfant liée au changement de milieu, en tenant compte au maximum de ses habitudes à la maison.

Mettre des mots sur l'expérience

Il est important de mettre des mots sur ce qui se passe et de s'en expliquer calmement, clairement et à plusieurs reprises avec l'enfant, quel que soit son âge. **Le pire pour l'enfant serait d'être déposé, un matin, sans explications**. Comme chaque fois que l'enfant se trouve confronté à une épreuve ou à une situation qu'il ne connaît pas encore, il convient de lui en parler, même si l'on ne croit pas qu'il puisse tout comprendre. Il faut lui parler de l'auxiliaire de puériculture qui s'occupera de lui, lui présenter les autres personnes qu'il verra chaque jour, lui faire visiter les lieux en les nommant, etc. Expliquer les choses de cette façon, en présence de l'auxiliaire, aide à les rendre supportables. **Le bébé se sent capable, et autorisé, à aller vers le monde et à nouer des liens affectifs hors de sa famille**.

40 Sortir et partir tranquille, comment confier son bébé à *un(e) baby-sitter* ?

« Quand Adyl a eu deux mois, nous avons éprouvé le besoin, ma femme et moi, de nous retrouver pour une petite soirée en tête à tête à l'extérieur de la maison. Pas facile, mais ô combien précieux ! » Un jeune papa.

Tous les parents sont un jour confrontés à la nécessité de faire garder leur bébé ou leur enfant par une (ou un) baby-sitter. Obligations professionnelles ou sorties en amoureux, les occasions ne manquent pas. Pour ne pas être pris au dépourvu, il est souhaitable de toujours avoir sous la main une liste régulièrement mise à jour de jeunes gens ou de jeunes filles en qui vous avez toute confiance et qui peuvent vous dépanner. Voyons comment s'y prendre pour laisser son enfant le cœur tranquille et sans inquiétudes excessives.

Choisir le baby-sitter

• Quelqu'un que vous connaissez déjà est toujours préférable : pensez aux grands enfants de vos amis et voisins, aux jeunes filles qui travaillent à la crèche, aux étudiants de votre immeuble, etc.

• Le bouche-à-oreille est un très bon moyen pour trouver une personne de confiance, quelqu'un qui vous sera chaudement recommandé par un « employeur » précédent. Livrez-vous à une enquête de voisinage.

• Si vous employez un baby-sitter inconnu, demandez-lui de passer vous voir dans les jours précédant votre sortie afin de faire sa connaissance et de voir comment il se comporte avec votre enfant.

• Dans votre choix, n'oubliez pas que le bon sens, la maturité et la gentillesse comptent autant que l'expérience.

• Essayez d'employer chaque fois le même baby-sitter : votre enfant s'habituera à sa présence. Mais prévoyez toujours une ou deux autres personnes à appeler en cas d'indisponibilité !

Organiser son absence

• Achetez un **petit carnet à usage des baby-sitters**, que vous garderez en permanence près du téléphone. Vous y noterez toutes les choses importantes à savoir. **Les consignes écrites sont toujours plus sûres que celles débitées rapidement dans le stress du départ**.

• Préparez très à l'avance tout ce dont le baby-sitter aura besoin : biberon, lait, couches, crème, pyjama, petit livre, etc.

• Demandez-lui d'arriver un quart d'heure avant votre départ afin de pouvoir vous expliquer calmement et sans précipitation.

• Mettez votre nouveau baby-sitter à l'aise en lui faisant visiter les pièces principales de la maison, en lui expliquant le fonctionnement du téléviseur, etc.

Se séparer sans drame

• Votre enfant ne pleurera pas à votre départ si vous cachez une petite surprise dans la maison, qu'il n'aura le droit de chercher qu'après que vous êtes sortis. Mais n'oubliez pas de mettre le baby-sitter dans la confidence !

• Cet objet mis de côté à cette intention (un petit jouet ou une babiole suffisent), vous pouvez aussi le faire offrir par le baby-sitter, qui sera ainsi mieux accepté.

• Préparez un petit menu spécial que l'enfant aime particulièrement et qu'il partagera avec le baby-sitter. Manger ensemble crée des liens !

• Vous pouvez aussi autoriser l'enfant, exceptionnellement ce soir-là, à regarder un nouveau dessin animé avant de se mettre au lit.

• Ne partez surtout pas quand votre enfant dort ou qu'il a le dos tourné. Expliquez-lui plutôt, quel que soit son âge, que vous sortez le temps du dîner et que vous allez revenir lorsqu'il dormira. Quelle que soit la réaction de l'enfant à l'annonce de votre départ, même s'il pleure ou proteste, cela vaudra toujours mieux que de ne pas l'informer.

• Votre enfant a un peu de mal à se séparer de vous ? En lui disant au revoir, faites-lui « un baiser qui marque ». Mettez du rouge à lèvres et déposez un gros baiser sur le dos de sa main. Il sera content et amusé par cette trace de votre bouche qu'il peut garder. Autre idée : déposez une goutte de votre parfum au creux de son poignet.

Cela fait, vous pouvez partir en toute quiétude.

Un dernier conseil : allez où vous avez dit que vous seriez, prévenez le baby-sitter d'un changement de programme et rentrez à l'heure dite. Bonne soirée !

Savoir se séparer

Certains parents ont beaucoup de mal à confier leur bébé à un baby-sitter, ou se sentent coupables lorsqu'ils sont obligés de le faire. Il est vrai que les petits ont besoin de leurs parents et d'une continuité dans les soins. Vrai aussi qu'un enfant, gardé toute la semaine, a plaisir à retrouver ses parents le soir et le week-end. Aussi, il est inutile de se forcer à confier son petit si l'on sent que le moment n'est pas venu ou que la confiance n'est pas là.

Mais les enfants ont également besoin de sentir que leurs parents ont une vie en dehors d'eux, des amis, des sorties. Besoin de sentir qu'ils s'aiment et que la relation qui les lie est forte. **Que les parents se ménagent des moments d'intimité, hors du foyer, est une bonne chose**.

L'enfant à sa « juste » place ne prend pas « toute » la place.

Le petit carnet indispensable

Dans la première partie, inscrivez :

- *les habitudes de votre enfant ;*
- *ses peurs et ses petits plaisirs ;*
- *ses jeux préférés ;*
- *le déroulement du rituel du soir ;*
- *s'il suit un traitement, etc.*

Sur les pages suivantes, inscrivez les numéros de téléphone :

- *de vos portables ;*
- *du médecin habituel ;*
- *du service médical d'urgence ;*
- *des pompiers ;*
- *des proches voisins.*

En fin de carnet, écrivez :

- *la date du jour ;*
- *votre heure approximative de retour.*

41 Les bébés d'aujourd'hui *sont-ils plus intelligents* ?

Les bébés seraient, de l'avis de tous
- les chercheurs comme les grands-mères -
bien plus éveillés et plus précoces
que les bébés d'autrefois.

On pourrait croire tout d'abord que ce ne sont pas les bébés qui ont changé, mais le regard que l'on porte sur eux. Beaucoup plus attentifs et concernés par leur premier développement, nous prêtons intérêt à des détails d'attitude qui seraient autrement passés inaperçus. Mais la vérité est plus complexe que cela.

Leur environnement a changé

On sait depuis longtemps maintenant que le milieu, l'environnement et l'attitude de ceux qui l'entourent ont une influence importante sur le développement du bébé. Or, tous ces éléments ont beaucoup changé au cours de ces dernières décennies. Du fait de l'augmentation du niveau de vie et de la généralisation de la contraception, les femmes ont moins d'enfants et davantage les moyens de s'en occuper. **Les conditions matérielles et psychologiques se sont donc grandement améliorées, ce qui a eu des répercussions sur le développement des enfants.**

La manière de s'en occuper également

Les conseils de puériculture, ainsi que la manière de s'occuper des bébés, ont beaucoup évolué. Il n'existe plus de bébés emmaillotés entièrement et confinés dans leurs berceaux pendant de longues heures d'éveil, sans autre source de stimulation qu'un rayon de soleil qui décline sur le mur. Les bébés d'aujourd'hui sont en grenouillères et souvent allongés sur le sol. Cette plus grande liberté de mouvements a incontestablement permis des progrès psychomoteurs importants.

On constate que les jeunes enfants « entraînés » par de nombreux jeux de psychomotricité ont une avance corporelle sur les autres… qui les rattraperont évidemment quelques mois plus tard.

Un entourage plus stimulant

On sait désormais que nos bébés nous comprennent, aussi nous leur parlons dès la naissance. Nous leur faisons part de nos idées, de nos émotions, de nos projets ; nous les interrogeons. Si bien que les enfants d'aujourd'hui, globalement, parlent mieux et plus tôt que les enfants d'autrefois. Et alors, me direz-vous ? Il semblerait que l'accès au langage permette un meilleur accès à des concepts un peu complexes, parce qu'abstraits. **Parler serait une bonne manière d'entraîner son cerveau pour passer à des niveaux supérieurs de réflexion**. Gardons-nous de toute généralisation : beaucoup de gens brillants ont parlé tard, et rien ne prouve jusqu'à présent que les enfants ne se rattrapent pas finalement au bout de quelques années.

Dès la naissance, nos bébés ont à leur disposition des hochets, des mobiles, des jouets, qui jouent un rôle de stimulants évident. Ils sont aussi souvent entourés d'autres bébés et ils apprennent les uns des autres. À la crèche, il y en a toujours un qui a une idée, que les autres reprennent. Ils s'observent, s'imitent, s'initient. À la maison, les parents ont tous admis l'idée que la curiosité n'est pas un défaut : on laisse le petit enfant explorer et faire ses expériences. À tous ses « pourquoi ? », on tente de trouver une réponse. Enfin, ce que les chercheurs ont découvert sur les compétences des bébés a modifié profondément notre regard, ce sont **nos attitudes éducatives**.

Plus éveillés, oui. Mais plus intelligents ?

Les bébés d'aujourd'hui paraissent être effectivement plus éveillés que ceux d'autrefois, et plus précoces. Mais éveil et précocité ne sont pas synonymes d'intelligence. Les bébés d'autrefois, langés et confinés, sont finalement devenus des hommes et des femmes tout aussi intelligents que ceux d'aujourd'hui. C'est que l'intelligence ne se laisse pas si facilement définir ou manipuler. Elle n'est pas une mais multiple : au-delà de l'intelligence logique, verbale ou physique, il y a aussi l'intelligence des autres ou de soi-même, l'intelligence du cœur. Ces dernières demandent autre chose que des tableaux d'éveil pour se développer.

Nos enfants apprennent plus de choses. Par la télévision notamment, ils sont, très jeunes, « au courant de tout ». Mais, nous dit le généticien Albert Jacquart, « trop de savoir tue le savoir ». Car ce qui compte, ce n'est pas la somme des connaissances emmagasinées, mais la manière dont elles sont analysées et organisées. **Les enfants d'aujourd'hui ont des connaissances que nous n'avions pas à leur âge**, c'est évident, **mais d'autres savoirs se sont perdus**, liés à la connaissance de la terre et de la nature, aux réalités humaines et matérielles, et bien malin qui sait si nous avons gagné au change.

Alors, enfants plus éveillés ? Oui, cela se constate tous les jours. Mais plus intelligents, ou plus à même demain de faire tourner le monde, personne ne pourrait l'affirmer.

Pour jouer, posez-le à plat ventre

Les bébés que l'on couche sur le dos pour des raisons de sécurité se montrent souvent réticents à être posés sur le ventre, alors qu'il s'agit d'une position plus intéressante lorsque le bébé est éveillé. Vers trois mois, lorsque le bébé tient bien sa tête, il peut commencer à rester quelques minutes dans la position ventrale. L'enfant voit les jouets posés autour de lui, ce qui n'est pas le cas lorsqu'il est sur le dos avec une vue imprenable… sur le plafond. Pour l'inciter à se tenir sur les avant-bras et à tonifier les muscles de son cou, vous pouvez, alors qu'il est allongé sur le sol :

- *secouer un hochet juste au-dessus de sa tête ;*
- *vous allonger aussi sur le sol et lui parler en face-à-face ;*
- *lui tendre un objet.*

Certains bébés détestent la position ventrale. Si c'est le cas du vôtre, inutile d'insister. Mieux vaut y revenir un peu plus tard, ou attendre qu'il soit capable de s'y mettre de lui-même, en se retournant.

42 Pour ou contre les ***apprentissages précoces*** ?

Tous les parents aiment leur bébé... Et tous veulent ce qu'il y a de mieux pour lui : lui donner les meilleures cartes pour réussir dans la vie, lui permettre un bon démarrage dans une société dure et compétitive. Mais est-ce faire son bonheur ?

Les découvertes nombreuses sur les compétences des bébés et leur merveilleuse aptitude à apprendre ont donné des idées à un certain nombre de gens, parents ou professionnels, soucieux que les bébés ne perdent pas ce temps précieux. L'idée qui sous-tend toutes ces activités est la suivante : plus le bébé sera stimulé et plus ces apprentissages seront précoces, plus l'enfant sera intelligent et bien armé dans l'existence.

Cette idée a conduit certains à proposer aux parents des méthodes d'apprentissages précoces à appliquer à leur bébé. À six mois, on lui apprend du vocabulaire sur des planches illustrées ; à un an, on lui apprend à lire ; à deux ans, il commence le violon et une première langue étrangère, etc. **Ces méthodes nient tout ce qui fait le désir, le plaisir et l'individualité de l'enfant**. Les résultats, à court comme à long terme, ne sont pas ceux attendus. Seules les performances extraordinaires atteintes par certains sont mises en avant... non les dégâts que cela entraîne.

Nos enfants ont du génie

Une théorie qui cherche à nous convaincre que nos bébés ont tous du génie est évidemment tentante. Quel parent ne souhaiterait y croire et essayer ? D'autant que l'on nous persuade que cette période de grande réceptivité aux apprentissages est brève : si on ne démarre pas très tôt, c'est fichu, définitivement !

Celui qui aurait raté son départ dans la vie pour cause d'impondérables n'aurait aucune chance de se rattraper. Ce que l'on disait sur le plan psychologique, certains l'affirment maintenant sur le plan intellectuel et justifient ainsi toutes les dérives.

Tout n'est pas joué à six ans

L'enfant, à sa naissance, a tout à construire. On comprend aisément que les premiers mois et les premières années, traçant les premières marques et les premiers souvenirs dans le cerveau de l'enfant, sont déterminants. Cette première période a un lien avec les étapes suivantes. Mais pour autant, rien n'est joué.

Même si le développement est un processus continu, où chaque étape a une influence sur les suivantes, ce déroulement n'est pas immuable. Une souplesse importante des processus laisse « du jeu » dans les mécanismes pendant de très longues années.

Si un train est manqué, un autre passera. L'enfant ne perd pas ses capacités en quelques mois : c'est sa façon d'apprendre qui évolue. Lui apprendre à un an ce qu'il apprendra tout simplement à trois ans, c'est non seulement ne pas respecter son rythme, mais encore l'empêcher de vivre ce qu'il doit vivre à un an.

Chaque étape est importante. Pour que l'édifice de l'être humain soit solide, **il faut que la structure ait été construite sur des bases solides, acquises au moment où elles devaient l'être**.

Des apprentissages contraints : pour quelle efficacité ?

Comme le dit Hubert Montagner[1], « il ne faut pas essayer de transformer le tout-petit en singe savant. L'important, c'est que l'enfant découvre ses capacités et qu'il les fasse découvrir à ses parents. »

La société a développé ces dernières années le culte de l'enfant parfait, de l'enfant que l'on stimule par crainte de l'échec et des difficultés de l'avenir. L'enfant idéal aujourd'hui, c'est celui qui est performant, précoce, qui apprend et **rassure ainsi ses parents angoissés**.

Si encore on pouvait avancer que les apprentissages précoces rendent effectivement et durablement l'enfant plus performant... et finalement plus intelligent et plus heureux que ses camarades, élevés « naturellement » Mais c'est faux.

Le trop est l'ennemi du bien

Tous les experts qui se sont sérieusement penchés sur la question ont à cœur de calmer les parents qui auraient tendance à surstimuler leur bébé et à rassurer les autres. Il est vrai que le bébé a besoin de certaines stimulations pour développer correctement ses capacités, apprendre à parler ou à empiler ses cubes. Mais ces stimulations, tout bébé élevé dans une famille normale les reçoit. On n'a jamais mis en évidence que certains jeux ou activités spécifiques accéléraient de façon significative les acquisitions et mettaient les bébés en bonne voie pour réussir le bac avec mention.

Il semble bien, dans le domaine de l'éveil des bébés comme dans d'autres, que le mieux soit l'ennemi du bien. **Tenter de faire un enfant plus précoce et plus doué n'est sûrement pas la même chose que tenter d'en faire un enfant heureux**.

1. Hubert Montagner, ancien directeur du laboratoire de psychophysiologie de la Faculté des sciences de Besançon et spécialiste reconnu des rythmes biopsychologiques des enfants.

Développements affectif et intellectuel sont liés

Finalement, il semblerait bien que la meilleure manière d'aider l'enfant dans son évolution, c'est de lui donner de la tendresse, de lui parler et d'enrichir de manières diverses son environnement.

Tout ce que l'on peut partager, les petits jeux, les petits exercices d'éveil que l'on fait ensemble, aident et stimulent l'enfant. Mais ils sont là pour encourager un plaisir commun et une découverte de la vie, non pour des visées de rentabilité.

Toutes les découvertes récentes insistent sur le fait que **le développement intellectuel est intimement lié au développement affectif et au climat dans lequel vit l'enfant**. L'affection durable est prioritaire, c'est elle le socle sur lequel l'enfant va épanouir ses merveilleuses compétences.

Les bébés sont spontanément plus précoces qu'on ne le pensait

La connaissance du lien de cause à effet, par exemple, est à la base de toute action volontaire sur son environnement et de toute fonction logique (« Si je fais ceci, il se passe cela »). On a longtemps pensé qu'il ne pouvait intervenir avant cinq mois, lorsque le bébé a une action volontaire sur les objets. Certains chercheurs en identifient l'ébauche bien plus tôt. En effet, avant d'avoir une action sur les objets, le bébé en a une sur les personnes. « Je crie… on vient. » Manipuler papa et maman, n'est-ce pas déjà une façon d'apprendre le lien de cause à effet ?

43 Pourquoi tous les enfants n'évoluent-ils pas *au même rythme* ?

Les mamans parlent entre elles et comparent leurs enfants. « Comment ? Votre fils a quinze mois et ne marche pas encore ? Le mien galopait déjà à un an ! » Eh oui, chacun son style, chacun son rythme…

Inquiétude d'un côté, fierté de l'autre, aussi mal venues l'une que l'autre. Puis c'est la belle-mère qui glisse que ses enfants, eux, « étaient tous propres à l'âge de dix-huit mois ». À la crèche, au square, les occasions sont nombreuses de regarder où en sont les autres bambins.

Que faut-il penser des écarts que l'on constate ?

Les causes de ces écarts sont nombreuses, à tel point que c'est l'uniformité de développement qui serait étonnante.

• Nous avons tous des gènes différents. **Même au sein de la famille, tous les enfants ne sont pas identiques**. On trouve normal que l'un soit plus petit ou plus brun, alors pourquoi pas qu'il marche plus tard ? De plus, toute famille a sa culture et favorise plus ou moins certaines acquisitions : les enfants « d'intellectuels » auront tendance à parler plus tôt, parce que les mots sont très valorisés dans leur environnement. Si papa est peintre ou si maman est informaticienne, c'est probablement dans ces domaines-là que l'enfant distancera ses camarades.

• Toute nouvelle acquisition demande à l'enfant un investissement important. S'il est occupé à apprendre à se tenir debout, il ne l'est pas à manger proprement. S'il apprend le tricycle, il ne soucie peut-être pas d'être propre. **Tous apprendront tout, mais certainement pas dans le même ordre.**

• D'un apprentissage, on ne voit que le résultat final. Or, celui-ci a souvent demandé des mois de préparation intérieure : il couvait à bas bruits. Soyons respectueux de ce travail souterrain et faisons confiance à nos enfants. Certains manifestent très tôt qu'ils commencent à savoir, quand d'autres attendent d'être fin prêts avant de partager leurs exploits.

• Les petits apprennent dans tous les domaines en même temps : relationnel, intellectuel, moteur, psychologique, etc. **Ils ne peuvent être aussi performants partout et à toute vitesse** ! Tous progressent à leur façon : laissons-leur du temps. **Chaque acquisition a besoin d'être solidement établie avant que la suivante ne s'installe**. Comme dans toute construction, les fondations ont une importance déterminante pour la suite des événements !

Les petits retards ou les avances ne prédisent rien quant à l'avenir

Ce n'est pas parce que Safia a marché à dix mois qu'elle fera une bonne marcheuse, ni parce que Louis fait son puzzle à dix-huit mois qu'il deviendra un grand architecte. Les petites avances ne sont pas prédictives du génie, ni les petits retards d'une quelconque anomalie. Pour mémoire, rappelez-vous qu'Einstein n'a parlé qu'à quatre ans !

En général, vers cinq ou six ans, tous les enfants courent, racontent des histoires, ont abandonné les couches et dessinent des bonshommes… Ils se sont tous rattrapés.

Alors pourquoi tant s'inquiéter ?

Nous évoluons dans une société très compétitive. Chacun sent bien qu'il lui faut être efficace, compétent, rapide, sous peine de se retrouver tout seul sur le bord de la route. D'un enfant précoce, on se dit qu'il prend une longueur d'avance, que c'est bon signe.

C'est oublier que **le respect du rythme de l'enfant est le meilleur gage de son équilibre et de sa réussite ultérieure**. C'est à chacun de nous de résister et de protéger les petits enfants de cette pression, source d'angoisse et de sentiment d'échec. Ils auront bien le temps d'entrer en compétition ! Pour le moment, ils sont uniques, et c'est là leur principale richesse.

Quelle est la bonne attitude ?

Les enfants sont tellement différents que **comparer, c'est forcément se tromper**. On compare selon un unique critère, alors que la seule comparaison valable, mais impossible, est celle qui tiendrait compte de tout à la fois.

Tous les enfants sont différents et les grandes variations que l'on constate entre eux sont normales. Vous avez un doute ? Parlez-en à votre médecin. Presque toujours, il vous conseillera de patienter tranquillement. Votre enfant ira vers sa prochaine acquisition à son rythme propre, comme il en aura « décidé ». **Toute insistance risque de le bloquer inutilement**. La croissance des enfants est progressive. Il n'y a rien à réglementer autoritairement, sauf à prendre le risque de blesser l'enfant, en lui faisant sentir si jeune qu'il inquiète ou déçoit déjà ses parents.

Chaque étape a ses joies et ses désagréments. Profitez bien de celle qui est là : elle ne reviendra jamais !

En avance ou en retard selon quels critères ?

On juge toujours l'avancée d'un enfant sur les mêmes critères visibles : il marche, il ne porte plus de couches, il prononce ses premiers mots, etc. En réalité, ces comportements ne sont que la conséquence de progrès intérieurs plus fondamentaux, mais aussi plus discrets. Être propre, par exemple, signifie avoir une certaine maturité sphinctérienne, comprendre ce que les adultes attendent, avoir conscience des processus internes de son propre corps, etc. Toutes choses qui ne se voient pas directement.

Ajoutons certaines acquisitions très importantes dont on parle peu. Entre autres, la capacité à nouer des liens avec des étrangers, à jouer un petit moment tout seul ou à supporter quelques frustrations. Elles sont aussi importantes que la marche, mais, à tort, nettement moins valorisées.

L'enfant « normal »

Ne confondez pas l'enfant « moyen » (celui dont on parle dans les livres) et l'enfant « normal » (c'est-à-dire l'enfant réel). Si un an est un âge moyen pour la marche (on dit alors que « l'enfant moyen marche à un an »), il est tout aussi « normal » de marcher à neuf mois ou à seize. L'âge moyen d'une acquisition est calculé comme une moyenne : ce qui signifie que la moitié des enfants « normaux » acquièrent cette compétence plus tôt et l'autre moitié plus tard.

On peut donc tout aussi bien dire que « l'enfant moyen » n'existe pas. Il est juste une construction pratique lorsque l'on veut généraliser. Mais, en réalité, seul chaque enfant pris individuellement compte réellement. Les « enfants normaux », ce sont les enfants de tous les jours, dans leur diversité et leur richesse.

44 Quels jouets pour quel âge ? *De la naissance à trois ans.*

Chaque année, la question revient :
« Mon enfant a tel âge, quels jouets puis-je lui offrir ? »

Choisir un jouet intéressant, drôle, solide, qui fera de l'usage... Un vrai casse-tête !

À l'approche des fêtes de fin d'année, les vitrines et les journaux regorgent de jouets, tous plus attirants les uns que les autres. Grosses peluches toutes douces, tableaux d'éveil, jouets truffés de puces électroniques de plus en plus intelligentes. Par quoi se laisser tenter ? Dans quoi investir ? Plusieurs éléments peuvent guider votre choix.

L'âge et les intérêts de votre enfant

Les tranches d'âge indiquées sur les emballages des jouets sont souvent assez larges, aussi pouvez-vous vous y fier. Un jouet pour enfants plus âgés n'accélérerait pas le développement du vôtre, mais, plus simplement, l'ennuierait.

Pourtant, le critère essentiel n'est pas l'âge, car les enfants évoluent tous différemment, mais plutôt le niveau de développement dans tel ou tel domaine : l'enfant marche-t-il ? Saurait-il faire un puzzle simple ?

Second critère : les centres d'intérêt de l'enfant. Certains petits sont plus physiques et ont besoin de se dépenser, d'autres n'aiment que les petites voitures ou adorent dessiner, etc.

Les jouets intéressants pour un enfant sont ceux qui l'intéresseront, mais aussi ceux qui vont solliciter des dimensions qu'il n'a pas encore investies, qui vont lui permettre d'explorer des nouvelles compétences.

Des jouets adaptés à chaque âge

De la naissance à six mois

Le bébé n'a pas besoin de beaucoup de stimulations et il se fatigue vite. Plutôt que de remplir sa chambre de multiples objets, mieux vaut peu de jouets, certains permanents (le petit chat en éponge, le mobile), d'autres que l'on change pour renouveler l'intérêt et la curiosité. La barre d'éveil, le tapis d'éveil, le miroir, la poupée ou l'animal en tissu (lavables en machine), sont les grands classiques de cet âge-là. Mention spéciale pour les hochets colorés et sonores, à choisir faciles à attraper, à mâchouiller et à laver.

De six mois à un an

Le bébé n'a de cesse que d'attraper, lâcher, ramasser, lancer, cogner, porter à la bouche, taper, manipuler. Il lui faut du costaud et de quoi satisfaire son insatiable curiosité (sinon, il ira s'en prendre à la chaîne hi-fi...). C'est le temps du tableau d'activités et de tous les jouets de sol : boîtes d'activité, jouets à secouer, culbutos, tous ces jouets colorés et faciles à manipuler, produisant un son ou un mouvement.

C'est aussi le temps des jouets de bain, des premiers ballons et des peluches, des petits livres en carton ou en plastique, des jouets à empiler et à emboîter, tout simples et de taille en rapport avec l'enfant. Le classique indispensable ? La boîte avec un couvercle troué, à remplir et à vider inlassablement. Investissez dans la qualité : ces jouets dureront longtemps.

Entre un et deux ans

Le bébé accède au statut de petit garçon ou de petite fille. Son intelligence est concrète : il a un besoin permanent d'explorer et d'expérimenter. Depuis qu'il marche et devient plus habile de ses mains, d'autres activités s'ouvrent à lui, comme les jouets à tirer et à pousser, les jeux d'encastrement, les jeux de construction à picots ou à plots et le matériel pour dessiner (à cet âge, crayons de cire ou gros feutres sur tableau blanc valent mieux que peinture ou crayons de couleur). Si vous optez pour les jouets musicaux, assurez-vous qu'ils sonnent juste.

Les classiques indispensables ? Le téléphone (si vous ne voulez pas qu'il prenne le vôtre) et le camion porteur et transporteur (prenez-le solide : il va beaucoup servir).

De deux à trois ans

L'enfant investit le monde de l'imaginaire. Ses inventions sont sans limites ! À lui les panoplies, les petits univers, les garages, la ferme. C'est l'âge d'investir dans une vraie poupée ou dans un baigneur dont garçon et fille aimeront s'occuper. Plus simples et résistants seront-ils, mieux l'enfant jouera avec (inutile donc de se ruiner en poupées qui parlent, accouchent ou font pipi). N'oubliez pas non plus les puzzles, les premiers jeux à règles (comme le loto), le matériel artistique (pour dessiner, coller, pétrir, décorer) et les jeux de « patouille » dans l'eau ou le sable. Des indispensables ? Les livres d'histoires. Les jeux électroniques ? Oui, s'ils incitent l'enfant à participer. Mais il n'y a pas d'urgence…

Qu'est-ce qu'un bon jouet à cet âge ?

Voici des éléments de réponse qui devraient vous aider dans votre choix.

• Un bon jouet est solide, résistant et sûr. Il sait résister au traitement parfois énergique que l'enfant lui fait subir.

• Il est multi-usage, c'est-à-dire que l'enfant peut s'en servir de nombreuses façons différentes, selon son niveau de développement et selon son humeur.

• Il dure longtemps, parce qu'il est capable d'intéresser l'enfant au minimum un an.

• Il est simple, c'est-à-dire qu'il n'imagine pas à la place de l'enfant. Il n'en fait pas trop. Il laisse l'enfant être acteur du jeu et offre simplement un support à ses initiatives.

• Il respecte les normes de sécurité, notamment celles des jouets destinés aux enfants de moins de trois ans.

Une manière de jouer toute personnelle

Un petit enfant aborde les jouets de manière instinctive et sensorielle, ingénieuse et efficace, mais pas toujours conforme au mode d'emploi. Laissez-le manipuler, sans tenter de lui enseigner autre chose. Il apprendra de lui-même à explorer les différentes possibilités du jouet. C'est ainsi qu'il développe un esprit scientifique précieux pour l'avenir.

Une idée : mettez à sa disposition, en plus de ses jouets, quelques vrais objets bien à lui :

- Un vieux téléphone ;
- Un portefeuille rempli de vieilles cartes format cartes de crédit ;
- Un sac à main rempli de « trésors » (peigne, vieux poudrier, petit miroir, stylo à bille sans mine, etc.).

45 Quels jouets pour quel âge ? *De trois à six ans.*

« Ma fille a carrément recopié le catalogue d'un grand magasin de jouets dans sa lettre au Père Noël… Comment m'y retrouver et faire des choix pertinents ? » Une maman.

La réponse n'est pas simple. D'abord, il faudrait tenir compte de chaque enfant : tous n'ont pas le même développement, ni les mêmes centres d'intérêt. Ensuite, il existe des âges charnières où l'on ne sait jamais quoi offrir : un jouet qui ne l'intéressera pas longtemps ou bien un qui ne l'intéressera pas encore. Enfin, **un enfant évolue vite**, mais à son rythme propre, **et c'est toute l'année qu'il faudrait faire évoluer les jouets qui l'entourent**, et pas seulement une fois par an.

Les sirènes de la mode et de la publicité sont là pour tenter d'influencer nos choix : faut-il se laisser tenter par la nouveauté ou s'appuyer sur les valeurs sûres ? Voici quelques pistes pour faire votre choix.

Qu'est-ce qu'un bon jouet à cet âge ?

C'est d'abord celui que vous aurez choisi en fonction de votre enfant, de ses intérêts, de sa situation et de ses désirs. À vous de faire la part entre le jouet tant désiré par votre enfant, dont vous savez qu'il fera briller ses yeux de plaisir mais pendant peu de temps, et celui que vous désirez lui offrir.

À cet âge-là, l'une des préoccupations principales de l'enfant est d'imiter l'adulte. Ainsi peut-il s'identifier et mieux comprendre le monde qui l'entoure. Un bon jouet est celui qui saura susciter longtemps le jeu de l'enfant. C'est donc un jouet simple, convivial, qui va laisser l'enfant être l'acteur du jeu et offrir le meilleur support à ses initiatives et à son imagination.

Les familles de jouets

Les différents jouets stimulent des dimensions différentes et complémentaires du développement de l'enfant : l'habileté physique, la créativité, les capacités intellectuelles, l'affectivité. Il est souhaitable qu'un enfant ait des jouets dans chacune de ces catégories afin de respecter un développement harmonieux. Nous allons donc les passer en revue.

Les jouets qui développent la motricité

Ce sont ceux qui vont mettre le corps de l'enfant en mouvement et l'aider à développer son sens de l'équilibre, son habileté physique et manuelle, ainsi que la coordination des gestes. Ils sont importants à un âge où l'enfant est sans cesse en mouvement et adore escalader, sauter, courir, pour l'aider à prendre confiance en lui.

Les meilleurs jouets moteurs sont le tricycle, le vélo, la patinette, la corde à sauter, le cerf-volant, les ballons, les quilles. Si vous avez un jardin, c'est le moment d'investir dans un portique avec des agrès. Pour l'été, tous les jeux d'eau, de plage et de sable sont les bienvenus.

Les jouets qui développent l'affectivité

Sous cette appellation, on met bien sûr les peluches et les poupées, tous ces jouets merveilleux avec lesquels l'enfant va nouer des liens privilégiés et profonds. La vraie poupée, le baigneur, les poupées mannequins et les sujets miniatures ont aussi leur place.

Ce sont aussi les jouets qui permettent d'imiter les adultes dans leurs différents rôles : déguisements, jeux de médecin ou de marchande, dînette et maison de poupée, circuits de voitures ou de trains. Sans oublier tous les « univers » pour inventer mille histoires : village, ferme, ranch, garage, hôpital, poste, école, etc.

Les jouets qui développent la créativité

Créer, c'est donner libre cours à son imagination et inventer ce qui n'existait pas, dans le plaisir de manipuler et d'expérimenter de nouvelles sensations. Les jouets dits artistiques ont ici un rôle important. Ma préférence va aux matériaux bruts : pâte à modeler, jeux de dessin et de peinture, jeux de construction, mosaïques, perles, pâte à sel ou à bougies. Sans oublier les marionnettes et les instruments de musique.

Les jouets qui développent l'intellect

Il ne s'agit pas là de jouets éducatifs, qui ont surtout la faveur des parents, mais de ceux qui vont offrir à l'enfant la possibilité de tester, expérimenter, vérifier et exercer son esprit sur des opérations intellectuelles de plus en plus complexes. Par exemple les puzzles, les jeux de construction, les mécaniques simples, les jeux de dominos ou de loto. On peut ajouter les jeux sur l'ordinateur ou la console.

Les premiers jeux de société ont aussi une dimension sociale évidente : il faut apprendre les règles afin de jouer avec les autres.

Des jouets qui développent la sociabilité

Le jeune enfant prend plaisir à jouer en groupe, avec des enfants de son âge. Aussi appréciera-t-il de recevoir des jouets qui le permettent : premiers jeux de société, jeux d'extérieurs, ballons, etc.

Avec des copains ou au sein de la fratrie, ces jeux ne sont pas de tout repos. Le respect des règles n'est pas encore acquis. Aussi l'intervention et la régulation de l'adulte seront-elles souvent nécessaires.

Déjà l'âge des jeux informatiques ou d'écran ?

La plupart d'entre eux sont très bien conçus. Il existe aujourd'hui beaucoup de logiciels destinés aux petits enfants, tous plus séduisants les uns que les autres. Vu la variété et le prix, le choix est important. Prenez le temps de comparer les jeux avant de faire votre choix, renseignez-vous auprès d'autres parents qui les ont, etc.

Mais attention à ne pas donner trop de place aux jeux informatiques. Ils sont souvent très séduisants et l'enfant y resterait volontiers plus d'une heure d'affilée. Même si l'enfant est plus actif devant un ordinateur ou une tablette que devant un téléviseur, cela reste un écran. Or, les petits ont mille choses à apprendre et à produire, au moins aussi importantes que de s'asseoir devant un écran.

Et si votre fils vous réclame une poupée ?

Offrez-la-lui sans inquiétude. Ses raisons de vouloir une poupée peuvent être multiples. Le plaisir évident qu'il voit les petites filles prendre à ce jeu. Le désir d'imiter sa maman ou son papa avec lui-même ou avec le nouveau bébé. Peut-être aussi que, enfant unique, il souhaite une compagnie.

L'essentiel est que votre fils se sente bien en tant que garçon. **Il n'y a pas de jeu spécifique d'un sexe ou de l'autre**. Avec sa poupée, votre fils apprend son rôle futur : les nouveaux papas ne s'occupent-ils pas des bébés ? Alors offrez-lui un baigneur sexué garçon, comme lui, sans voir l'ombre d'un problème là où il n'y a qu'un légitime désir. Dans quelque temps, il jouera longuement avec des figurines, exerçant son imaginaire.

Évitez le jouet trop compliqué

N'achetez pas un jouet trop compliqué, trop en avance sur l'âge de votre enfant, dans le but de le stimuler davantage. ***Vous risqueriez de mettre votre enfant en situation d'échec et de lui donner de lui-même une image d'incompétence****. N'oubliez jamais qu'un jouet n'a d'autre but que le plaisir et le jeu, et non l'apprentissage, lequel se fait de surcroît.*

46 À quel âge peut-on commencer à lui ***lire des livres*** ?

« Quand Sam se blottit contre moi et que
nous feuilletons ses petits livres ensemble,
pour moi qui suis un grand lecteur,
c'est un moment de bonheur absolu... » Un papa.

Deux ans, un an, dix mois... Il n'est jamais trop tôt pour commencer à lire des petits livres à votre bébé ou pour regarder ensemble des imagiers.

Le temps de la lecture est venu

C'est toujours un grand plaisir pour le petit enfant de prendre place sur vos genoux et de vous écouter raconter. Au fil des semaines, le bébé apprendra à tourner les pages, à feuilleter seul les livres en carton et à reconnaître certaines des images que vous lui montrez.

Les bébés adorent les livres et les livres peuvent beaucoup leur apprendre. En regardant les images, les petits enfants développent leur attention visuelle et leur conscience des détails. En vous écoutant, ils améliorent leur vocabulaire et leur compréhension. Les livres stimulent leur imagination et certaines histoires donnent du sens à ce qu'eux-mêmes sont en train de vivre.

La bibliothèque de votre bébé se compose de livres en carton ou en plastique, qu'il peut mâchouiller s'il le désire, de petits livres d'images et de quelques livres particuliers.

Le premier imagier

C'est le livre essentiel du bébé. Un bon imagier pour les petits répond à des exigences précises :

• Chaque dessin représente un élément unique, concret, apportant une seule information à la fois ;

• Le dessin est précis jusque dans ses détails, d'un trait pas trop stylisé, tout en ayant une allure sympathique ;

• Le style est gai, clair et coloré ;

• Les dessins sont regroupés par catégories qui, toutes, font partie de l'environnement direct de l'enfant ou de son intérêt immédiat : les objets de l'enfant (jouets, vêtements, biberon...), les objets de la maison (meubles, aliments, objets quotidiens...), les animaux, les végétaux, etc.

L'imagier est un livre que le bébé adore feuilleter, seul ou accompagné, inlassablement. On y cherche les objets de la maison, le biberon ou la cuillère, on y reconnaît le chien ou l'oiseau, on y apprend des nouveaux mots...

Puis viennent les livres d'images...

Il existe toutes sortes de petits livres d'images que l'on peut acheter ou emprunter à la bibliothèque, ainsi que des magazines spécialement conçus pour les tout-petits. Le meilleur moyen d'inciter un enfant à aimer les livres, c'est de l'installer sur ses genoux ou dans ses bras et de les regarder ensemble. **La proximité physique et l'intimité partagées sont pour beaucoup dans le plaisir de ce moment**.

Sans doute verrez-vous la nécessité de définir un moment dans la journée, souvent le soir avant de se coucher, où on regarde un livre. Mais toute heure est bonne, tout moment favorable indiqué.

Les premiers livres comporteront plus d'images que de textes. L'enfant aime les histoires répétitives, dont les phrases, bien rythmées, reviennent de page en page avec des petites modifications, qui parlent de la vie de tous les jours. Même s'il ne comprend pas encore tout, il se laisse bercer et séduire par la musique de l'histoire et les quelques points qu'il repère.

Ne vous croyez pas toujours obligé de suivre le texte indiqué : parfois les mots sont trop compliqués pour l'enfant. Dans ce cas, racontez à votre idée, en vous contentant de décrire les images et en montrant du doigt ce dont vous parlez. N'hésitez pas à mettre le ton et à créer l'ambiance qui éveilleront l'attention et l'intérêt de votre enfant.

Lire tout seul

Prévoyez aussi un temps où votre enfant peut regarder seul ses livres, les feuilleter en silence. Au début, il ne fera que jouer avec l'objet, puis il regardera les images en vitesse. Mais, progressivement, vous verrez qu'il feuillette correctement et semble suivre et reconnaître l'histoire que vous lui avez racontée. Aussi, même si cela signifie que leur durée de vie en sera abrégée, il est bon que votre enfant ait le libre accès à ses livres. Expliquez-lui que les livres sont des objets fragiles, qui doivent être maniés avec précaution.

Et s'il n'aime pas cela ? Il se peut que votre enfant fasse partie de ceux qui ne tiennent pas en place et que les livres n'intéressent pas du tout. Ou alors seulement en tant qu'objets, pour les déchirer ou les manger. Pas d'inquiétude : cela changera plus tard.

Le livre personnel

Achetez un classeur de petit format et des fiches cartonnées de couleurs différentes. Ou bien un petit album de photos avec des pochettes transparentes. Voilà le livre. À vous d'inventer le contenu. Voici quelques idées.

• Collez des photos ou des images découpées dans des magazines, afin de constituer un imagier personnel.

• Collez des photos de bébé, des gens de la famille, du chien, etc. Toutes celles qui ne sont pas assez réussies pour prendre place dans votre album souvenir.

• Vous pouvez protéger les fiches en les recouvrant d'un film de plastique adhésif transparent.

• Faites un « livre à toucher ». Pour cela, étalez de la colle sur le recto de fiches. Puis déposez dessus divers éléments : sable, riz, farine, lentilles, morceaux de tissus de différentes textures, etc. Laissez sécher les fiches, puis rangez-les dans le classeur. Ce livre permettra à bébé d'expérimenter des sensations tactiles différentes.

Les catalogues

Les catalogues de vente par correspondance sont la passion des bébés et une source sans fin de jeu. Il y a le plaisir visuel d'abord, et la curiosité : le bébé adore feuilleter le catalogue et y trouver d'autres enfants, des vêtements, des meubles et des objets familiers. Plaisir tactile et auditif ensuite : quelle joie de froisser, arracher, chiffonner, déchirer !

Le livre de fête

Récupérez les diverses cartes que vous avez pu recevoir : vœux de Noël ou de Nouvel An, cartes postales en couleurs, cartes d'anniversaire. Ne gardez des cartes doubles que la face décorée. Collez les cartes par deux, dos à dos. Perforez-les sur le côté, comme on le fait pour des feuilles de classeur. En passant des rubans dans les trous, vous relierez toutes les cartes entre elles, composant un livre original et coloré que votre enfant pourra manipuler à sa guise.

47 Est-ce une bonne idée de le faire entrer à ***la maternelle à deux ans*** ?

« Après deux ans de congé parental, je devais reprendre mon travail. J'ai préféré adapter tout de suite Anaëlle à l'école, plutôt qu'à une assistante maternelle qu'elle devrait quitter quelques mois plus tard. » Une maman.

Lancelot est né en janvier. L'école maternelle de son quartier n'intègre pas d'enfants en cours d'année. Ses parents l'ont donc inscrit à l'école à partir du mois de septembre précédant ses trois ans, plutôt que de le laisser à la crèche une année de plus.

Quant à Fatima, qui ne parle pas encore bien la langue, elle souhaite que son fils soit le plus tôt possible au contact d'enfants et d'enseignants français, pour que son intégration soit facilitée.

À deux ans, est-on prêt pour l'école ?

Entrer à l'école avant trois ans, est-ce bon pour l'enfant ? Certains sont encore un peu immatures :

- Ils ne sont pas tout à fait propres le jour ou pendant la sieste ;
- Ils ne parlent pas assez bien pour comprendre ce qui leur est dit et exprimer leurs besoins ;
- Ils ne savent pas toujours s'occuper d'eux-mêmes ni se défendre face à des plus grands ;
- Leur besoin d'être materné s'accommode mal de classes souvent très chargées où l'institutrice, malgré toute sa bonne volonté, ne peut donner à chacun le temps d'attention individuelle qu'il nécessite. Nous viennent alors en tête des images émouvantes d'un tout-petit, perdu et effrayé, suçant tristement son pouce dans un coin de la cour de récré…

Lorsque l'accueil a été pensé pour lui

La plupart du temps, ces images sont dépassées. L'accueil des enfants de deux ans s'est beaucoup amélioré ces dernières années. Dans la plupart des écoles, des structures ont été spécialement conçues : ateliers où les enfants jouent librement sans être astreints à une réelle discipline, lits individuels où l'enfant peut laisser sa peluche, institutrices volontaires et motivées…

Si l'effectif de la classe est raisonnable, si le personnel est patient, compréhensif, permissif, attentionné, il n'y a pas de raison pour que chaque enfant, quel que soit son âge, n'y trouve pas une place où s'ébattre joyeusement et se développer. L'école offre aux enfants de deux à trois ans de riches possibilités de socialisation, de découvertes et de jeux. Elle leur permet de développer leur langage et leur autonomie, si bien que l'enfant y fait souvent de grands progrès. Stimulé, il recrée, il invente, il se bâtit une personnalité dont il peut comparer les effets sur autrui.

Tout dépend de son « âge psychologique »

Finalement, **ce n'est pas tant l'âge de l'enfant qui compte que son niveau de développement**.

Pour un enfant autonome, entreprenant, à l'aise dans son corps et dans le langage, dans une bonne relation de confiance avec ses parents, il n'y aura sans doute pas de problème, passés les premiers jours. En revanche, un enfant pas assez mûr, même s'il n'est pas en souffrance, risque de ne tirer aucun bénéfice de sa scolarisation.

Chacun sa solution

Pour un tout-petit, les journées d'école sont bien longues et bien fatigantes. À chaque parent de réfléchir et de trouver sa solution. Certains demandent à la mère d'un autre enfant de la classe de prendre leur petit chez elle pour le déjeuner, d'autres trouvent une assistante maternelle pour l'après-midi ou bien une jeune fille qui récupère l'enfant à quatre heures et demie, d'autres enfin négocient avec leur employeur de ne travailler qu'à mi-temps pendant une quinzaine de jours…

Bien des solutions sont envisageables, cette première année, pour alléger un peu la journée de l'enfant ou simplement pour lui accorder un temps d'adaptation. C'est impossible ? Alors expliquez pourquoi à votre enfant, avec beaucoup de tendresse : c'est la confiance en vous et la qualité de l'accueil qui l'empêcheront d'interpréter ces longues journées comme de douloureuses séparations.

Un bon choix pour le long terme

Si votre choix est finalement de mettre votre enfant de deux ans à l'école à la prochaine rentrée, ne vous culpabilisez pas. Préparez-le, rassurez-le, et sachez ce que les statistiques affirment : plus un enfant a fait d'années de maternelle et plus sa scolarité future a des chances de bien se dérouler !

Les signes qui doivent alerter

Certains enfants de deux ans s'adaptent mal. Attention, c'est le cas du vôtre si :

- Il régresse (recommence à faire pipi au lit, à parler bébé, etc.) ;
- Il se renferme ;
- Il se cramponne toute la journée à la maîtresse ;
- Il se sent rejeté, abandonné ;
- Même à la maison, il dort mal ;
- Il paraît anormalement fatigué en fin de journée ;
- Il fait de l'eczéma, des cauchemars, des angines à répétition ;
- Il pleure tous les matins, même quand son père l'amène, depuis plus de trois semaines ;
- La maîtresse s'inquiète pour lui.

Pour le bien-être de l'enfant, deux éléments vont être déterminants

La manière dont il est préparé à cette première rentrée

Les parents et les enfants peuvent, avant les vacances puis de nouveau en septembre, visiter l'école dans les moindres détails. Ensemble, ils passent quelques heures dans la classe de la future maîtresse, à regarder les enfants rire et jouer. Même l'enfant pas très enthousiaste se sent finalement désireux de se joindre à eux.

Le temps que l'enfant passe à l'école

Accueil du matin, plus classe, plus cantine, plus classe, plus accueil du soir… cela finit par faire des journées de dix à onze heures, morcelées, bien longues, trop longues. Aussi est-il **souhaitable, au moins la première année, de s'organiser pour que l'enfant fasse des petites journées**, en trouvant une étudiante qui le récupère à la sortie, par exemple.

48 Comment gérer *son insatiable curiosité* ?

La curiosité est-elle un vilain défaut,
comme on a coutume de le dire ?
Alors ce « défaut » est une grande qualité !

Gabriel fourre son nez dans le moindre tiroir, il tripote le téléviseur, il observe les fourmis, il fouille dans le sac à main et se sert du smartphone, il veut savoir ce qui est écrit là, il demande d'où viennent les nuages… Sa curiosité est épuisante !

Sans doute. Mais il se trouve que ce « défaut » inné, présent chez tous les enfants, est en réalité une qualité merveilleuse, à protéger à tout prix. Il s'agit d'un **profond désir d'apprendre, d'explorer, de connaître, une envie de grandir et de progresser**.

Un esprit scientifique qui se développe

Le jeune enfant apprend en jouant, mais aussi en s'exerçant et en agissant spontanément sur les objets. Cette approche directe, base de l'esprit scientifique, explique qu'il soit un « touche-à-tout ». **Les activités guidées par la curiosité jouent un rôle important dans le développement de l'intelligence**. Plus l'enfant a d'occasions variées d'exercer ses capacités, mieux il les développera. D'où l'importance de le mettre en contact physique avec des objets différents, des lieux, des expériences : l'emmener au marché ou sur son lieu de travail, lui confier un tournevis ou un râteau, apprivoiser un cochon d'Inde ou planter du persil, goûter un plat exotique ou démonter ensemble une lampe de poche. C'est cette même curiosité, ce même élan vital, qui mènera l'enfant à la découverte de la lecture, de l'écriture et de toutes les connaissances.

... et évolue avec l'âge

Dès l'âge de un an, la curiosité pousse l'enfant à se déplacer et à explorer. Il se passionne longuement pour les petits objets, les insectes minuscules, les grains de poussière. Les placards exercent sur lui un attrait évident, il adore en faire l'inventaire du contenu. Jusque vers trois ans, l'enfant a un véritable besoin de toucher : il connaît avec ses mains, sa bouche et son odorat autant qu'avec ses yeux. Lui demander de « regarder sans toucher », c'est faire injure à son intelligence. Son champ de découvertes, son « terrain pour l'aventure », ne se limite plus à la maison et aux merveilles qu'elle renferme : il aime les parcs, les bois, les plans d'eau, les animaux. À l'âge de l'école primaire, l'enfant est partant pour toutes les découvertes et toutes les aventures.

Un comportement à encourager

Les parents ont tout à gagner à encourager cette curiosité, quels qu'en soient les inconvénients apparents. Mais cela suppose qu'ils rendent sûrs les lieux de vie de l'enfant : **il doit pouvoir explorer sans risque pour lui, pour les autres ou pour les objets précieux**. Rien de pire que l'enfant après lequel on crie sans cesse : « Non, ne touche pas à ça… Lâche ce livre… Ne fais pas ça… »

Bien sûr, il ne s'agit pas de laisser l'enfant toucher à tout. Il est inévitable de lui interdire toutes les manipulations ou les explorations qui pourraient se révéler dangereuses : les appareils électriques et les produits ménagers, entre autres, doivent être tenus strictement hors de sa curiosité. Il est tout aussi légitime de vouloir préserver sa chaîne stéréo ou ses papiers personnels et d'en interdire fermement l'accès aux petites mains baladeuses. À chaque parent de définir ses interdits, qui doivent être nettement et systématiquement rappelés. Moins ils seront nombreux, plus ils seront faciles à faire respecter. Mieux vaut donc **aménager temporairement l'espace familial en fonction de l'âge de l'enfant**… et ranger le vase de Chine tout en haut de l'armoire.

Beaucoup de « bidules » à tripoter

Pour compenser tout ce qu'il est interdit de toucher, il est bon de laisser à la disposition du jeune enfant une quantité de petits objets fréquemment renouvelés, dans une panière ou un tiroir bas, auxquels il a librement accès : morceaux de tissu, ustensiles de cuisine, boîtes à œufs, porte-clés, papier d'emballage, vieux catalogues, pinces à linge, socquettes ou moufles de bébé, gants de caoutchouc, etc.

L'enfant a aussi envie d'explorer de nouvelles matières et de mettre les mains dans la terre, la boue, le sable : tout ce que ses parents trouvent salissant et que lui adore. **L'autoriser à se salir, c'est aussi respecter son développement**. Plus tard, il voudra grimper aux arbres pour regarder dans les nids, faire gicler les flaques de pluie ou s'allonger dans l'herbe pour observer les coccinelles.

Aux parents de soutenir l'enfant, à lui de choisir librement ses centres d'intérêt.

Idées de super-balades pour petits curieux (à partir de trois ans)

• Visite d'un phare, d'un musée des transports ou des jouets, d'un élevage, d'une réserve d'oiseaux, d'un haras, d'une caserne de pompiers, d'un aquarium.

• Visite d'usines (de bonbons, de papier recyclé, de glaces, de parfum…), d'une imprimerie, d'un journal, d'une radio ou d'une télévision, d'artistes ou d'artisans que l'on peut voir travailler (souffleur de verre, potier, vannier, peintre, apiculteur, boulanger, marin-pêcheur, viticulteur, fabriquant de bijoux ou de bougies…).

• Assister à un concours animal, à une régate, à une course de chevaux, à un carnaval, à une compétition.

• Essayer de pêcher, ramer, faire du cerf-volant, traire une vache, escalader.

• Dessiner ou peindre un paysage d'après nature.

Des adultes modèles

L'enfant est naturellement curieux et émerveillé de tout. Il apprend vite. Il ne dépend que de ceux qui l'entourent qu'il s'éveille au monde et se bâtisse un tempérament d'explorateur. Encore faut-il se monter soi-même curieux, motivé, enthousiaste et ouvert…

49 Comment répondre à *leurs « pourquoi »* ?

« Au secours ! La “machine à pourquoi” s'emballe ! Vive la curiosité et l'intelligence qui s'ouvre au monde… Mais c'est chaque jour pire et l'épuisement nous gagne ! » Un papa.

Dès que l'enfant commence à bien manier le langage, il s'en sert pour découvrir le monde et savoir comment il fonctionne. Ses questions s'enchaînent les unes aux autres jusqu'à l'épuisement des parents. Comment trouver les mots pour faire comprendre des notions parfois complexes ? Comment ne pas parfois se lasser de cet échange permanent que demande l'enfant ?

Peut-être en se souvenant que **les questions de l'enfant témoignent de son niveau de réflexion et de son évolution intérieure**. Par les réponses des adultes qui sauront satisfaire et relancer sa curiosité, c'est l'ensemble de son développement qui sera favorisé.

La manière de répondre a son importance

Ce n'est pas toujours facile, loin de là, de trouver les mots pour répondre aux questions d'un jeune enfant. Voici quelques conseils qui vous aideront à traverser au mieux cette période des « pourquoi ».

• Répondez de façon brève, concrète, avec des mots simples que l'enfant connaît. Les réponses trop longues le lassent vite. Le niveau de la réponse dépend bien sûr de la maturité de l'enfant. S'il veut plus de détails, il vous en demandera, ou bien il reviendra un autre jour sur le même sujet.

• **Montrez-vous toujours heureux de partager avec lui vos connaissances.**

• Ne vous moquez jamais de l'ignorance de l'enfant ni de ses fausses conceptions : mettez, dans vos réponses, le même sérieux que l'enfant dans ses questions.

• Ne vous croyez pas obligé d'avoir réponse à tout. « Je ne sais pas » est une réponse acceptable si elle n'est pas systématique. **Il est même très formateur pour l'enfant de savoir que ses parents ont encore des choses à découvrir**. On peut alors aller **ensemble** chercher la réponse dans l'encyclopédie ou interroger quelqu'un d'autre qui connaîtrait la réponse.

Tenir compte de l'âge de l'enfant

Chez les plus jeunes, il arrive que la « machine à questions » s'emballe et devienne un jeu auquel on ne peut plus répondre. L'enfant a trouvé là une manière d'attirer l'attention, ou de retarder le moment du coucher. Il enchaîne les « pourquoi » sans même écouter les réponses, pour les mener jusqu'à l'absurde, à la manière du jeu de langage « Marabout bout de ficelle ». Vous avez le droit de dire : « Stop ! La suite des questions demain ! »

Plus l'enfant grandit, plus ses questions vont gagner en profondeur et en maturité. Elles vont concerner la mort, la sexualité, le divorce, Dieu. Une seule consigne : **ne mentez jamais. Ne dites pas tout, dites avec des mots simples, mais dites vrai**. La confiance qu'il a en vous dépend de cette franchise.

Que faire des questions délicates ?

Certaines questions mettent mal à l'aise : elles n'en sont pas moins légitimes. Beaucoup ont trait à la sexualité. La télévision et l'école mettent l'enfant en contact avec des réalités dont vous auriez préféré lui parler plus tard. **Dites-vous bien que s'il a l'âge des questions, il a aussi celui des réponses.** Tant mieux si c'est auprès de vous qu'il se renseigne. Dites votre gêne avec simplicité. Certains livres pour enfants très bien faits aident à aborder avec eux les questions délicates.

Il est toujours intéressant de saisir l'occasion de cette curiosité pour tenter de comprendre ce que sont les conceptions de l'enfant et quelles idées il peut bercer dans son imaginaire. Aussi, avant de répondre, amusez-vous parfois à découvrir ce que l'enfant a en tête : « Et toi, qu'en penses-tu ? Comment crois-tu qu'il va sortir, le bébé ? » Puis : « Oui, c'est une idée, mais en réalité les choses se passent un peu autrement… »

Des réponses relatives et respectueuses

« Moi je pense comme ceci, mais d'autres pensent autrement. Et toi, qu'en penses-tu ? » est une réponse importante pour l'enfant, car elle relativise ce qui est de l'ordre de la croyance et non de la connaissance, comme la morale personnelle, le sens de la mort ou l'existence de Dieu. C'est une réponse qui inclut l'enfant dans la culture familiale, mais qui lui laisse aussi la possibilité de réfléchir de son côté pour se forger ses propres idées. Il vous saura gré, à l'adolescence, de lui avoir transmis ce à quoi vous croyiez, dans le respect de sa propre quête.

En résumé, **soyez vrai, disponible, simple**, quitte à dire parfois : « À cela, il n'y a pas de réponse. Tu devras trouver la tienne. »

Et si on a dit une bêtise ?

Tout est rattrapable. Si, à l'enterrement de sa mamie, votre enfant vous a demandé : « Pourquoi elle est dans la boîte, mamie ? » et que vous avez répondu : « Elle dort et elle ne se réveillera plus », il se peut que vous ayez constaté que votre enfant a, depuis, quelque réticence à aller se coucher Reprenez la question avec lui, afin de mieux vous expliquer : non, la mort n'est pas comme le sommeil, et il peut s'endormir tranquille.

Et si on ne sait pas ?

Il y a bien un jour où il faut descendre de son piédestal. Une question qui vous laisse sans réponse : voilà peut-être l'occasion de commencer à détromper votre enfant. Non, vous n'êtes pas parfaits, les plus forts, les plus beaux, les plus riches et omniscients ! Vous êtes juste des parents comme les autres, et vous avez droit à l'erreur, à l'ignorance et à la lassitude.

Et vous, qu'auriez-vous répondu ?

- *« Dis, maman, pourquoi les avions ne tombent pas ? »*
- *« Pourquoi les feuilles deviennent rouges ? »*
- *« Pourquoi je suis une fille et pas un garçon ? »*
- *« Pourquoi la mouche, elle bouge plus ? »*
- *« Toi aussi, papi, t'en as un, de zizi ? »*
- *« Pourquoi c'est tout froid dans le réfrigérateur ? »*
- *« Pourquoi il est bleu le ciel ? »*
- *« Comment c'est, quand on est mort ? »*
- *« Pourquoi il est cassé, mon camion ? »*
- *« Comment ça se fait que je peux t'entendre dans le téléphone même si t'es pas là ? »*

50 Faut-il interenir s'il a un *défaut de prononciation* ?

*« Moi ze veux un bonbon ! » « T'as vu le zoli sa ? »
À trois ans, c'est rigolo. L'enfant invente des petits mots que les adultes reprennent et qui resteront dans le vocabulaire familial. Mais arrive un jour où s'attendrir et patienter devient insuffisant.*

Les parents constatent avec amusement que leur petit dernier a un cheveu sur la langue ou qu'il déforme systématiquement certains sons, ils l'imitent pour rire ou le reprennent vaguement, convaincus que cela passera tout seul. Mais ce n'est pas toujours le cas : il arrive que le trouble, au contraire, se maintienne ou s'aggrave.

Apprendre à parler, une succession d'étapes

• Vers un an, l'enfant possède une dizaine de mots et jargonne en imitant son entourage.

• Vers deux ans, l'enfant utilise en moyenne deux cents mots, qu'il associe par deux ou trois, sans pronoms ni articles.

• Vers trois ans, le langage s'est beaucoup enrichi, la prononciation est plus claire et le vocabulaire atteint deux mille cinq cents mots environ.

• Vers quatre ans, l'enfant dit « je » et accède au vrai langage adulte. Il sait poser des questions et décrire une image.

• Vers cinq ans, l'enfant utilise des nuances, des mots de liaison, des comparatifs, des propositions relatives. Il peut se passer de tout support concret pour communiquer. Bien que certaines imperfections grammaticales demeurent encore, l'enfant sera bientôt prêt pour l'écrit.

Pourquoi certains enfants prononcent-ils bien et d'autres non ? Comment peut-on intervenir ? Tout dépend du type de défaut, nous allons le voir. Mais, dans tous les cas, certains conseils généraux ont fait leurs preuves.

Pour l'enfant « apprenti parleur » (entre dix-huit mois et quatre ans)

• Parlez souvent avec votre enfant, d'une voix claire et avec des mots simples, de sujets qui le concernent directement. Nommez ses expériences et commentez-les.

• Prenez le temps d'écouter votre enfant et faites sérieusement l'effort de le comprendre, même si c'est difficile. Posez-lui des questions dont la réponse n'est pas oui ou non, pour l'inciter à s'exprimer.

• Lisez-lui régulièrement des petites histoires, en jouant avec votre voix pour mettre le ton.

• Soyez attentif à la moindre défaillance auditive de votre enfant (en cas de doute, faites contrôler son audition).

L'attitude face à l'enfant plus grand, vers trois ou quatre ans, qui présente un défaut de prononciation est également très importante.

• Ne vous moquez jamais de votre enfant, ne riez pas de lui.

• Ne vous mettez pas à parler comme lui, croyant ainsi être mieux compris (« biberon » devenant « bibon » pour tout le monde, par exemple).

• Ne lui faites par répéter les mots jusqu'à ce qu'il les prononce correctement. Il aurait l'impression, à juste titre, que vous vous préoccupez moins de ce qu'il dit que de la manière dont il le dit.

• Contentez-vous de reprendre, dans votre réponse, la formulation ou la prononciation correcte. Ainsi il enregistre, à chaque fois et de manière indirecte, la bonne façon d'articuler le mot.

Voyons maintenant quelles sont les difficultés que peut rencontrer l'enfant qui ne souffre d'aucun trouble auditif ou neurologique.

Le trouble de l'articulation

Il s'agit d'une déformation phonétique systématique (l'enfant zozote ou supprime les « r » par exemple). Ce trouble est banal et fréquent jusqu'à l'âge de cinq ans : inutile de s'en préoccuper trop, sauf dans les cas graves. Il cède parfois spontanément, d'autres fois il dure. Survenant dès les premiers mots de l'enfant, le zozotement est souvent dû à un simple apprentissage des différents sons, mais il peut aussi avoir des raisons anatomiques (volume de la langue, succion du pouce, malformations dentaires).

Un trouble de l'articulation, s'il est isolé, est bénin. Traité, il disparaît facilement. Le but de la rééducation orthophonique est d'installer le bon mouvement articulatoire. Cela se fait par des petits jeux de langage et des exercices progressifs.

Le retard de parole

Bien qu'il ait trois ans et demi ou quatre ans, l'enfant continue à « parler bébé ». On le comprend mal parce qu'il saute des syllabes, de préférence à la fin des mots, et que les consonnes sont souvent mal articulées. Mais son niveau de vocabulaire est correct. L'enfant ne parle pas toujours comme cela, mais son défaut s'aggrave dans des circonstances particulières, ou bien lorsqu'il est fatigué.

Les causes du retard de parole sont variées :

• L'enfant ne fait aucun effort, parce que tout le monde à la maison comprend parfaitement son charabia ;

• Les parents ont une forte attente pour que leur petit parle, et cette pression que l'enfant ressent se transforme chez lui en anxiété ;

• L'enfant est très entreprenant, actif, il s'intéresse peu au langage ;

• Il s'agit d'un « petit dernier » que personne n'a envie de voir grandir trop vite…

Souvent, la fréquentation scolaire améliore bien les choses, car l'enfant a besoin du langage pour y faire sa place. En cas de doute, un bilan orthophonique fera le point sur les capacités et les acquis de l'enfant, déterminant si une rééducation est nécessaire ou non. Celle-ci abordera différents points : une sensibilisation aux sons de la parole, à ses rythmes, ainsi que la reconnaissance du bruit fait par chaque son.

La conquête du langage est une longue route, parfois encombrée d'obstacles. Si vous avez un doute sur la capacité de votre enfant à les franchir, n'hésitez pas à prendre les conseils d'un professionnel. Le plus souvent, il vous rassurera et vous pourrez laisser alors tranquillement le temps faire son œuvre.

Quand consulter l'orthophoniste ?

La plupart des troubles ont toutes les chances de disparaître si on laisse la parole de l'enfant évoluer naturellement. Inutile donc, dans les cas les plus courants, d'intervenir trop tôt. Mais, si on attend trop, le problème peut être devenu plus complexe.

C'est pourquoi on conseille généralement de commencer par un bilan, puis d'entamer la rééducation, si elle se révèle nécessaire, vers l'âge de quatre ans et demi ou cinq ans. Cela donne une bonne année pour arranger les choses avant l'entrée au cours préparatoire. Il ne faut pas oublier qu'une bonne maîtrise de l'oral donne un maximum de chances à l'enfant pour aborder l'écrit.

Toutefois, en cas de troubles sérieux de la prononciation ou d'un retard de langage important, **il peut être utile de faire un bilan dès l'âge de quatre ans**.

51 Un petit peut-il ***simultanément apprendre deux langues*** ?

« Je suis française et le père de mes enfants est suédois. Nous avons souhaité parler l'anglais à la maison, langue que nous maîtrisions et qui nous a semblé plus "utile" à acquérir que le suédois. Mais cela n'a duré que quelques mois, car ce n'était en fait la langue de personne… » Une maman.

Un enfant bilingue, c'est quoi ? On considère généralement que le bilinguisme se réfère à deux types d'enfants : ceux à qui l'on a appris à parler deux langues dès le plus jeune âge et ceux qui ont commencé à parler dans une autre langue que celle du pays (ou, au moins, de l'école) où il se trouve.

Dans le premier cas, l'enfant est né de deux parents parlant chacun une langue différente, et chacun a parlé la sienne au bébé. Dans le second, l'enfant est issu d'une famille migrante où « la langue du dedans » (celle qui est parlée à la maison) n'est pas la même que « la langue du dehors » (celle qui est parlée dans la rue et à l'école).

Dans ces deux cas, même si l'enfant ne s'exprime effectivement que dans une seule langue, il est malgré tout considéré comme bilingue, dans la mesure où il comprend les deux.

Le bilinguisme, un atout

Dans beaucoup de pays et à beaucoup d'époques, les enfants étaient ou sont culturellement bilingues : les petits Bretons ou les petits Alsaciens apprenaient le français à l'école alors que la langue régionale était parlée à la maison (maintenant, c'est souvent l'inverse, comme en Corse). Beaucoup d'enfants africains apprenaient le français en plus de leur langue familiale, du fait de la colonisation. Le latin était la langue de l'enseignement en France jusqu'au XVIIIe siècle, et le français la langue des échanges internationaux, etc.

Dans tous les cas, et d'une manière générale, **le bilinguisme est un atout**. C'est ce qu'ont bien compris les parents qui mettent leur enfant dans une école bilingue et organisent très tôt des séjours à l'étranger. Ils savent que, **plus l'enfant est jeune, plus il a de facilités à acquérir une seconde langue**.

Une méfiance historique

L'image du bilinguisme a longtemps été négative. On l'accusait d'être source de confusion et de retard scolaire. Ainsi, dans de nombreuses familles migrantes, les parents essaient de parler français, pensant qu'utiliser leur langue maternelle handicaperait leurs enfants. Des études récentes montrent qu'il n'en est rien : une première langue bien maîtrisée n'a pas d'effets négatifs sur l'apprentissage du français ni sur la scolarité. Parler plusieurs langues couramment est un atout dans l'existence.

On observe parfois un retard de langage

Un enfant à qui l'on parle deux langues **parlera parfois plus tard** que les autres enfants, **mais finira par maîtriser les deux langues sans les mélanger**. Parfois, les enfants, arrivés au cours préparatoire, semblent avoir du mal à passer à l'écrit et expriment une certaine confusion. Il peut être souhaitable de consulter alors un orthophoniste ou un psychologue qui éclairera, avec l'enfant, les rôles et les significations de chaque langue.

En général, un apprentissage bilingue se passera d'autant mieux que chaque adulte aura parlé à l'enfant la même langue, la sienne.

Les enfants migrants

Le bilinguisme est positif pour l'enfant, source de richesse, si les deux langues sont valorisées dans la famille et si l'enfant ne renie aucune des deux cultures que ces langues véhiculent. Dans ce cas, la seconde langue est un outil de pensée supplémentaire et source de progrès. En revanche, **si la langue de base, accompagnée de ses valeurs socioculturelles, est rejetée au profit d'une seconde socialement plus prestigieuse, l'enfant est plongé dans une insécurité et une confusion qui peuvent empêcher les progrès dans les deux langues**.

Ce fait doit être connu de tous ceux qui accueillent les enfants migrants dans les écoles maternelles et qui ont pour tâche de leur enseigner le français. Valoriser la langue maternelle est le premier pas, fondamental, si l'on veut que l'enfant se développe harmonieusement sur le plan linguistique et ne se trouve pas en échec scolaire.

Nous sommes tous bilingues

En conclusion, réfléchissons à ce fait : nous sommes tous bilingues. Notre mère ne parlait pas exactement la langue de notre père. Chacun avait son accent, son vocabulaire, ses tics de langage, selon sa culture, son origine régionale, son métier (le professeur de français ne parle pas comme le médecin, ni comme l'artisan, ni comme l'artiste). Nous tous, confrontés à ces deux formes de langage, ne parlons ni exactement comme l'un, ni exactement comme l'autre. Et c'est ce bilinguisme d'origine, plus ou moins marqué selon les cas, cette écoute stéréophonique, qui nous fait ce que nous sommes, riches d'une langue et d'un imaginaire particuliers.

Vous parlez deux langues avec votre enfant ?

Quelques conseils pratiques :

• Il est bon que l'une des deux langues soit dominante sur l'autre. C'est celle des câlins, de la tendresse, celle dans laquelle on rêve. C'est la langue maternelle.

• Si les parents sont de langues maternelles différentes, il est souhaitable que chacun parle sa propre langue à son enfant, et que les parents choisissent la langue commune qui sera utilisée lors des conversations familiales.

• **Il faut laisser l'enfant, lorsqu'il parle, choisir la langue dans laquelle il souhaite s'exprimer**.

• Si la langue de la famille n'est pas « la langue du dehors », il est important de toujours valoriser la première, afin que l'enfant ne soit pas tenté de renier sa culture d'origine pour adopter sa culture d'accueil, ce qui ne se fait jamais sans souffrances ni sans conséquences sur le développement langagier de l'enfant.

La mini-*school*

Il s'agit de cours dans une langue étrangère, organisés dans un cadre privé et dont le but est de faire acquérir au petit enfant un langage parlé différent de sa langue maternelle, à un âge où les facultés d'imitation permettent d'acquérir sans difficultés un accent et du vocabulaire.

L'apprentissage s'effectue par un bain de langage, à travers des jeux collectifs, des chansons, des méthodes audiovisuelles et des activités quotidiennes partagées.

Ces mini-schools sont destinées aux enfants à partir de quatre ans, lorsque la première langue est déjà bien installée et que l'enfant est capable psychologiquement de participer à des activités collectives.

Le processus est le même que pour le français : lorsque l'enfant aura, grâce à ces cours, acquis une certaine aisance orale, l'école prendra le relais pour associer l'apprentissage de l'écrit.

52 Comment lui *apprendre à lire l'heure* ?

« Attends une seconde !

– Mais ça fait une heure que je t'attends ! »

L'organisation du temps est un système complexe. La lecture de l'heure, aux aiguilles ou grâce aux chiffres, l'est tout autant.

Avant que l'enfant puisse vraiment s'y retrouver, il faut qu'il ait acquis une bonne dose d'expérience, de compréhension de son environnement et de maturité. Progressivement, l'enfant repère qu'il existe un système régulier d'enchaînement entre les secondes, les heures, les jours, les mois... et que sa maîtrise est essentielle. Il devient alors possible de lui apprendre à lire l'heure.

L'évolution de la notion de temps

Avant deux ans, un seul temps existe : le présent. « Hier », « ce soir », « tout à l'heure » sont des expressions qui n'ont aucun sens. Ce que l'enfant veut, il le veut tout de suite. Entre deux et trois ans, les notions de « bientôt » ou de « plus tard » commencent à prendre un sens : l'enfant devient capable de différer quelque peu ses désirs dans le temps sans trop de frustration.

Vers trois ans, les mots « hier » et « demain » apparaissent. « Demain », c'est tout ce qui n'est pas encore arrivé, le vrai demain s'exprimant par « le jour après cette nuit » ou « quand il fera jour à nouveau ». « Hier », c'est tout ce qui est passé. Il faut savoir que l'écoulement du temps n'est pas le même pour le petit et pour nous, adultes. Tout ce qui n'est pas immédiat peut lui sembler très loin et les événements passés se rejoignent dans un « hier » très global qui va d'hier à « quand j'étais bébé ».

Ces concepts, ainsi que ceux de jours et de mois, vont se mettre en place lentement. Finalement, **c'est vers six ou sept ans que le temps, conceptualisé comme une ligne continue, va devenir clair pour l'enfant**. C'est à cet âge aussi qu'il va savoir compter et lire les nombres à un ou deux chiffres. Et qu'apprendre à lire l'heure pourra se faire sans trop de difficultés.

Pour se repérer dans le temps

Apprendre l'heure est la dernière étape d'un apprentissage complexe. Heureusement, il est possible, dans la vie quotidienne, d'aider le petit enfant à se repérer et à s'orienter dans le temps. Voici quelques pistes :

• Présentez à votre enfant ses activités en insistant sur les enchaînements et les petits mots qui indiquent le temps. « Avant d'aller au parc, on va passer d'abord à la boulangerie, après tu mangeras ton goûter », ou : « D'abord, tu vas te laver les dents, puis tu iras te coucher, enfin on lira une histoire ; si elle est longue, on la finira demain. »

• Quand votre enfant regarde un film ou écoute une histoire, aidez-le à repérer l'enchaînement temporel des événements, souvent incompréhensible pour les plus jeunes. Expliquez : « Là, c'est le soir, après que l'école est finie et qu'il est rentré à la maison. »

• Associez les jours de la semaine à des activités précises : le lundi, on va à la bibliothèque ; le mardi soir, on regarde un dessin animé ; le mercredi, on va chez mamie, etc. Et rappelez-les : « le livre qu'on a emprunté hier », « demain, quand tu seras chez mamie », etc.

• Installez un grand calendrier au mur et expliquez à votre enfant que les jours sont tous inscrits. Barrez les jours quotidiennement. Comptez ensemble ceux qui vous séparent des vacances ou de son anniversaire. Montrez-lui l'organisation des jours en semaines et en mois.

Lire l'heure

Dès qu'un enfant sait lire les chiffres, il peut lire l'heure sur un cadran numérique. Mais cet apprentissage ne prendra vraiment sens que lorsque l'enfant aura concrètement compris ce que signifient une seconde, une minute, une heure.

• La première étape consiste donc à lui apprendre la durée. Une seconde ? C'est le temps de dire « ouf ! ». Une minute ? C'est le temps que met l'aiguille des secondes à faire un tour complet, le temps d'un petit câlin. Une heure ? Un tour de grande aiguille, le temps d'une promenade au parc.

• Aidez-vous d'un compte-minutes. « Je le mets sur cinq minutes : quand ça sonne, tu vas prendre ton bain », ou : « Mets-le sur trois minutes, pour la cuisson des œufs », et ainsi de suite.

• La deuxième étape consiste à attirer son attention sur certaines heures particulières, parce qu'elles ont du sens dans la vie de l'enfant. Dites, en montrant la pendule : « Il est huit heures et demie, tu vas au lit », ou : « À midi, quand les deux aiguilles seront en haut, tu viendras à table. »

• La dernière étape est celle de l'apprentissage proprement dit. Fabriquez une grande pendule en carton où vous écrirez, outre les indications habituelles, « midi », « un quart », « et demie », « moins le quart », « - 25 », « -20 », « -10 » et « -5 ». Expliquez le principe à votre enfant, puis jouez ensemble jusqu'à ce qu'il soit à l'aise, d'abord avec les heures simples (de l'heure à la demie), puis avec toutes les indications.

Les cycles du temps

Vous pouvez attirer l'attention de votre enfant sur les signes des saisons.

• « Tu te souviens quand il faisait très froid et qu'il avait neigé ? Il n'y avait aucune feuille sur les arbres. Maintenant il y a en beaucoup. Et dans quelque temps, elles tomberont à nouveau. »

• Expliquez-lui qu'il y a la saison des cerises, la saison des prunes, la saison des oranges…

• Parlez-lui de son passé et du vôtre, photos à l'appui. Par exemple, regardez ensemble les photos de ses anniversaires. Racontez-lui des anecdotes sur « quand il était bébé ».

• Envisagez l'avenir : « quand tu seras grand », « pour Noël prochain ».

• Progressivement, il prendra conscience de l'aspect cyclique du temps et deviendra capable, lui aussi, de s'y orienter.

La première montre

Autrefois, l'achat d'une montre, comme cadeau de communion, marquait symboliquement l'entrée dans le monde des grands. Aujourd'hui, on trouve des montres à tous les prix. Les petits enfants ont souvent une montre digitale, qu'ils lisent avant même de savoir lire l'heure aux aiguilles. Cela les aide à avoir plus tôt une notion du temps et de l'heure.

53 Mon enfant *est-il précoce* ?

Ceux que l'on appelle les « enfants précoces » représentent environ 3 % de la population enfantine. Des enfants différents qui demandent une attention particulière.

Beaucoup d'enfants ont un talent particulier qu'il est bon de connaître et de valoriser. En revanche, d'autres sont **nettement en avance sur leur âge dans presque tous les domaines** : langage, logique, apprentissages, capacités physiques et créatives, etc. Ces enfants ont un quotient intellectuel (QI) particulièrement élevé. Ils se caractérisent par leur précocité intellectuelle, ce qui signifie qu'ils sont plus rapides que leurs camarades dans les domaines de l'esprit : ils lisent plus tôt, comprennent plus vite, etc. Ce sont les enfants intellectuellement précoces.

Comment reconnaît-on un enfant précoce ?

Bien des parents se posent la question devant un enfant en avance ou qui semble particulièrement intelligent. Leur rôle est effectivement primordial, aussi bien dans le repérage de la précocité que dans l'éducation de leur enfant doué.

Le portrait idéal de la petite fille ou du petit garçon précoce est celui d'un enfant vif, qui réussit sans effort, doté d'une excellente mémoire, créatif, curieux, passionné et capable d'une grande concentration. Mais tous n'ont pas d'emblée cette aisance. Différents des autres, les enfants précoces se repèrent assez facilement à certaines caractéristiques qu'ils ont en commun (tous ne les ont pas toutes, bien sûr) :

- Il a souvent parlé de bonne heure et possède un grand vocabulaire ;
- Il a appris à lire avant le cours préparatoire, il lit beaucoup et rapidement, il est passionné par les dictionnaires et les encyclopédies ;
- Curieux de tout, il pose beaucoup de questions originales et adore résoudre des problèmes ; il a un avis, volontiers critique, sur tout ;
- Il a un grand pouvoir d'attention, d'observation et de concentration ;
- Il aime la compagnie des adultes et des enfants plus âgés ;
- Il a un sens de l'humour très développé ;
- Il est sensible à l'injustice et ressent de la compassion pour autrui ;
- Il est énergique, indépendant, solitaire et imaginatif ;
- Il a une faculté de raisonnement et de logique étonnante.

Les risques d'une telle précocité

L'enfant réellement précoce a besoin d'être aidé dans son développement. **Ce qui semble une chance peut se révéler un handicap si l'enfant n'est pas reconnu pour ce qu'il est**. Comme disait Baudelaire à propos de l'albatros, « ses ailes de géant l'empêchent de voler ». Plus l'enfant est différent de la moyenne des enfants de son âge et plus **le risque de voir apparaître des troubles du comportement** est grand.

Comme il se développe plus vite que ses camarades et qu'il a souvent des idées bien à lui, l'enfant précoce a du mal à se faire des amis. Ceux de son âge lui semblent bien jeunes et ceux avec qui il pourrait discuter le regardent comme un bébé. Si bien que l'enfant précoce se retrouve souvent seul ou qu'il privilégie la compagnie des adultes.

Il s'ennuie tellement en classe, quand la maîtresse répète pour la troisième fois ce qu'il a compris à la première, qu'il finit par chahuter et embêter tout le monde. Quand il ne se met pas complètement en retrait. C'est le cas de Naïma : sentant que son enseignant n'aimait pas voir « une tête qui dépasse », elle a totalement inhibé ses compétences. Elle s'est repliée dans ses rêveries au fond de la classe et a fini par perdre son année.

Enfin, même s'il est en avance dans sa tête, l'enfant précoce a bien son âge dans son cœur. À huit ans, c'est encore un petit enfant, qui raisonne déjà comme un grand. Si bien que **ses besoins affectifs le font parfois paraître immature**. Comme Matthieu, qui se pose déjà des questions métaphysiques sur l'origine de l'homme et qui compense son anxiété en suçant son pouce.

Paser un bilan psychologique ?

Si vous avez un doute concernant votre enfant, vous pouvez consulter un psychologue qui lui fera passer un bilan psychologique. Les psychologues installés en cabinet sont habilités à faire passer des tests aux enfants. Les plus déterminants sont les tests de développement mental (anciennement tests de QI), qui mesurent la précocité de l'enfant dans les différents registres du fonctionnement intellectuel.

Le psychologue fera généralement passer des tests de personnalité, afin de juger du niveau de maturité général et de l'équilibre psychique de l'enfant. Il est en effet indispensable, pour prendre une décision éducative ou scolaire, de **tenir compte de tous les paramètres et pas seulement des aptitudes intellectuelles**. Le but de toute démarche est le bien-être et l'épanouissement global de l'enfant.

Le psychologue saura aussi vous conseiller sur la conduite éducative à tenir. Parfois, un saut de classe peut être souhaitable : cela oblige l'enfant à faire des efforts et entretient sa motivation scolaire. En France, il n'existe, dans l'enseignement public, quasiment aucune filière spécialisée réservée aux enfants précoces. Mais il n'est pas du tout sûr qu'il faille les regrouper et les isoler. Un enfant, même précoce, est d'abord un enfant comme les autres : il doit pouvoir trouver sa place à l'école en y faisant, comme chacun, respecter sa différence.

Les activités parascolaires

Élever un enfant différent n'est jamais facile ; cela demande de la patience et de la disponibilité. L'enfant précoce est exigeant et souvent fragile.

Pour faire face à sa curiosité intellectuelle insatiable, vous pouvez inscrire votre enfant dans un club informatique, à un cycle de conférences ou à des cours de langue pour enfants. Mais ce qui lui fera le plus grand bien sera d'être mêlé à des enfants de son âge dans des domaines où il ne sera pas forcément le meilleur : théâtre, activité artistique, etc. Sa grande sensibilité y trouvera une nourriture appropriée.

Pratiquer un sport est également très important. Il verra que **tout ne passe pas par l'intelligence logique** et il apprendra à développer amitié et solidarité.

Seconde partie

De l'enfance à l'adolescence (de 6 à 14 ans)

chapitre 1

La vie familiale

54 Faut-il le contraindre s'il a mal et veut ***ne pas aller à l'école*** ?

Il n'est pas toujours facile de savoir si l'enfant se sent vraiment mal, s'il veut juste se faire dorloter un peu ou s'il a un problème d'ordre psychologique.

Huit heures du matin… C'est l'heure de pointe à la maison. La radio annonce la pluie et les embouteillages, le lait chauffe, il y a la queue à la salle de bains, chacun se dépêche. C'est alors que la petite voix de Léa remet toute l'organisation de la journée en question : « Maman, j'ai mal au ventre… » (ou à la gorge, ou à la tête, c'est au choix, mais, de préférence, invérifiable). Que faire ? Prendre sa température ? Faire celle qui n'entend pas ? Et si Léa devait manquer l'école, comment faire pour la garder ici ?

Comédie ou réalité ? C'est toute la question.

Une scène plutôt classique…

Quels parents n'ont pas connu une telle scène, de préférence le jour où ils sont dans l'impossibilité de se libérer ? On voudrait bien, dans ce cas, considérer la plainte de l'enfant comme un besoin de se faire remarquer ou un simple désir de rester au lit : tous les enfants n'utilisent-ils pas la maladie, réelle ou simulée, comme une excuse occasionnelle pour manquer l'école ?

Même si, comme Noé, c'est la troisième fois cette semaine que l'enfant invoque le mal de ventre pour rester à la maison et que le médecin consulté a clairement laissé entendre qu'il n'avait rien, les parents ne sont jamais sûrs que le forcer à aller à l'école soit la bonne chose à faire. Ils se sentent vaguement coupables dans tous les cas. Ils aimeraient bien comprendre.

Il n'est pas toujours facile de savoir si l'enfant se sent vraiment mal, s'il veut juste se faire dorloter un peu ou s'il a un problème, à l'école par exemple.

Comment savoir s'il est vraiment malade ?

Avant de savoir si l'enfant est malade et s'il convient de le garder ou non à la maison, il est bon de s'interroger sur les symptômes qu'il présente. Certains sont douteux : ils sont généralement flous, invérifiables, isolés (mal à la tête sans fièvre, mal au ventre sans diarrhée, etc.). Mais d'autres symptômes sont bien réels et nécessitent un maintien de l'enfant à la maison.

Comment les reconnaître ?

• La **diarrhée** peut être douloureuse et contagieuse, deux raisons pour dispenser l'enfant de l'école.

• Le **rhume** et le nez qui coule clair méritent juste que l'on glisse un paquet de mouchoirs dans le cartable. Mais s'il s'y ajoute de la fièvre, des maux de tête ou d'oreilles, une conjonctivite, ou bien une toux grasse, il est temps de faire intervenir le corps médical.

• Le **mal de gorge** qui ne s'accompagne d'aucun autre symptôme demande seulement à être surveillé avec attention : l'évolution peut être rapide.

• Les **démangeaisons et éruptions** ne sont pas toutes graves ou contagieuses, mais nécessitent pourtant un diagnostic urgent, surtout si l'enfant n'a jamais eu la varicelle !

• Enfin, si l'enfant a une **fièvre supérieure à 38 °C**, il est mieux à la maison qu'à l'école, même avec une aspirine.

S'il se plaint sans raison médicale ?

Certains sont des petits douillets qui trouvent, dans le fait de se faire plaindre, l'attention qu'ils recherchent.

Il y a enfin tous les autres cas. L'état de l'enfant ne justifie pas, sur le plan médical, qu'il manque l'école. Ce n'est pas non plus dans ses habitudes de jouer sur les plaintes pour obtenir de l'affection ou de l'intérêt. Si la même scène, pourtant, se reproduit, il va bien falloir lui trouver une cause. L'enfant n'est pas un simulateur : il exprime une difficulté avec les moyens qui sont les siens.

Parler avec l'enfant est la première façon d'essayer de comprendre les raisons de son comportement.

• S'agit-il d'un refus masqué de l'école ? Y a-t-il un problème scolaire que vous auriez sous-évalué ? Rencontrer l'enseignant pourra sans doute vous renseigner.

• L'enfant, enfin, peut vivre un moment psychologique difficile. Rien n'est très visible, hormis cette difficulté à se séparer, ou bien le manque d'entrain. Avoir mal au ventre est une façon de se plaindre d'autre chose : du manque de temps que ses parents lui consacrent, du peu de temps qui lui reste pour jouer, d'un trop ou d'un trop peu, le plus souvent passager.

Ces douleurs-là sont difficiles à évaluer, mais elles ne méritent pas d'être nommées « comédies ». **Elles doivent être prises en compte, interrogées et entendues**.

Comment aider un enfant excessivement douillet à sortir de sa plainte ?

Votre enfant fait du cinéma autour du moindre bobo et semble avoir toujours mal quelque part ? Il a compris que le fait d'être malade le met au centre des préoccupations et de la tendresse parentales. **Il se sent plus aimé, plus intéressant s'il geint** que s'il est en pleine forme.

Difficile de sortir de ce cercle vicieux, sauf si les parents eux-mêmes changent d'attitude.

Comment ?

- Décidez de récompenser la bonne santé et non la maladie.
- Adoptez un comportement positif et dynamique face aux questions de santé.
- Ne vous plaignez pas de vos propres malaises.

Encouragez chez votre enfant d'autres moyens d'attirer votre attention et votre affection (aider à la maison, fabriquer quelque chose de ses mains, etc.).

« Il a mal à l'école ! »

Certains ne veulent pas s'éloigner de la maison pour une raison précise. Pablo réagissait aux conflits fréquents qui opposaient ses parents : il craignait ce qui pouvait arriver en son absence et faisait son possible pour ne pas quitter la maison. Emma avait repéré que son petit frère, lui, restait toute la journée avec maman, en congé parental, et ne voyait pas pourquoi elle ne pourrait en faire autant.

Quand c'est possible, exceptionnellement, passer une journée avec son enfant à la maison est bien agréable : pour le parent qui prend plaisir à dorloter et à écouter, pour l'enfant qui profite de ce temps où il a un parent tout à lui. Comme l'a écrit Françoise Dolto : « Quand les enfants ont le cœur qui en a ras le bol, qu'ils n'en peuvent plus, ils ont besoin de ne pas aller à l'école, même s'ils ne sont pas malades. »

55 Faut-il intervenir si *les enfants se disputent ?*

« Moi et ma sœur, on se dispute tout le temps.
Même des fois, on fait la bagarre.
Mais c'est avec elle que je rigole le plus.
Alors quand elle est pas là, le mercredi ou pendant les vacances, je m'embête. » Léonore, 7 ans.

Quel parent, ayant rêvé d'une grande famille harmonieuse et solidaire, peut dire qu'il supporte sereinement et sans déception les chamailleries permanentes de ses enfants ?

Il arrive que cela fasse remonter de bien mauvais souvenirs de sa propre enfance. « Alors c'est cela, la fratrie, cette suite quasi ininterrompue de petites crises, de phrases désagréables, de mesquineries, de rejets, voire d'injures et de coups ? » Non bien sûr... mais c'est cela aussi.

Dès que l'on a deux enfants ou plus, la rivalité est là, et la jalousie aussi. Ce n'est que progressivement qu'ils apprendront à se mettre à la place de l'autre et à se respecter mutuellement.

Les causes de la rivalité

Chacun veut la plus grosse part de l'amour parental. Le frère ou la sœur, c'est du temps, de l'amour et de l'attention en moins. **Chaque enfant voudrait pour lui tout seul tout l'amour et toute l'attention des parents**. Au moins, puisque cela semble impossible, en avoir davantage que ses frères et sœurs.

Les rivalités pour le pouvoir ou pour la possession sont fortes également. L'aîné entend avoir quelques privilèges dus à son âge, à sa taille et à sa position, dont il abuse parfois. Le second, sensible à l'injustice, n'a de cesse de prouver qu'il peut être aussi fort et aussi malin. Chacun ses armes : le petit asticote et le grand tape et se fait disputer.

Dites-vous que, bien gérée, cette rivalité forme aussi le caractère des enfants : elle leur apprend la négociation, la générosité, la vivacité. Après tout, dans la vie, personne n'a « tout » pour lui tout seul : autant l'apprendre tôt. Et puis elle ne nuit en rien à l'affection que les enfants se portent !

Les attitudes des parents

Reste que les parents peuvent contribuer grandement à maintenir ces disputes fraternelles dans des limites raisonnables et aider leurs enfants à les gérer et à les transformer peu à peu en attitudes de coopération. Certains comportements éducatifs ont une efficacité avérée, surtout appliqués avec constance et dès le plus jeune âge.

Ne prenez pas parti

Évitez de donner raison à l'un des enfants contre l'autre, ou de n'en punir qu'un, ce qui ne fait qu'accroître la sensation d'être « moins aimé », donc la rivalité. Préférez le simple constat : « Je vois deux enfants fâchés qui feraient mieux de se séparer un moment afin de retrouver leur calme. »

Interdisez la violence physique

Mais permettez que les sentiments négatifs s'expriment. Au besoin, aidez-les : « Je vois que tu es furieux que ta sœur ait cassé ton puzzle. » Se sentir compris dans sa souffrance et sa frustration aide à dépasser le désir de vengeance.

Réglez les problèmes avec les enfants

Cela jusque vers cinq ou six ans. Écoutez les doléances, instaurez des tours de parole pour que chacun puisse s'exprimer, montrez les avantages de l'échange, veillez à l'équilibre des forces, **cherchez avec eux une solution qui convienne à chacun**. La constance paiera : ils le feront bientôt sans vous.

Définissez, expliquez et faites appliquer certaines règles de comportement

« On ne se fait pas mal », « Un objet emprunté doit être rendu », « On ne fouille pas dans les affaires de l'autre en son absence », etc. Elles doivent être très claires et vous devrez veiller à leur application, même par les plus jeunes. Aménagez l'espace pour favoriser l'entente : un petit cadenas vaut mieux qu'un éternel sujet de dispute.

Montrez à chaque enfant que vous l'appréciez

C'est parce qu'il est unique et différent et que vous l'aimez totalement, d'une façon très spéciale. C'est plus efficace que de vouloir donner exactement la même chose à chacun, en mesurant les parts de gâteau ou en comptant le nombre de cadeaux.

Valorisez la solidarité et la coopération entre eux

Pour cela, ne prêtez aucune attention à celui qui « rapporte ». N'encouragez pas les dénonciations. Pratiquez plutôt les punitions collectives ou les « tâches d'intérêt collectif » à réaliser en commun.

L'exemple reste encore la meilleure méthode

Vous attendez de vos enfants qu'ils se dominent et soient plus forts que leurs pulsions ? Faites-le aussi. Montrez-leur, par votre comportement, qu'il est inutile de crier pour s'imposer et que l'on peut, calmement, négocier ses désaccords.

Ne prenez pas les mots trop à cœur

Dans les disputes entre frères et sœurs, les phrases assassines fusent facilement :

• « Je te déteste ! »

• « Plus jamais je ne prêterai ma poupée ! »

• « Je ne te pardonnerai jamais ! »

• « La prochaine fois, je te tue ! »

• Ces scènes sont excessives, mais elles sont oubliées aussitôt. Si les enfants se permettent de telles phrases, c'est bien parce que leurs rapports sont passionnels et parce qu'ils savent, justement, que ces mots ne prêtent pas à conséquence.

Intervenir ou non ?

Les conflits dans la fratrie sont inévitables et font partie de toute enfance à plusieurs. Ils sont une façon d'apprendre à se frotter aux autres. **Les parents n'ont donc pas forcément à intervenir**. Sauf si cela s'avère nécessaire. La décision est délicate :

• l'intervention de l'adulte, pas toujours habile, peut envenimer les choses ;

• le but sous-jacent de la dispute est souvent de forcer le parent à se fâcher contre l'autre. Intervenir dans ce cadre, c'est donc faire le jeu de l'un des enfants contre l'autre ;

• s'en mêler systématiquement empêcherait par ailleurs les enfants d'apprendre à trouver seuls une manière de résoudre leurs conflits.

• Il faut pourtant se montrer attentif et vigilant. **Dans le cas où la dispute se traduit toujours par l'emprise d'un enfant sur l'autre, mis en situation de soumission, une intervention pour casser ce mécanisme s'impose**.

56 Fratrie : *chacun sa chambre* ?

Lorsque l'espace de vie le permet, la question de sa répartition entre les différents membres de la famille se pose. Qui va s'installer où et avec qui ? La réponse peut évoluer avec le temps.

C'est une idée très répandue, qui dicte l'attitude de nombreux parents dans le choix ou l'aménagement de leur maison : il est mieux que chaque enfant ait sa chambre. Quitte à ce que les parents, eux, dorment dans le salon. Mais est-il si sûr que cette solution soit la meilleure pour l'épanouissement de chacun ? La réponse dépend de nombreux facteurs.

La répartition de l'espace familial

Il n'est pas rare qu'une mauvaise gestion de l'espace familial soit la cause de malaises comme de troubles du sommeil chez l'un ou l'autre des membres de la famille : chambre individuelle peu investie, chambre parentale aux multiples fonctions, etc.

Pour que chacun se sente en sécurité, il est souhaitable que les parents aient un espace intime pour abriter leur couple, que le salon soit le centre convivial de la maison, le lieu des échanges familiaux, et que la (les) chambre(s) des enfants ne soi(en)t pas seulement un dortoir, mais aussi un espace de plaisir et de jeux partagés.

Quatre « bonnes » raisons pour donner une chambre à chaque enfant

En admettant que l'habitation le permette, c'est souvent le bon choix dans les cas suivants :

Les enfants sont de sexes différents

Tant qu'ils sont petits, pas de problème. Mais, en grandissant, il est normal que leurs jeux et leurs centres d'intérêt divergent. Normal aussi, pour certains, lorsqu'ils grandissent, que des notions de pudeur puissent finir par créer un malaise. Dans les familles nombreuses, il arrive que l'on fasse la chambre des filles et la chambre des garçons.

L'écart d'âge est important

Là encore, les centres d'intérêt sont tellement différents qu'ils rendent forcément la cohabitation difficile, mais pas impossible. Elle demande à l'aîné une grande patience et au petit d'apprendre le respect de ce qui ne lui appartient pas.

Les conflits entre les deux enfants sont très fréquents

Quels que soient les efforts des parents, il arrive que deux frères ou deux sœurs traversent des phases très conflictuelles, de rivalité et de bagarres sans fin. Si les deux enfants se disputent sans arrêt, il est préférable de leur donner la possibilité de s'isoler, chacun dans son espace.

C'est la demande de chacun des enfants

Et, vu la taille de la maison, il n'y a aucune raison de ne pas le leur accorder.

Quatre « bonnes » raisons de partager la chambre

Partager la même chambre présente de nombreux avantages, cela d'autant plus que les enfants sont de même sexe et d'âges proches.

Cela aide à lutter contre les démons de la nuit

Tous les enfants, entre deux et dix ans environ, ont peur de l'obscurité. Être deux (ou trois), c'est être deux fois plus forts pour chasser tous les monstres cachés sous les lits et les voleurs embusqués dans les placards !

Cela apprend à négocier et à partager

Partager sa chambre, même si elle est grande, oblige à faire de la place à l'autre. Avec le temps, on devient vite solidaires et complices. Les bêtises se font à deux, les bonnes surprises aussi.

Cela double la quantité de jouets disponibles

La chambre étant aussi, le plus souvent, l'endroit où sont rangés les jeux et les jouets, vivre à deux dans cette chambre, c'est avoir, à portée de main, deux fois plus de jouets et le partenaire pour jouer avec !

Cela enseigne à chacun le respect

Vivre à deux dans un petit espace, c'est devoir apprendre, parfois rudement, à respecter l'autre, ses affaires personnelles, ses secrets, son rythme, ses petites habitudes. C'est apprendre, aussi, à se faire respecter.

Il est important que l'enfant se sente bien dans sa chambre

C'est finalement l'essentiel. Jusqu'à ce que l'aîné entre au collège ou démarre son adolescence, les enfants sont souvent heureux d'être dans la même chambre, pourvu que **chacun ait son coin à lui** (bureau, étagère ou tiroir) **inaccessible aux autres** (par respect ou par clé). On peut aussi diviser la chambre par une cloison symbolique (étagère, store coulissant) ou en installant une mezzanine.

Quand les parents auraient rêvé d'avoir une chambre à eux

C'est souvent l'une des causes du choix des parents. Lorsqu'ils étaient enfants, ils ont dû partager leur espace avec leurs frères et sœurs et en gardent parfois des souvenirs amers. Alors ils veulent offrir à leurs enfants ce qu'ils n'ont pas eu mais dont ils ont rêvé : une chambre à soi. Sans se demander si ce rêve est aussi celui de leurs enfants et si cette demande est bien la leur.

Pourquoi séparer des enfants qui préfèrent rester ensemble dans la chaleur, même conflictuelle, de la fraternité ? Avant onze ou douze ans, ils ne sont pas demandeurs de solitude, mais de vitalité.

Vous avez autant de chambres que d'enfants ? Transformez-en une en salle de jeux.

Les lits superposés

Généralement, on met l'aîné en haut, parce qu'il est plus habile, ne se lève plus la nuit et risque moins de tomber, et le plus jeune en dessous. Ce dernier, bien sûr, trouve rapidement cela inadmissible, preuve de plus que son aîné est vraiment privilégié. Que faire ?

• L'aider à admettre qu'effectivement **chaque place dans la fratrie est porteuse de privilèges et d'inconvénients.**

• Promettre que lorsqu'il aura quatre ans (ou cinq, à vous de voir), on fera l'échange chaque année.

• Lui fabriquer une petite maison en tendant un tissu tout autour de son lit.

Si vos enfants dorment dans des lits superposés, vous conviendrez que la vue de celui qui couche dans le lit du bas, vue imprenable sur les lattes, n'est pas des plus agréables. Pourquoi ne pas agrafer, sous le lit du dessus, une grande affiche ou un joli drap décoré et bien tendu ? Ce ciel de lit ravira l'enfant et le protégera en outre de toutes les poussières qui tombent.

57 Comment mettre plus de ***gaieté à la maison*** ?

Faire la fête est surtout une question d'état d'esprit.
Les prétextes, on les invente !

Les enfants aiment la fête. Un seul anniversaire par an, un seul Noël. Entre-temps, cela paraît bien long. Les fêtes qui concernent les enfants sont trop rares, trop attendues, trop préparées aussi. Le jour J passe trop vite. Dès le lendemain, il faut attendre le prochain. Les enfants trouvent que le quotidien, avec son lot de tensions et d'obligations, n'est pas très rigolo. Qui les en blâmerait ?

Inventer la fête au quotidien

La routine de nos emplois du temps, une dose d'agressivité rentrée, la fatigue des fins de journée et la force des habitudes ne favorisent pas l'expression quotidienne d'une franche gaieté.

Les enfants, eux, aiment les fêtes, les jours qui sortent de l'ordinaire. Ils font des surprises, veulent en recevoir. Avec leurs petits cadeaux, leurs dessins et leur joie de vivre, ils nous montrent l'exemple. Alors pourquoi ne pas inventer la fête au quotidien ? Les idées pour faire la fête ne manquent pas. Si vous êtes à court, demandez à vos enfants : eux ne seront jamais en peine d'imagination pour inventer des farces ou vous faire des surprises. Ils aiment préparer et participer, anticipant votre joie et la leur.

La fête : un état d'esprit

Bien plus qu'un surcroît de temps, d'argent ou d'énergie, prendre la vie comme une fête demande d'abord un état d'esprit différent. Il est vrai que chacun rentre fatigué de sa journée d'école, de collège ou de travail. Souvent, les parents n'ont qu'une envie : se détendre, avoir la paix et limiter les contraintes du repas au maximum.

Mais est-ce bien cette idée-là de la vie que nous souhaitons transmettre à nos enfants ? Des journées harassantes qui empêchent toute envie de s'amuser ou d'innover ? N'oublions pas que l'ambiance dans laquelle se déroulent les moments passés ensemble est déterminante pour les adultes qu'ils seront...

Il s'agit seulement de changer son regard

Les petites fêtes du quotidien demandent plus de créativité que d'efforts. Les occasions de surprise, de plaisir ou de complicité partagée sont nombreuses.

• Vous avez fait une jolie tarte ? Profitez-en pour fêter l'arrivée de la nouvelle saison ou l'anniversaire du chat.

• Vous avez acheté une paire de chaussettes pour votre fils ? Enveloppez-la dans un joli papier et faites-en un petit cadeau.

• Vos enfants ne veulent pas aller se coucher ? Improvisez une tente dans un coin de la chambre et confiez-leur des sacs de couchage...

Si vous n'avez pas de temps en semaine pour la fête et pour les moments heureux, réservez-leur le dimanche. La fête des retrouvailles et des câlins, ce peut être le brunch familial, dans le grand lit, au milieu des rires, des bavardages et des miettes.

Un antidote au conflit

C'est lorsque l'ambiance est un peu lourde, les relations tendues, qu'il peut être le plus précieux de **sortir des habitudes** pour tenter autre chose. Même l'enfant le plus « ronchon » sera sensible au changement d'atmosphère et gagné à son tour par la légèreté de l'air.

Un exemple : des repas innovants

Votre enfant renâcle pour venir à table et picore dans son assiette ? Remplacer un repas par un pique-nique au parc (ou sur le tapis du salon) en réjouira plus d'un.

Pensez aussi à un menu inhabituel. Proposez-leur le « repas-fouillis », où tout est mis sur la table et chacun se sert dans l'ordre qu'il veut. Les beaux jours, proposez un repas tout jaune en l'honneur du soleil (maïs, œufs, purée, banane, ananas) ; les jours de pluie, un repas rose (radis, saumon, purée betterave-pomme de terre, yaourt à la fraise, grenadine à l'eau...).

Tous les enfants sont des artistes...

Dans les petites fêtes familiales, **chacun participe**. L'un adorera décorer le plat de crudités, l'autre mettre des petits bouquets sur la table, un autre encore s'entraîner à plier les serviettes comme un chef.

De la vaisselle à jeter joliment imprimée achèvera d'illuminer l'ensemble.

Un moment de liberté et de transgression

Les enfants sont toute la journée dans des systèmes de contrainte où ils doivent être sages, raisonnables, tranquilles, obéissants C'est bien lourd pour des petits qui ne rêvent que de défoulement et de bêtises ! Alors faire **la fête, c'est aussi cet espace de liberté : avoir droit à ce qui est normalement interdit**. C'est aussi jouer à être un autre. D'où la passion des enfants pour le maquillage et le déguisement. La fête, pour eux, ce peut être leur prêter de vrais produits de maquillage pour se grimer à leur goût. Ou bien leur donner libre accès à la garde-robe parentale et les laisser se déguiser en papa ou maman.

La fête au quotidien, pour les petits enfants, c'est le droit de pouvoir faire tout ce qui, habituellement, est interdit. Pour un soir, on peut… Demain, ce sera interdit de nouveau. Quoi donc ?

- Veiller jusqu'à minuit.
- Éclabousser avec l'eau de la baignoire.
- Sauter sur le lit des parents.
- Manger avec les doigts.
- Dormir avec sa sœur.
- Commencer par le dessert, etc.

Transmettre une image du monde

Ces moments de petites fêtes quotidiennes forment un temps où l'on est bien ensemble, un temps sans agressivité, où l'on pense avant tout au plaisir de l'autre. L'essentiel est là : dans cette **joie complice qui unit la famille, sécurise les enfants et leur donne la conviction que la vie est bonne et douce**.

N'oublions pas de rire !

Il paraît que l'on ne rit plus… en tout cas beaucoup moins. Savez-vous que le rire provoque la sécrétion d'endorphines dans le cerveau, qui nous aident à nous sentir plus heureux ? Il détend en profondeur, aide à lutter contre le stress et favoriserait également la guérison de certaines maladies. Il semble bien, par ailleurs, que les habitudes prises dans l'enfance soient déterminantes pour l'avenir…

Pas de doute : ***rire avec nos enfants est bien une nécessité éducative !***

58 Et s'il croit encore au *Père Noël* ?

« Moi, je savais bien que le Père Noël, il existait pas pour de vrai, parce que ma cousine, elle me l'avait dit, mais je l'ai pas dit à mes parents parce qu'ils étaient contents de faire semblant. » Louis, 6 ans.

La légende du Père Noël est merveilleuse. Elle est signe de générosité vraie (les cadeaux « tombent du ciel » sans que l'on ait à les mériter), ainsi que de gratuité du don (l'enfant ne remercie que par la joie qu'il exprime).

Pourtant, la phrase : « Tu crois au Père Noël ! » n'est pas très flatteuse. Elle signifie : « Tu es vraiment trop naïf, tu vas te faire avoir, on t'a trompé. » Or, il n'est jamais neutre de tromper un enfant.

Du mythe au mensonge

Les petits ont tellement confiance en leurs parents qu'ils n'imaginent pas que l'on puisse, même bien intentionnés, leur raconter des choses fausses. La déconvenue de celui qui découvre la vérité auprès des copains peut être grande : **c'est une part de son enfance qui s'envole, et parfois une part de sa confiance dans les adultes**. Il en veut à ses parents de s'être, à cause d'eux, senti ridicule devant les autres. Or vient un âge, environ cinq ans, où la plupart des copains ne croient plus au Père Noël. Ils ont trop vu de bonshommes rouges dans la rue, qui essayaient de faire de l'argent avec leur costume. Ils savent que les rênes ne volent pas, que les appartements n'ont pas de cheminée. Bref, ils entrent dans le monde du réel, le monde des grands.

C'est donc à nous, parents, de faire évoluer progressivement la croyance au Père Noël de notre enfant. La stratégie tient en trois points.

Aider l'enfant à faire la part entre le réel et l'imaginaire

Vous regardez un feuilleton à la télévision ? Expliquez-lui que ces personnages n'existent pas dans la vie.

Vous lui lisez une histoire ? Dites-lui qu'elle a été inventée et montrez-lui le nom de l'auteur.

Aidez-le à faire la part entre ce qui existe « pour de vrai » (lui, vous, son papa, son chien, les informations, etc.) et ce qui existe « pour de rire » (les fées, le héros de son livre, Blanche-Neige… et le Père Noël). L'enfant admet très bien qu'il y a deux niveaux d'existence, l'un réel, l'autre imaginaire, même s'il ne fait pas toujours la part entre les deux. L'essentiel est qu'il connaisse cette distinction.

Vous croisez des Pères Noël dans la rue ou au supermarché ? Votre enfant vous demande comment il peut y en avoir autant ? Soyez clair : ce sont des messieurs déguisés, qui sont là pour vendre des photos ou des jouets, pour distraire les clients et créer une animation.

Ne pas trop attendre pour faire évoluer sa façon de parler du Père Noël

• **Dès le début, parlez-en au conditionnel :** « On raconte que le Père Noël arrive sur son traîneau ; il aurait une grande hotte sur le dos… » Si l'enfant vous demande où il habite : « Moi, je ne sais pas, mais toi, qu'imagines-tu ? Et sa maison, elle serait comment ? » Et le jeu commence, riche de tout un imaginaire construit ensemble et vécu pour ce qu'il est : une histoire que l'on invente.

• **Le jour où il découvrira la vérité,** il aura l'impression de la savoir déjà et ne se sentira pas trompé. Le mode conditionnel, c'est pour parler de ce qui est du domaine du rêve, de l'imaginaire. Le mode affirmatif, pour parler du vrai, du réel. L'enfant, même s'il n'en est pas conscient, sent bien la différence.

• Enfin, un ou deux Noël **avant l'entrée de l'enfant à l'école primaire,** prenez doucement un peu plus de distance avec le mythe. Par exemple, si le Père Noël passe encore à la maison, les amis et les proches, eux, assument leurs propres cadeaux.

Si l'enfant pose des questions directes, répondez avec honnêteté, mais avec beaucoup de douceur. Même avec la sensation « qu'on l'a toujours su », même si cela signifie que l'on partage le secret des grandes personnes, perdre en partie ce qui faisait la magie de Noël génère une certaine tristesse. Passer dans le monde des grands ouvre certes de nouvelles perspectives, mais impose aussi de sérieux renoncements.

À éviter

• Quand l'enfant ramène ce scoop bouleversant : « Machin, il a dit que le Père Noël n'existait pas ! », évitez de répondre : « Bien sûr qu'il existe, puisque je te le dis ; Machin a voulu faire son intéressant ! »

• Contraindre son enfant à y croire, par peur de le voir déçu ou désenchanté : c'est alors qu'il risque de l'être vraiment.

• Le laisser croire au Père Noël au-delà de l'âge de six ans. Avec l'âge de raison, l'enfant ne peut plus croire à de telles histoires qu'au prix d'une distorsion de ses capacités de logique et d'intelligence.

Noël, symbole de générosité

Au-delà des cadeaux, des réveillons, de la fête, Noël est aussi le symbole de la générosité et du souci de l'autre. Votre enfant sait qu'il sera gâté et il se plonge avec délices dans les catalogues de jouets. C'est le meilleur moment pour attirer son attention sur ceux qui ont moins de chance et pour l'aider, très concrètement, à faire lui aussi des dons aux autres, à sa mesure.

59 Comment lui ***parler de la mort*** ?

Le chat de la maison est mort… Ou bien le chien, le hamster, le poisson rouge. Comment aborder avec l'enfant ce premier contact avec la mort réelle ?

Même l'enfant jeune a une idée de la mort et sait qu'elle fait partie de la vie : très tôt, il joue à la guerre, à « Pan ! Pan ! Tu es mort ! », et il s'allonge, immobile, quelques secondes. Il voit de nombreuses morts à la télévision. Seuls ses parents peuvent croire qu'il ne sait rien de la mort et qu'il ne s'y intéresse pas. Lui, s'il osait, vous poserait bien quelques questions…

L'enfant sait que la mort fait partie de la vie

La durée de vie de nos animaux domestiques est brève. Ils sont, comme nous, sujets à la maladie, à l'accident et au vieillissement. Si bien qu'il est fréquent que nos enfants soient confrontés à cette épreuve pénible qu'est la perte de leur petit compagnon. Cette perspective fait même hésiter certains parents avant d'accueillir un animal. Pourtant, cette expérience de la mort, souvent la première à laquelle l'enfant est confronté, peut être formatrice autant que douloureuse.

Comment anticiper ?

L'enfant réagira d'autant plus positivement à la mort de son animal que vous aurez déjà évoqué ce sujet avec lui et qu'il sentira qu'il n'y a pas de tabou à en parler. Vous pouvez lui expliquer que le chat et le chien vivent une quinzaine d'années, le hamster deux ans seulement, etc. Quand l'animal de la maison devient âgé, parlez du moment où il ne sera plus là.

Les occasions de parler de la vie et de la mort ne manquent pas, devant un cadavre d'insecte par exemple. Expliquez qu'il ne respire plus, que son cœur ne bat plus et que rien, sur cette Terre, ne vit éternellement. **S'il pose des questions, répondez clairement**, d'autant plus simplement que votre enfant est jeune.

Comment lui annoncer la mort de son animal ?

Si le décès est prévisible, avertissez votre enfant qu'il n'y en a plus pour longtemps. Montrez-lui comment il peut dire au revoir à son chat et adoucir ses derniers instants. Si vous devez faire pratiquer une euthanasie, expliquez à l'enfant que le vétérinaire va aider l'animal à mourir en douceur, sans souffrir davantage.

Quant à la mort elle-même, elle doit être dite en termes simples : « Le chat était très malade, et il est mort maintenant. » **Il est important d'employer des mots vrais.** Lui dire que son chien « est parti » le ferait attendre en vain son retour. Lui annoncer « qu'il s'est endormi pour toujours » est risqué. Cela peut faire naître des idées fausses sur le sommeil et engendrer des difficultés d'endormissement : l'enfant craint de mourir s'il s'endort.

Comment va-t-il réagir ?

Cela dépend du caractère de votre enfant, et de son âge. Chez l'enfant très jeune, qui n'a pas encore de représentation de la mort et assez peu le sens du temps, la réaction sera souvent modérée. Chez l'enfant plus grand, quand est apparue l'angoisse de séparation, la réaction peut être plus vive. D'autant qu'il a eu plus de temps pour s'attacher à l'animal.

L'important est de laisser l'enfant réagir comme il le sent. Ne jugez pas son attitude : donnez-lui le droit d'être triste… ou non. Certains enfants vont réagir au décès de leur animal comme à tout changement brusque qui survient dans leur vie : par des réactions d'irritation et de colère, par des caprices ou des difficultés de sommeil. Patience et compréhension permettront que tout rentre dans l'ordre.

D'autres enfants, alors qu'ils adoraient l'animal, sembleront d'une relative indifférence, vous laissant ignorer ce qui se passe « à l'intérieur ». Considérer l'animal comme un enfant de la famille et projeter sur lui sa propre angoisse de mort sont des comportements d'adulte, dont les enfants sont généralement protégés.

Faire son deuil

Votre enfant aura peut-être besoin de votre aide et d'un peu de temps pour faire son deuil.

• Vous pouvez expliquer à votre enfant que ceux qui meurent continuent à vivre dans le cœur de ceux qui les ont aimés.

• Regardez ensemble des photos du chat, rappelez-vous ensemble les attitudes et les habitudes qui étaient les siennes et qui faisaient la vie de tous les jours.

• Incitez-le à écrire un texte ou un petit poème en l'honneur de son chat.

• S'il le souhaite, suspendez une photo au mur de sa chambre. Il est important pour chacun de pouvoir continuer à évoquer l'animal : « Tu te rappelles quand il se couchait sur toi, le soir ? »

La perte de son animal favori n'est pas une épreuve gratuite. **C'est l'occasion pour l'enfant de s'oublier lui-même, de grandir et d'avancer dans sa compréhension de la vie.**

Il est important de parler

La mort de l'animal familier va souvent susciter des inquiétudes chez l'enfant.

Si la mort emporte son chat, qui peut-elle emporter d'autres ? S'il sent que c'est possible, il posera les questions qui le taraudent. À vous d'entendre ce qu'il a sur le cœur, de l'inciter à parler et de trouver les mots vrais qui le rassureront.

« Mais pourquoi il est mort ?

- Parce qu'il était vieux (ou malade, ou qu'il a eu un accident). Parce que c'est la vie : tout le monde meurt un jour.

- Toi aussi, tu vas mourir ? Moi aussi ?

- Oui, nous tous, mais dans très longtemps. Pour l'instant, nous n'avons pas fini de vivre, loin de là. »

Il est important d'**aider l'enfant à exprimer ses sentiments**, même s'ils vous inquiètent ou vous surprennent. L'enjeu consiste à être à la fois honnête *et* rassurant, ce qui, sur un sujet comme celui-ci, demande habileté et délicatesse.

Faut-il vite adopter un autre animal ?

Certains parents peuvent avoir l'impulsion de remplacer très vite l'animal décédé. Adopter un nouvel animal peut effectivement aider un deuil à se terminer, mais inutile de se précipiter. Mieux vaut attendre quelque temps, puis emmener l'enfant choisir son compagnon : il s'y attachera rapidement, mais sans qu'un amour efface l'autre.

Les conceptions de la mort

• *Avant cinq ans*

Pour un petit enfant, la mort est un phénomène réversible, comme dans un jeu. Elle est comme un sommeil ou un voyage dont on peut revenir : le mort pense, sent, mais il est contraint à l'immobilité.

• *De cinq à neuf ans*

La mort devient un événement définitif, imposé de l'extérieur. Les morts ne sont pas dans le néant : ils se retrouvent et connaissent un autre mode de vie, plus ou moins décalqué du nôtre.

60 Comment gérer *l'âge de la pudeur* ?

Un jour vient où l'enfant, comme Adam et Ève en leur temps, découvre qu'il est nu. Il éprouve alors le désir de se cacher et peut se sentir gêné par la nudité des autres.

« Pourquoi tu ne mets pas de pyjama, toi ? », demande Charline, six ans, à sa mère, avec un soupçon de reproche dans la voix. Elle a pourtant souvent vu ses parents nus, mais là, elle semble avoir du mal à le supporter. Elle-même, depuis quelque temps, ferme plus soigneusement la porte de la salle de bains lorsqu'elle prend sa douche.

Une pudeur toujours actuelle

Les questions que se posent les parents d'aujourd'hui sur la nudité auraient été inimaginables pour les leurs. La vision courante de corps nus, en couverture des magazines, sur les plages, a accompagné, au sein du foyer, l'apparition de comportements plus libres et plus naturels face au corps. La gêne de la nudité en famille a presque disparu et rares sont ceux qui s'en offusquent. Parents et enfants sont plus spontanés, trouvent davantage de plaisir simple à vivre ensemble dans une plus grande intimité physique. Les tabous et la pudeur ont-ils disparu pour autant ? Certes non, et c'est tant mieux. Car, si les attitudes ont changé, les enfants sont restés les mêmes et les abus toujours aussi dangereux.

On sait que **les enfants ne voient pas le corps, la nudité, la sexualité, de la même manière que les adultes**. Et qu'ils sont évidemment beaucoup plus vulnérables.

Une découverte par étapes

• Pour les petits enfants, être nus est un grand plaisir. Avant deux ans, c'est une question de confort et d'aisance. L'enfant est joyeux de courir sans vêtements à travers la maison, dans l'herbe ou sur la plage, de jouer et de s'éclabousser. Après apparaît la fierté de montrer ce que l'on est et à quel sexe on appartient. L'enfant aime déambuler nu, s'admirer dans la glace, se comparer aux autres enfants. Il s'interroge, et sa curiosité le conduit parfois à désirer voir ou toucher le corps de l'adulte. À ce dernier de refuser, gentiment mais clairement.

• Vers trois ou quatre ans, l'enfant entre dans une phase importante de son développement où il se pose beaucoup de questions sur la sexualité et sur ses parents. Il cherche parfois à créer des conflits entre eux, ou à s'approprier l'un de ses parents (« Quand je serai grande, je me marierai avec papa et j'aurai un bébé », dit Carole, quatre ans, à sa mère). La nudité des parents, trop exposée, peut alors être perturbante. C'est un âge où il faut être à la fois prudent et clair dans ses actes et ses paroles.

Un peu plus tard, à un âge variable, **l'enfant découvre la pudeur, qui est une étape normale de son développement**. Se moquer de lui serait lui manquer de respect. À ce moment, même la nudité des autres peut le gêner. Il revendique que l'on frappe à la porte de la salle de bains. Il réclame des vestiaires séparés à la piscine, car le regard des enfants de l'autre sexe le dérange plus encore. L'enfant rejoint, dans son comportement, les adultes qui n'aiment pas se montrer nus en famille. Nul n'a à se forcer. Chacun, adulte comme enfant, doit avoir le libre droit de dire oui ou non.

Un choix culturel ou familial

Vivre la nudité au foyer sans complexe est un choix personnel : si nul n'est gêné, cela aidera peut-être l'enfant, devenu adulte, à se sentir bien dans son propre corps. La nudité en elle-même ne pose pas de problème, à trois conditions :

• L'enfant sent que l'on répondra honnêtement aux questions qu'il se pose sur le corps en général ;

• Il a droit au respect de sa propre intimité corporelle (dès trois ans, il peut se laver seul et aller seul aux toilettes) ;

• Les limites des droits et des interdits concernant le corps sont clairement posées.

Si l'enfant sait sans ambiguïté que **son corps n'appartient qu'à lui et relève de son intimité**, il sera plus à même de savoir se protéger d'adultes qui chercheraient à abuser de lui (voir « 16. Comment mettre en garde contre les abus sexuels ? », page 74).

Un lien entre pudeur et sexualité

L'enfant, garçon ou fille, devient pudique lorsqu'il a commencé **à entrevoir ce qu'il en est du rôle du corps dans la sexualité**. Il sent bien ce que tout cela recèle de mystère et qu'il devra attendre les vraies réponses encore de longues années. Il se protège, et c'est une attitude que les adultes doivent respecter. Parallèlement, c'est le moment d'**ouvrir avec lui un dialogue**. Il va s'agir de mettre des mots (et des images, éventuellement) sur les questions qu'il se pose mais n'ose pas toujours aborder directement.

61 Comment faire les courses en évitant ***les caprices*** ?

« Maman, prends ces raviolis-là, ils sont meilleurs, je l'ai vu à la télé », dit Clara, huit ans, *qui accompagne sa maman au supermarché.*

Enzo, six ans, assis dans le siège du chariot, crie pour que sa mère achète « les yaourts avec les petites perles qu'on mélange ». Mais les raviolis visés et les yaourts sophistiqués sont deux fois plus chers que ceux de la marque du magasin…

Que faire ? Céder pour leur faire plaisir, parce qu'après tout, ce n'est pas grand-chose ? C'est mettre la main dans un engrenage redoutable : avec l'âge, les demandes de marques touchent des produits plus onéreux. Attention alors au porte-monnaie ! Refuser en prenant le risque de hurlements en plein magasin ? N'est-ce pas frustrer l'enfant d'un plaisir ? Faut-il faire une histoire pour une question de principe ? Bref : comment limiter les dégâts face à ces exigences, directement issues des spots télé ?

L'influence de la publicité

D'après les études marketing, environ 30 % des enfants de deux à huit ans choisissent leurs marques et les réclament avec véhémence. Ce chiffre est en constante augmentation. Les marques exigées par ces très jeunes consommateurs sont celles qui font le plus de publicité.

« Jusqu'à l'âge de sept ou huit ans, les enfants ne savent pas faire la différence entre les messages publicitaires et les autres programmes télévisuels, ils n'en comprennent donc pas la finalité commerciale. Il en découle donc que la vulnérabilité des jeunes enfants vis-à-vis des spots fait de ces derniers une cible particulièrement appréciée des publicitaires. Vers dix ans, une grande majorité des enfants perçoivent ainsi les intentions commerciales du discours publicitaire. La confiance que les enfants accordent à ce type de message décroît donc avec l'âge, s'expliquant par une perception plus aiguë du caractère commercial d'une diffusion[1]. »

La réaction des parents

D'après les enquêtes, les parents cèdent le plus souvent. Pour faire plaisir ou pour avoir la paix.

Lorsque le prix du produit réclamé est en gros le même que celui du produit habituel, pourquoi pas ?

Mais c'est rarement le cas. Plus un produit est nouveau, élaboré, et plus il est cher, car les coûts de mise au point, de lancement et de publicité sont énormes. À l'arrivée, sur les courses de la semaine, la ponction dans le porte-monnaie n'est pas la même.

1. www.youngplanneur.fr/2010/01/dossier-influence-de-la-publicite-sur-les-enfants

Comment résister ?

Sans pour autant frustrer vos enfants ou passer pour un mauvais parent…

• Faites une liste de courses avant de partir, au calme, en fonction de vos besoins et des désirs de chacun, et tenez-vous-y. Vous éviterez ainsi les achats d'impulsion, qui sont les plus dangereux.

• Prévenez l'enfant en arrivant au magasin : « Aujourd'hui, on ne prend rien de plus », ou alors : « Tu choisis les biscuits du goûter et c'est tout. » Une façon de procéder qui satisfait tout le monde : **dire une fois oui pour pouvoir dire non ensuite**. À chaque fois que l'on fait les courses, l'enfant peut choisir un produit, tantôt un yaourt, tantôt un paquet de gâteaux, tantôt son parfum d'adoucissant textile, etc.

• Pour laisser à l'enfant le plaisir de décider, donnez-lui le choix entre deux produits qui vous conviennent également. « Choisis les flans. Tu préfères chocolat ou caramel ? »

• Faites des tests comparatifs : les céréales habituelles contre celles de la marque réclamée et plus chère. Les yeux fermés, lesquelles sont les meilleures ?

• Une demande, un désir précis, ça ne se satisfait pas forcément, mais ça se « parle ». Plutôt que de dire non, engagez la conversation : « Oui, ça a l'air délicieux, je comprends que tu en aies envie… Tu crois que c'est quelle couleur dedans ? Tu te souviens de la publicité ? Pas aujourd'hui, mais la prochaine fois peut-être… » Et le rayon est passé.

• L'enfant, dans son chariot, réclame moins s'il est occupé et responsabilisé. Donnez-lui la tâche de ranger les objets correctement. Confiez-lui un petit crayon pour « lire » les codes-barres. Les plus grands peuvent rayer la liste des courses au fur et à mesure des achats, peser les fruits ou additionner les prix sur une machine à calculer.

• Dès qu'il en est capable, apprenez à votre enfant à lire les étiquettes : « Tu vois, ces yaourts-là sont deux fois plus chers. Tu en préfères un pack comme celui-ci ou deux packs comme celui-là ? »

• Montrez aux plus grands comment comparer les prix au litre ou au kilo.

Finalement, bien plus que d'accéder ou non aux exigences de nos enfants, **l'enjeu est de les éduquer pour en faire les consommateurs de demain.**

Expliquer le rôle de la publicité

La plupart des demandes des jeunes enfants pour des produits précis sont déclenchées par les spots télé. Limiter ces demandes passe donc par une information sur la publicité.

Même à un enfant jeune, on peut expliquer que la publicité n'est pas un petit film comme les autres. Elle est destinée à informer sur les nouveaux produits et à influencer les comportements d'achats. Elle présente les produits de manière très séduisante et elle en dit toujours du bien parce que son but est de les faire acheter. Contrairement aux informations ou à d'autres programmes, les pubs sont payées (très cher) par les fabricants, qui se rattrapent sur le prix de vente des produits, etc.

62 Comment le faire participer ***aux tâches ménagères*** ?

« Quand Clément était petit, je n'avais pas de soucis pour me faire aider. Mais depuis le collège, tout est prétexte pour couper aux tâches : un contrôle à venir, une recherche "urgente" sur Internet, un cours de hip-hop, un soudain besoin d'envoyer un texto... » Une maman.

L'enfant qui participe avec enthousiasme aux tâches ménagères et qui n'oublie pas un seul jour les petits travaux qui lui incombent, vous ne le trouverez jamais. Ce n'est pas pour autant que vous devez renoncer à une attente raisonnable : un enfant qui prend sa part, sans rouspétance permanente ni conflits quotidiens. Comment y parvenir ?

Commencer tôt

La partie sera gagnée lorsque tirer sa couette le matin ou ramasser ses affaires derrière soi sera devenu une habitude. Lorsque vous n'aurez plus à demander. Pour cela, commencer tôt est nécessaire. **Dès trois ans, l'enfant peut participer au rangement**. Puis, selon son âge et ses disponibilités, la participation demandée évolue.

L'enfant trouve normal, s'il y est habitué, que chacun, lui compris, participe à la vie collective. Encore faut-il bien lui expliquer : dans la maison, chacun est responsable de ses affaires et, dans une moindre mesure, de la bonne marche de l'ensemble.

Quoi demander ?

À la maison, il y a deux sortes de tâches : les tâches « personnelles » (ranger sa chambre, mettre son linge sale dans le panier) et les tâches « collectives » (nourrir le chat, vider le lave-vaisselle, mettre la table). Participer aux deux, c'est apprendre non seulement à devenir autonome, mais aussi à faire pour les autres. **À partir de six ans, un enfant peut tout à fait être responsable de deux ou trois tâches individuelles et d'une tâche collective**.

L'enfant a souvent tendance à trouver qu'il en fait bien assez, mais pas vous. Disons qu'une demande raisonnable peut prendre la forme suivante : une ou deux tâches journalières (faire son lit, mettre la table), une tâche hebdomadaire (ranger sa chambre, nettoyer la cage du lapin) et une tâche mensuelle (laver la voiture).

Il arrive qu'un enfant ait du mal avec certaines tâches : vider la poubelle le dégoûte, ranger le décourage Pourquoi dans ce cas ne pas lui donner le choix entre plusieurs tâches ? C'est l'enfant qui décide, en accord avec le reste de la famille, de ce qu'il fera : sur cela, il s'engage. « Préfères-tu nettoyer la cage du hamster ou mettre la table ? »

Comment s'y prendre ?

La mise en place de la routine demande quelques efforts au départ. **L'accord de l'enfant est souhaitable, ainsi que son engagement**. S'il y a plusieurs enfants, un tableau de rappel des tâches de chacun, affiché sur le réfrigérateur, est nécessaire. L'organisation est parfois complexe : c'est Clémence qui met la table le soir, mais le mardi elle a gym, donc c'est Baptiste qui la remplace. En échange, c'est elle qui débarrasse le soir où il est au conservatoire. Ils sortent le chien une semaine sur deux, etc.

Une attitude positive de votre part aidera beaucoup à la mise en place de bonnes habitudes. Vous expliquez que **si ces tâches sont effectivement répétitives et parfois ingrates, elles sont néanmoins indispensables et normales.** Avoir une maison rangée, des vêtements propres, un chien, de bonnes choses à manger, tout cela procure du plaisir mais impose des contraintes. La vie est faite de ce mélange.

En tant que parent, **votre propre attitude** face au ménage **va servir de modèle** : le faites-vous en chantant ou en râlant ?

Les attitudes à éviter

Si vous interrompez votre enfant au milieu de son jeu vidéo ou de son émission de télé favorite pour lui demander d'aller acheter le pain ou de ramasser les feuilles dans le jardin, il y a peu de chances pour que vous soyez obéi avec le sourire. Mieux vaut lui donner un délai et le choix du moment : « Tu y vas quand tu veux, mais je tiens à ce qu'il y ait du pain sur la table au dîner. » L'enfant se sent responsabilisé : il n'oubliera pas.

« Tu me prends pour ta bonne ? », lancé en rangeant à sa place, reflète votre énervement devant ses affaires qui traînent, mais n'améliore pas la situation. Mieux vaut redire calmement à votre enfant ce que vous attendez de lui : « Puisque tu as fini de goûter, tu ranges tes affaires et tu passes un coup d'éponge sur la table. Non, pas plus tard, maintenant. »

Faut-il récompenser ou punir ?

Les punitions sont inutiles si les règles sont claires. Ce sont alors les conséquences logiques qui s'appliquent. « Tu sortiras jouer avec tes copains quand tu auras fini de faire ce que je t'ai demandé », ou : « Pas d'ordinateur tant que le lave-vaisselle n'est pas vidé. » Si c'est difficile, il faut revenir à l'engagement de l'enfant.

Si vous pensez que cette participation de chacun aux tâches de la maison est normale, **les récompenses sont également inutiles**. Ce qui n'empêche nullement de faire preuve de compréhension (« Je sais que ce n'est pas drôle, mais bon ») et de remercier (« J'apprécie que tu aies rangé. Cela m'aide beaucoup. Merci. »).

Les filles et les garçons

Les études récentes aboutissent toutes au même constat : la participation des filles aux tâches ménagères est plus importante que celle des garçons. Si l'on demande aux garçons de ranger leur chambre ou de faire leur lit, on exige rarement d'eux qu'ils prennent soin de leur linge ou aident à la préparation du repas.

Attention à ces distinctions ! D'une part les filles renâclent, trouvant cela de plus en plus injuste. D'autre part, ce n'est pas rendre service à ces garçons. Devenus de jeunes hommes, ils quitteront maman : il leur faudra alors se débrouiller seuls. Enfin, pensez à leur future femme qui demandera le partage des tâches.

63 Comment annoncer aux enfants *le divorce, la séparation* ?

Votre décision est prise : vous allez vous séparer. Un enfant est très déstabilisé par l'annonce d'une séparation. Son monde vacille. La manière dont vous allez l'annoncer à votre enfant est très importante. Sa réaction en dépend.

Aujourd'hui, entre un tiers et la moitié des mariages se terminent par un divorce. En ce qui concerne les séparations des couples qui vivent ensemble sans être mariés, une seule certitude : la proportion est encore plus importante.

Pour l'enfant, c'est toujours une souffrance

Être enfant de divorcés n'est plus une exception ou une honte, loin de là. On peut même dire que, en Région parisienne, les enfants de familles « classiques » sont devenus minoritaires. Pour autant, **la séparation des parents est toujours une souffrance pour l'enfant.**

Pour l'enfant, c'est souvent un vrai choc, surtout s'il n'a rien senti venir, si ses parents ne se sont jamais vraiment disputés. Même si vous pouvez honnêtement penser que la séparation est une meilleure solution, pour l'enfant, que vivre dans les tensions ou les conflits permanents, ne vous attendez quand même pas à des remerciements.

Une fois la décision prise, comment en parler ? Ces quelques conseils vous aideront à passer ce cap difficile.

Quand le dire ?

Dès que la décision est prise et qu'elle va être suivie d'effets. Inutile d'attendre que l'enfant se pose des questions ou s'inquiète. Même les très jeunes enfants doivent être mis au courant, avec des mots simples, à leur niveau.

L'effet de surprise, avec l'impression que tout s'écroule, peut être redoutable. Il sera moins important si l'enfant a senti le vent souffler et qu'il s'attend, plus ou moins, à votre annonce.

Au moment de parler, vous serez probablement ému et vous aurez peut-être du mal à trouver les mots justes. **Aussi serez-vous plus à l'aise si vous avez préparé auparavant ce que vous avez l'intention de dire.**

Avec qui ?

Si la relation avec le père ou la mère de vos enfants le permet, **il est souhaitable que vous les informiez ensemble**. Ils seront rassurés de constater que vous pouvez encore communiquer et vous entendre sur l'essentiel : eux. Le but est de faire sentir aux enfants que leurs parents maîtrisent la situation et qu'ils sont capables de résoudre eux-mêmes leurs problèmes.

Vous pouvez parler à vos enfants en même temps. Cela renforcera pour eux l'effet de solidarité. S'ils sont d'âges très différents, mieux vaut parler à chacun avec les mots qu'il peut entendre et comprendre.

Comment ?

• En évitant si possible le drame et les larmes. Plus vous saurez garder votre calme et mieux cela vaudra. N'oubliez jamais que **le besoin essentiel de l'enfant dans cette situation est d'être rassuré**. Votre calme fait passer le message souhaité : « Même si mon monde est bouleversé, mes parents gardent le contrôle. »

• Ce n'est pas le moment de régler vos comptes avec votre conjoint ou de démarrer un conflit. **Gardez les reproches personnels et les accusations pour une autre occasion**. Ce qui aidera le plus votre enfant à entendre ce que vous avez à lui dire et à accepter cette nouvelle situation sera de constater qu'il existe entre ses parents une relation sinon amicale, du moins tolérante et respectueuse.

• Gardez toujours en tête que vous parlez à un enfant. Employez des mots simples et sobres.

Évitez les détails sur votre vie de couple ou vos déboires sentimentaux : cela ne le concerne pas.

Quoi dire ?

La vérité, simplement, en vous centrant sur ce qui concerne l'enfant. « Tu as senti que cela n'allait plus entre ton papa et moi, malgré nos efforts. Nous avons finalement décidé de nous séparer. C'est triste, mais ce sont des choses qui arrivent. Nous allons nous organiser pour que tu n'aies pas trop à en souffrir. »

L'enfant veut savoir s'il va devoir déménager, s'il changera d'école, s'il vivra toujours avec son chien, s'il pourra continuer le judo, où seront ses affaires, comment s'organisera sa vie…

Insistez sur ce qui restera pareil : plus il y aura de changements et plus il aura de mal à les gérer.

Les deux points essentiels

Plus que tout, il a besoin d'être rassuré de manière ferme et tendre, par ses deux parents, sur les deux faits suivants :

• **Il reste l'enfant de ses deux parents et il ne risque pas de perdre leur amour** ;

• **La séparation n'est en rien la conséquence de son comportement et il n'est rien qu'il aurait pu faire pour l'empêcher.**

À chaque enfant sa réaction

Certains exprimeront des émotions de tristesse ou d'inquiétude. D'autres réagiront avec plus de violence. D'autres encore se montreront irritables ou amers. Tout cela est normal. Dans quelque temps, ils reprendront le dessus. Et vous aussi.

Et certains enfants ne montrent rien. Ils ne manifestent apparemment aucune réaction à l'annonce de la séparation. Cela peut être dû à plusieurs raisons :

- Ils n'ont pas encore compris toutes les conséquences ;
- Il leur faut du temps pour réaliser ;
- Ils s'y attendaient ;
- Certains peuvent même être soulagés, si l'ambiance était très dure ;
- Ils ne montrent rien de leurs émotions intérieures.

Permettre aux enfants de s'exprimer

Il va falloir que vous laissiez à vos enfants le temps de se faire à la nouvelle situation. Évitez de vous fâcher après eux, faites preuve de patience, encouragez l'expression et la discussion.

Quand les deux parents ont parlé, qu'ils ont l'un après l'autre exprimé leur façon de voir les choses, il est important de **donner la parole aux enfants** : « Y a-t-il des questions que tu voudrais nous poser ? »

Certaines questions vous surprendront peut-être. Essayez d'y répondre tranquillement.

Une fois la conversation terminée, renvoyez les enfants à leur routine quotidienne. Il n'y a rien de plus rassurant pour les enfants que de constater qu'il est toujours obligatoire de se laver les dents avant d'appeler depuis son lit pour avoir un dernier bisou…

64 Comment gérer la demande s'il veut aller *vivre chez son père* ?

« Je veux aller habiter chez papa ! » Il y a autant de façons différentes de le dire que d'enfants pour l'exprimer… Et ce n'est pas toujours facile de l'entendre et d'y répondre.

Soraya, treize ans, l'a lâché d'un coup, un dimanche soir en revenant de chez son père. Thomas, quatorze ans, y revient chaque fois qu'un conflit l'oppose à sa mère ou sa sœur : « J'en ai marre, il n'y a que des femmes ici, je veux me tirer. » Ben, dix ans, en parle rarement, d'une voix douce, comme s'il n'osait pas insister pour ne pas blesser sa mère.

La situation est fréquente. La séparation des parents a eu lieu lorsque les enfants étaient encore jeunes et le juge a décidé que la résidence principale des enfants serait chez leur mère. Puis les années passent, les enfants grandissent, l'idée de la résidence alternée fait son chemin. Et un jour, la demande est formulée. Comment y répondre ?

D'abord entendre le besoin

L'enfant peut avoir du mal à identifier ses vraies raisons. C'est pourquoi, lorsque survient la demande d'aller vivre chez l'autre parent, il faut prendre le temps de discuter calmement et comprendre ce qui la sous-tend. La question à se poser est la suivante : est-ce un besoin, un désir ou un coup de tête ?

Un adolescent élevé par sa mère peut ressentir, au cours de son développement, le besoin de se rapprocher de son père. Il a la nécessité, pour se construire, de s'identifier à un homme. Par ailleurs, **un garçon comme une fille peuvent, à l'adolescence, ressentir le besoin de s'éloigner de leur mère** et trouver une plus grande autonomie.

Il est fréquent que la mère ressente, en écho, la nécessité de « passer la main ». Les compétences de chacun ne sont pas en cause : pour construire un adulte, mieux vaut être deux. Pour devenir un homme, un garçon a besoin d'un modèle masculin.

Si ce n'est qu'un désir

Le désir est moins profond, mais peut être fort et durable. L'enfant veut changer de maison, de parent « quotidien », de cadre de vie. Ses raisons sont généralement de deux ordres.

• Il veut s'éloigner de chez sa mère. Les conflits sont trop nombreux, la discipline est trop stricte (ou pas assez), le petit frère est pénible, il ne supporte pas le compagnon de sa mère, etc.

• Il veut se rapprocher de chez son père. Il imagine que la vie y sera plus agréable. On lui fichera la paix, il aura sa chambre, il rejoindra sa demi-sœur qu'il adore, la vie y est plus gaie, etc.

Toutes les raisons sont légitimes et intéressantes à entendre. Dans les critiques exprimées par l'enfant, on peut puiser des idées pour rendre la vie quotidienne plus agréable pour chacun.

Ou un coup de tête

« Puisque c'est comme ça, je vais vivre chez papa ! » est aussi une phrase dont l'enfant peut se servir comme d'un chantage. À chaque conflit avec sa mère, à chaque exigence ou frustration, la menace revient, dans le but de faire céder l'adulte.

Pour faire cesser cette attitude, **les deux parents doivent adopter une position commune**, qui permettra à la mère de répondre : « Pour l'instant, tu vis ici. Si quelque chose doit changer, c'est ton père et moi qui en déciderons après en avoir discuté avec toi. Maintenant, tu fais ce que je te demande. »

La demande est-elle réalisable ?

Le besoin ou le désir légitime de l'enfant d'aller vivre chez son père, même avec l'accord de la mère, ne sont pas suffisants. Restent à prendre en compte :

L'accord du père

Même un père attaché à ses enfants, qui les reçoit régulièrement depuis la séparation parentale, peut ne pas se sentir prêt à vivre au quotidien avec l'un de ses enfants. La disponibilité, la place, l'énergie que cela demande ne sont pas seulement une question d'amour ou de bonne volonté.

Les questions matérielles

La réponse à la demande de l'enfant ne peut pas être la même selon que le père a une grande maison à deux rues de là ou qu'il vit dans un deux-pièces à l'autre bout de la France. D'une manière générale, plus le changement induit est important (changement de ville, d'école, de copains…) et plus il faut prendre le temps de réfléchir.

En conclusion, si l'enfant veut aller vivre chez son père, pourquoi pas ? Alterner la résidence est une bonne idée. Mais jamais sur un coup de tête. **Une telle décision demande réflexion, temps et dialogue entre toutes les parties concernées.**

Une demande souvent blessante

Si la demande d'aller « vivre chez papa » est souvent lâchée lors de conflits, c'est que l'enfant puise dans la colère la force de dire ce qui va à coup sûr blesser. Même une maman bien d'accord dans sa tête sur le fait qu'il est tout aussi normal de vouloir vivre avec son père qu'avec sa mère ne pourra s'empêcher d'avoir le cœur gros. Difficile d'éviter de se sentir rejetée par cet enfant que l'on aime tant, à qui l'on a tant donné. Difficile aussi, l'idée d'une maison vide…

Seule solution : voir son émotion profonde, sans se juger ni se culpabiliser. Puis s'efforcer de faire la part entre l'intérêt de l'enfant et sa propre vulnérabilité. Cela s'appelle être adulte.

65 Quelle attitude adopter lors des premières vacances *avec l'enfant de l'autre* ?

Refaire sa vie, avec un conjoint père ou mère de grands enfants, n'est pas de tout repos. La tolérance n'est pas le point fort de ces derniers. Ils ne passent rien !

L'enfant se réjouit rarement lorsque l'un de ses parents trouve un nouveau conjoint. Pour lui, c'est d'abord le signe concret qu'il perd tout espoir de réconcilier ses parents. Il réalise que son désir de les voir reformer sa famille d'origine est vain. C'est un deuil à faire, qui demande du temps et ne s'effectue pas sans quelques remous.

Savoir à quoi s'attendre permet de mieux faire face aux difficultés qui pourraient surgir. Une condition pour que les choses s'arrangent : **faire preuve de diplomatie et de patience.**

Au début du séjour : établir la confiance

Instaurer des relations agréables et proches avec l'enfant de votre conjoint vous demandera un peu de temps et pas mal d'habileté. La confiance, cela se mérite : il ne vous l'accordera qu'après l'avoir testée longuement.

Voici quelques conseils pour tenter d'« apprivoiser » les plus récalcitrants.

• **Ne tentez pas de remplacer le parent naturel.** Vous n'avez pas à vous comporter comme une mère ou un père de remplacement. L'enfant en a une/un, cela lui suffit.

• Ne tentez pas davantage de rivaliser avec sa mère ou son père. Tant pis si l'ado vous signale qu'il cuisine mieux que vous ou qu'elle, au moins, elle repasse les tee-shirts. Répondez-lui : « Chacun son style. » **Soyez vous-même, c'est ce qui « passera » le mieux à long terme.**

• Ne forcez pas une familiarité prématurée. Montrez-vous amical, ouvert, et laissez l'enfant s'approcher à son rythme, quand il sera prêt.

• Donnez-vous pour consigne de ne jamais critiquer le parent absent, ni d'en parler de manière désobligeante. **Évitez toute guerre et toute rivalité.** Et si l'enfant vous lance : « Mon père, il sait mieux faire les spaghettis bolognaises que toi ! », répondez une phrase du genre : « Ah oui ? Ils doivent vraiment être délicieux. Mais tu sais, chacun sa recette ! »

Expliquez clairement les rôles, la place et les tâches de chacun tels que vous les avez définis. Qui dort dans la chambre de qui, qui se charge de mettre la table et de débarrasser, comment on décide du planning de la journée, si nécessaire combien d'heures pour les révisions scolaires, etc. Chacun peut donner son avis. Une fois l'accord trouvé, on essaie de s'y tenir.

Pendant le séjour

• Accordez à l'enfant, de bon cœur, le droit de ne pas vous aimer. L'amour ne se commande pas. L'enfant doit savoir qu'il ne perdra pas pour autant l'amour et l'estime de ses parents. **Ne faites aucune pression affective.** La relation se construira d'elle-même au fil des jours.

• Acceptez une certaine dose d'agressivité et de provocation, sans trop réagir. Mais refusez de vous laisser maltraiter ou victimiser. Le respect vous est dû. **La limite n'est pas toujours facile à trouver, et c'est avec le parent que vous devez en discuter et vous affirmer.** C'est à lui de vous soutenir et de vous aider à vous sentir à l'aise. De votre côté, restez ferme et chaleureux.

• L'enfant peut, sans être agressif, choisir de marquer sa distance, voire de vous ignorer. C'est son droit, sa manière à lui de gérer la situation : ne le forcez pas dans ses retranchements.

• Les filles sont souvent jalouses de la tendresse que leur père manifeste à sa nouvelle compagne. Sans pour autant vous cacher, évitez les câlins trop appuyés devant les enfants, qui seraient ressentis comme une provocation douloureuse.

Faites preuve de patience et de constance. Il faut se donner du temps pour apprivoiser un enfant et lui faire comprendre qu'il peut, sans nuire à personne, créer de bonnes relations avec vous. Un jour, il trouvera formidable de gagner un « parent » supplémentaire, qui l'aime et lui porte un intérêt sincère.

Pour l'autorité, prudence de sioux

En tant qu'adulte, il est naturel que vous ayez un rôle éducatif auprès de ce jeune dont vous partagez temporairement la vie. Mais il n'y a rien de plus délicat à faire passer que des notions de discipline face à un adolescent qui n'en veut aucune. Comment faire ?

• Toute tentative de « faire de l'autorité » se soldera par : « Tu n'es pas ma mère (mon père), tu n'as rien à me dire », si votre relation n'est pas d'abord fondée sur l'affection et la confiance. Vos efforts doivent donc viser avant tout à assurer une bonne qualité de relation.

• Ne faites preuve d'autorité qu'avec l'accord du parent, clairement soutenu par lui sur ce point précis. Sinon, vous créez une faille entre vous dans laquelle l'enfant va s'engouffrer.

• Tenez compte du fait que les exigences du parent absent en matière de comportement ne sont peut-être pas les mêmes que les vôtres. L'enfant peut apprendre de nouvelles règles : encore faut-il les lui expliquer clairement.

Et si c'est votre enfant qui part avec son père (sa mère) et la nouvelle compagne (le nouveau conjoint) ?

Pour une maman, quitter son enfant le temps des vacances, c'est déjà un crève-cœur, mais savoir qu'il passera ces quelques semaines avec la compagne de son ex-mari, voilà qui rend les choses franchement difficiles. Ces quelques conseils devraient permettre que chacun puisse profiter de ce moment.

• Ne montrez pas votre contrariété ou votre tristesse à votre enfant : vous lui gâcheriez son plaisir de partir en vacances et de retrouver son papa.

• **Parlez avec lui de ces vacances en termes positifs et rassurants.** Racontez-lui ce qu'il fera.

• En faisant sa valise, glissez-y un petit objet de la maison, un paquet de ses bonbons préférés, etc.

• Dites-lui que vous penserez à lui, que vous lui téléphonerez régulièrement. Dites-lui où vous serez.

• Et **préparez-vous un emploi du temps agréable, plein de loisirs impossibles quand votre enfant est là !**

66 Comment réagir quand, les vacances venues, *on ne le voit plus* ?

Vous aviez prévu des vacances en famille.
L'occasion d'enfin se retrouver.
Mais votre enfant a rapidement disparu.
Vous oscillez entre compréhension,
inquiétude et frustration.

Que ce soit en location, en club, en camping ou chez les grands-parents, l'idée est la même : on est enfin disponibles les uns pour les autres, on va enfin pouvoir partager du temps et faire des choses ensemble.

Une réalité bien différente...

Trois jours après votre arrivée, le temps pour chacun de prendre ses marques, le constat est que les choses ne se passent pas comme prévu. L'adolescent a « disparu ». Plus exactement, on ne fait que le croiser. Il émerge péniblement à midi quand vous rentrez déjà des courses ou de la plage. Il avale son bol de céréales pendant que vous faites griller les sardines au barbecue, puis il part rejoindre ses copains quand vous n'en êtes qu'au café. Un vague passage en fin d'après-midi pour piquer dans le frigo de quoi se faire un en-cas plantureux, puis il disparaît à nouveau. Toute tentative de contrôle ou d'explication est vaine. « Où vas-tu ? — Je sors. — Pour aller où ? — J'sais pas. — Avec qui ? — Des potes. — Tu reviens quand ? — J'sais pas, ça dépend de c'qu'on fait. »

Vous êtes partagé entre le plaisir qu'il passe de bonnes vacances, l'inquiétude de ne pas savoir ce qu'il fait et la frustration de ne pas le voir davantage. Comment réagir ?

D'abord, il faut comprendre

Pour lui, comme pour vous, les vacances sont synonymes de liberté. Toute l'année, l'adolescent subit des contraintes : celles du collège, des heures de devoirs, celles des repas et des échanges familiaux, celles de ses activités extrascolaires À l'âge où compte avant tout le désir de liberté, cela devient insupportable. Vous aimez, en vacances, gérer librement vos repas et votre sommeil, voir qui vous voulez, oublier les « il faut » ? Lui aussi.

À une différence près, de taille : si vous voulez surtout du temps pour vous reposer et profiter de votre famille, lui veut faire toutes sortes d'expériences nouvelles. Évidemment, pas sous vos yeux, donc le plus loin possible du parasol familial !

À cet âge-là, être avec ses parents sur la plage ou au bord de la piscine, c'est « la honte ». Non que les adolescents fassent forcément des choses répréhensibles ou que vous n'aimeriez pas les voir faire, mais **ils ne peuvent se construire que dans une certaine transgression, réelle ou imaginaire. Avec des jeunes de leur âge.** Tournez le regard quelques minutes vers vos propres souvenirs et rappelez-vous vos vacances d'adolescence…

Grandir, c'est partir…

Il faut accepter que l'enfant grandisse : cela passe nécessairement par un éloignement. Bientôt votre enfant partira en vacances avec ses amis plutôt qu'avec vous. Ces vacances partagées, mais où chacun trouve son rythme et ses activités, sont des moments de transition nécessaires et bienvenus.

Parce qu'il y a moins de risques à traîner dans les rues, se promener sur la plage ou rester dehors le soir, l'été est justement le moment de laisser la bride sur le cou de son adolescent. **Il faut bien que les enfants nous échappent et se confrontent librement à la réalité, sans être constamment surveillés ou orientés.** Sans cette possibilité d'essayer, de prendre des initiatives, de se tromper, comment grandiraient-ils ?

Mais pas n'importe comment !

Attention : les lâcher ne veut pas dire tout lâcher, toute obligation, toute contrainte. Les parents ont parfaitement le droit d'attendre de leur enfant ou de leur adolescent qu'il partage quelques moments familiaux. **Les meilleures règles sont celles qui sont fixées en commun, au début du séjour, et que chacun s'engage à respecter**. Cela évite bien des conflits ultérieurs. Les parents sont tout à fait en droit de demander (et d'obtenir après négociation) :

- Que l'adolescent dise où il est et rentre à l'heure prévue ;
- Qu'il participe aux tâches ménagères. On peut par exemple lui confier une responsabilité précise : vider le lave-vaisselle, acheter le pain, etc. ;
- Qu'il soit là lors de sorties communes, à choisir parmi les projets susceptibles de l'intéresser si l'on veut qu'il ne fasse pas la tête ;
- Qu'il soit là au déjeuner (ou au dîner).
- À chaque famille de définir ce qui est important, ce qui sera exigé. En dehors de cela, **le jeune ado appréciera beaucoup la liberté qui lui est accordée et la confiance qui lui est faite**. Laisser son enfant vivre sa vie pendant la durée des vacances, c'est aussi l'assurance qu'il sera d'accord pour revenir l'année suivante !

Des consignes de sécurité

Les vacances sont, pour les adolescents, le temps des rencontres, des amitiés, des amours. Cette approche de l'autre, cette découverte de la différence, tellement entravée dans la vie quotidienne par les regards extérieurs, peut se faire en vacances plus sereinement.

Mais cette liberté, pour que chacun en profite, ne peut se dispenser d'une information sérieuse et d'une mise en garde faite par les parents. Demander à rencontrer les jeunes que votre enfant fréquente est normal. L'informer, selon son âge, des risques encourus avec la cigarette, l'alcool, la drogue ou la sexualité est indispensable, même s'il est convaincu d'en savoir plus que vous sur la question !

67 La chambre de l'adolescent : doit-on ***respecter son désordre ?***

L'adolescent, disait Françoise Dolto, est comme le homard. Il mue. Durant cette période délicate, sa chambre lui sert de carapace…

Pendant la période, malheureusement de plus en plus longue, où l'adolescent a perdu la carapace de l'enfance sans avoir encore formé celle de l'âge adulte, il est comme nu. Le corps et les émotions de l'adolescent sont aussi fragiles que s'ils étaient à vif.

La chambre de l'adolescent, sa « bulle »

Pour traverser cette période délicate, **le jeune a besoin d'un cadre qui le protège et résiste aux attaques**. À l'abri, il pourra reprendre des forces chaque fois que nécessaire, pour s'ouvrir progressivement et faire face aux exigences du monde extérieur.

Le « cadre-adulte », ce sont d'abord les parents qui le constituent : ils posent les repères, naviguant à travers dialogues et conflits. Le « cadre-abri », dont l'adolescent a absolument besoin comme d'une peau de substitution, c'est sa chambre. **Terrain protégé et intime, la chambre est le reflet de sa sensibilité**. Le jeune peut y déposer les armes. Sous quelques conditions.

Un coin à soi

Tous les enfants, autour de la puberté, demandent à avoir une chambre à eux. Ils ressentent un besoin croissant de s'isoler, qui doit, dans la mesure du possible, être satisfait. Une chambre à soi, **à cet âge, est une vraie nécessité pour abriter sa solitude, ses doutes et ses interrogations nouvelles**. Il n'y a pas la place à la maison ? Alors il convient de réaménager la pièce qu'il partage, avec une cloison-bibliothèque par exemple, pour que l'adolescent ait un espace délimité, personnel, à l'abri des regards et des intrusions.

Un lieu pour l'intimité

Les changements corporels et affectifs qu'ils subissent rendent les adolescents très pudiques. Eux qui se promenaient nus dans le couloir il n'y a pas si longtemps, s'enferment maintenant pour se laver ou s'habiller. Ils cachent leur corps et leurs émois. **Un besoin d'intimité qui n'est pas satisfait ni respecté peut entraîner des attitudes de rejet, voire des troubles familiaux.** Les adolescents ont le droit d'avoir des secrets et de n'être plus aussi transparents aux yeux de leurs parents.

Les changements ne sont pas moins importants. En recherche de lui-même, le jeune adolescent doit pouvoir, loin des yeux et des oreilles des autres habitants de la maison, mener sa quête de connaissance et de réflexion.

Une décoration « personnelle »

Les premiers conflits vont souvent porter sur la décoration de la chambre, que l'adolescent veut tendre de mauve ou couvrir d'affiches taguées. Pourquoi pas ? Si l'on admet (et c'est à cela qu'il faut arriver) que cet espace est le sien, la première façon de le montrer est de laisser au jeune la responsabilité de la décoration. Les murs sont un espace de projection très précieux où l'enfant s'emploie à créer son propre univers. C'est parce qu'il a choisi la couleur de ses murs, son bureau, sa lampe et ses affiches qu'il se sent vraiment chez lui, à l'abri. **Ses goûts ne sont pas les vôtres ? Rien de plus normal**. Après tout, ce n'est pas vous qui dormez là…

Rangement et ménage

Une autre source fréquente de conflits est l'état de la chambre. L'adolescent se sent bien dans un désordre qui lui ressemble : les cours sont étalés sur le tapis, les vêtements en tas sur une chaise, le lit défait, etc. Là encore, voyez cela comme une étape nécessaire. Inutile de vous lancer dans des discussions sans fin. Votre éducation n'est pas en cause, votre responsabilité non plus. La vue de sa chambre vous est insupportable ? N'y entrez plus que si c'est indispensable. Mettez-vous d'accord avec votre enfant sur certains jours de grand rangement (chaque fin de trimestre, par exemple). Entre-temps, faites-lui confiance. **Résistez absolument à l'impulsion d'aller mettre de l'ordre en son absence : il ne vous le pardonnerait pas.**

Même chose pour le ménage : si l'adolescent revendique son espace privé et s'en veut responsable, alors il est assez grand pour mettre son linge sale dans la corbeille, rapporter ses verres à la cuisine, vider sa poubelle, changer ses draps et passer l'aspirateur. C'est un service à lui rendre, et un acte éducatif, que de cesser de vous en occuper.

Un lieu pour recevoir ses copains

La chambre de l'ado est sa carapace, mais c'est aussi son espace privé, là où il peut recevoir ses copains librement, sans oreilles indiscrètes. S'il s'y sent bien, il aura certainement envie de convier ses amis à venir discuter, travailler ensemble le prochain contrôle, partager ses dernières découvertes musicales ou numériques… Ces invitations sont plutôt à favoriser : vous savez où est votre enfant, vous connaissez ses copains. Mais tout est une question de mesure : quand la horde s'installe à demeure et vide régulièrement le frigo, il est temps de mettre le holà !

Autre avantage : notez que, bien souvent, c'est la venue d'une copine ou d'un copain qui décide l'ado à se mettre au rangement…

C'est aussi dans cet espace privé qu'il pourra téléphoner tranquillement et entrer en contact avec ses « amis » sur les réseaux sociaux, certains réels et connus, d'autres inconnus ou carrément virtuels. Là encore, la limite est difficile à trouver entre le respect de son intimité et la légitime surveillance d'un enfant encore jeune, pas toujours averti des risques qu'il prend. Tout va dépendre de son âge, de sa maturité et de la confiance que vous lui faites.

Une discrétion de mise

Pour que la chambre de l'adolescent joue son rôle protecteur de double peau, **il est important que les parents (ainsi que les frères et sœurs) respectent cet espace**. Il est insupportable pour le jeune que l'on rentre dans sa chambre en son absence. Venir y fouiller pour tenter de surprendre ce qu'il tait est un acte qui, s'il peut se comprendre de la part de parents inquiets, est totalement inacceptable pour l'adolescent. Il considère comme une atteinte grave à sa vie privée et son intimité le fait que ses parents s'autorisent à **lire son courrier ou ses écrits personnels. C'est une grande violence qui lui est faite**. Mieux vaudra toujours discuter, questionner, que de faire intrusion en son absence dans une chambre que l'adolescent considère comme son territoire.

La question de la clé

Et si votre enfant vous demande un loquet pour pouvoir s'enfermer dans sa chambre, ou au moins un tiroir qui ferme à clé ? Ne prenez pas cela comme une insulte qu'il vous fait, ni comme une absence de confiance en vous. C'est un besoin qu'il revendique, le symbole de son autonomie.

Voir son enfant grandir, c'est accepter qu'il nous échappe. À l'adolescence, cela passe nécessairement par le respect de la chambre du jeune et du jardin secret qu'il y cultive.

chapitre 2

La vie quotidienne, le caractère et le comportement

68 Comment lui donner *confiance en lui ?*

À chaque étape de son développement, l'enfant livre ses propres batailles. Avec son corps, ses émotions, son intelligence, il traverse les difficultés. Il cherche ses propres solutions, essaie, se trompe, recommence, apprend, tire les leçons. Il se remodèle et s'en sort plus indépendant et plus fort.

Cette notion de confiance en soi est si importante dans le monde d'aujourd'hui que l'on ne peut que s'interroger : comment un enfant construit-il cette bonne image de lui-même qui l'accompagnera toute sa vie ? **Les parents ont un rôle essentiel à jouer dans sa construction, dès la naissance** de leur enfant.

Qu'est-ce qu'un enfant qui a confiance en lui ?

- S'il a confiance en lui, l'enfant est capable d'entreprendre.
- Il va vers les autres sans crainte et n'hésite pas à lever la main pour parler en classe.
- Il se fait une image positive de son avenir et il a hâte de grandir pour devenir cosmonaute ou vétérinaire.
- Ses appréhensions, il parvient à les dominer pour aller de l'avant.
- Autonome, il sait faire les choix qui le concernent et les défendre.
- Il ne se laisse pas démonter par un échec et décide d'essayer encore.
- Il ne craint pas la solitude et sait qu'il est aimé.

Les bases de cette confiance se construisent très tôt

Dans les premiers mois de sa vie, l'enfant est en totale dépendance. Il appelle s'il a faim, froid ou envie d'être pris dans les bras. Lui répondre, lui assurer chaleur et câlin, c'est déjà le convaincre qu'il peut avoir confiance en ce monde et dans ses propres compétences. Si l'on respecte son rythme, il sent qu'il y a comme une continuité entre la douceur du ventre maternel et celle du monde qui l'entoure. **Structurer la journée du bébé de façon régulière** et lui **expliquer ce qui va se passer pour lui** contribuent aussi à lui construire une bonne **sécurité intérieure** : il sait ce qui va arriver et peut compter sur ses anticipations.

La petite enfance : une phase charnière

La deuxième étape importante dans l'élaboration de la confiance en soi se situe entre un et trois ans. L'enfant découvre la frustration (il ne peut avoir immédiatement tout ce qu'il désire), la peur (du noir, des insectes, des étrangers…) et l'éloignement. Période difficile pour lui et pour ses parents, qui ne savent plus comment se comporter. Voici quelques pistes :

• Tout d'abord, ne jamais se moquer de lui, qu'il prononce mal ou qu'il craigne les monstres ;

• Ne jamais lui laisser croire que l'on pourrait cesser de l'aimer s'il était trop méchant ;

• Lui offrir plutôt le moyen de « réparer » ses bêtises avec une éponge ou un gros baiser. C'est justement lorsqu'il est « difficile » que l'on peut inscrire en lui qu'il est digne d'être aimé, dans tous les cas et pour toujours.

Cette tranche d'âge est aussi celle où l'enfant part à la découverte de son environnement, et cela ne se fait pas sans difficultés, échecs et bosses. Il se sent petit et il a bien besoin d'être soutenu - mais pas que l'on fasse à sa place ! L'enfant expérimente, essaie de s'habiller ou de grimper l'escalier, et parfois souffre de ne pas y arriver, mais ses parents l'encouragent et il recommence : quand enfin il y parvient, seul, il a toutes les raisons d'être fier de lui. Beaucoup plus que si l'adulte avait aidé ou fait pour lui. **Encourager l'initiative et la persévérance tout en restant en retrait permet** à l'enfant de triompher seul des difficultés et **de s'en sentir plus fort**.

Puis vient la confrontation aux autres

Quatre à cinq ans, c'est l'âge de la jalousie et des rivalités. Difficile d'accepter de n'être que l'un des enfants dans le cœur de maman, que l'un des élèves dans celui de la maîtresse. L'enfant a souvent tendance à penser que l'on aime sa petite sœur plus que lui ou que l'on s'intéresse aux autres davantage.

Deux attitudes pourront beaucoup l'aider :

• Développer la coopération aux dépens de la compétition ;

• Lui montrer qu'il est unique, et l'amour qu'on lui porte également, voilà ce qui pourra lui donner confiance.

Enfin, **de six à onze ans, l'enfant se confronte à ses pairs et aux apprentissages scolaires**. Il a besoin, pour se sentir capable, que l'adulte le soutienne et l'encourage. Mais aussi lui permette de s'affirmer : il a l'âge de donner son avis sur sa façon de travailler, sur la manière d'occuper ses loisirs, sur le choix de ses copains. Respecter ses idées et ses goûts (alimentaires, vestimentaires, musicaux…) ou encore l'aider à développer des projets qu'il aura lui-même élaborés (la construction d'une cabane, une collection de cartes postales…) contribuent à le responsabiliser. Il faut, déjà, le laisser s'éloigner un peu : **sa confiance en lui-même repose sur sa capacité à agir sur le monde**.

Les obstacles surmontés aident à devenir plus fort. Aussi n'est-il pas souhaitable que les parents les évitent à leur enfant ou montrent qu'ils ont peur pour lui : **le rôle de l'adulte est d'être vigilant et disponible pour soutenir, encourager, discuter**. Offrir une base de repli attentive et affectueuse. Le parent idéal n'existe pas ! Celui qui est là, qui a une bonne image de lui-même et confiance en ses valeurs et son propre projet éducatif fera très bien l'affaire et saura transmettre cette force intérieure.

Pour qu'il ait confiance en lui, ne dites pas…, dites…

• « Tu es méchant quand tu abîmes », mais : « Abîmer est vraiment une bêtise. »

C'est l'acte qui est répréhensible, pas l'enfant.

• « Tu es gentille », mais : « C'est très gentil de ta part d'avoir prêté ton jeu à Pauline. »

Le compliment est spécifique et précis.

• « Tu es vraiment pénible », mais : « J'ai beaucoup de mal à supporter quand tu cries comme ça. »

On emploie le « je » qui parle de soi, plutôt que le « tu » qui accuse.

• « Arrête, tu vas te casser une jambe si tu continues ! », mais : « Fais très attention, tu risques de tomber. »

Le pire n'est jamais sûr…

69 Un virage déterminant *l'âge de raison* ?

On dit d'un enfant de sept ans qu'il a l'âge de raison. Est-ce parce qu'il est capable de raisonner, ou bien parce qu'il veut toujours avoir raison ? Peut-être est-ce simplement parce qu'il nous paraît devenu moins déraisonnable…

La petite enfance se termine. Elle était vécue sous le signe de la magie et de l'imaginaire. Pour le petit enfant, tout était possible : les fées comme le Père Noël, le chien qui parle comme le fantôme sous le lit.

Il fabulait facilement, ne démêlant pas toujours le « pour de vrai » du « pour de faux ».

La morale était celle de l'autorité, le bien, celui que les parents prônaient.

L'univers se bornait à l'entourage immédiat…

L'irruption d'une pensée plus « réaliste »

Autour de sept ans, la pensée de l'enfant devient plus logique, plus concrète, et elle se confronte directement à la réalité. La « raison » se construit : l'enfant admet les notions de causes et de conséquences obligées, il élabore des raisonnements : « Même s'il existait, le Père Noël, je ne vois pas comment il pourrait aller dans toutes les maisons la même nuit ! », ou : « L'avion, si son moteur tombe en panne, pourquoi il ne peut pas continuer à planer ? » Cela le rend plus « raisonnable » : il résiste mieux à la frustration, intègre la notion du temps et se montre capable de différer son désir : « S'il fait beau dimanche, papa m'emmènera faire du vélo », ou : « À Noël prochain, je demanderai une paire de jumelles. » Il peut nuancer ses idées, en discuter, participer à la prise de décisions et accepter des compromis. Grâce à tout cela, il devient une personne à part entière de la famille et exige que l'on tienne compte de son avis.

Des émotions plus faciles à gérer

Sur le plan émotionnel comme intellectuel, l'enfant de sept ou huit ans est prêt à se tourner vers les apprentissages scolaires et vers l'abstraction. Tout l'intéresse : le cercle de sa curiosité s'élargit en même temps qu'il commence à bien se repérer dans le temps et dans l'espace.

Comme l'enfant se sert de sa réflexion pour tempérer son imagination, l'aspect émotionnel évolue également. Il a moins peur des monstres, du médecin et de rester seul. Il demeure sensible à l'obscurité, mais ses peurs essentielles sont devenues sociales : peur d'être ridicule ou que l'on se moque de lui.

Le monde extérieur l'attire : il se prépare à s'y lancer

L'enfant de sept ans connaît parfaitement les règles de la vie familiale : à la maison, il se montre serviable et désireux de faire plaisir. Il commence également à appréhender celles de la vie en société : même s'il se montre timide, il est capable d'aller seul chercher le pain au bout de la rue et de revenir de l'école si le trajet est sans grands risques.

C'est le moment de lui confier quelques responsabilités domestiques (aller poster une lettre, mettre seul la table, préparer ses habits du lendemain, etc.) et de lui **montrer que l'on a confiance en lui**.

Une vie sociale plus riche

On voit bien que l'âge de raison entraîne de grands changements sur le plan social.

Jusque-là, les relations de l'enfant étaient surtout marquées par son égocentrisme. Même s'il n'est pas, à sept ans, devenu capable de se mettre systématiquement à la place de l'autre, il a pris conscience de lui-même. Il se connaît, peut s'autocritiquer et respecter des principes moraux.

Mais surtout, les copains ont pris une place qu'ils n'avaient pas encore. Leur fraternité est souvent plus importante que les câlins de maman. **L'enfant prend sa place d'individu unique et responsable dans la société**.

Tous ces progrès ne se font pas sans douleur. L'enfant de sept ans doit à la fois faire son deuil de ses rêves infantiles et subir la pression des contraintes familiales et scolaires. Devenir raisonnable est bien difficile lorsque l'on se sent encore petit, maladroit et en proie la nuit à de durs cauchemars. C'est alors que l'on a **besoin d'être soutenu dans son avancée par la confiance sans faille et l'estime répétée de ses parents**.

Quelques conseils pratiques

• Si votre enfant dort encore avec une peluche, un doudou ou une veilleuse, laissez-le faire et ne vous moquez pas : c'est à lui de décider du moment où il s'en passera.

• N'insistez pas pour rapprocher les filles et les garçons qui jouent séparément : ils le feront tout seuls à l'adolescence !

• Si ce n'est pas encore le cas, votre enfant doit maintenant se laver seul. C'est à lui de prendre soin de son corps.

• Prenez chaque jour un petit temps pour parler avec lui de ce qui l'intéresse ou de ce qui le préoccupe.

• Votre enfant grandit, devient autonome et s'éloigne de vous. Même si c'est difficile, dites-vous que c'est une bonne chose.

70 Comment réagir quand ***il suce encore son pouce*** ?

Les parents commencent généralement par se réjouir : voilà un bébé qui n'aura pas besoin de tétine. Il sera autonome la nuit : pas besoin d'aide pour retrouver son pouce dans le noir. Puis les années passent et l'inquiétude survient…

Certains bébés naissent quasiment le pouce dans la bouche. D'autres commencent par téter leur poing ou leurs doigts réunis avant de se focaliser sur le pouce. Certains accompagneront le geste d'un tissu ou d'une peluche. Autant de styles que d'enfants. Le problème, c'est que cette habitude, bien pratique dans la petite enfance, s'installe facilement. On trouve cela mignon…

Puis l'enfant grandit.

Ne serait-il pas bon qu'il arrête maintenant de sucer son pouce ? À son âge, ce n'est plus raisonnable. Et si cette habitude ne lui passait pas ? La plupart des enfants arrêtent spontanément de sucer leur pouce avant l'âge de cinq ans. Mais pour les autres, ceux qui ont déjà six, huit ou dix ans, que faire ? Les dents définitives commencent à pousser. Les parents s'inquiètent pour l'avenir.

Arrêter : pour qui ? Pour quoi ?

La première question à se poser est la suivante : est-il vraiment nécessaire et urgent que l'enfant cesse de sucer son pouce ? La démarche essentielle consiste à consulter un dentiste (ou un orthodontiste) pour avoir un avis. Si le palais et les dents de votre enfant ne courent pas de risque de déformation, il n'y a pas d'urgence.

Cesser peut se justifier alors par des considérations d'ordre social : on se moque de lui en classe, vous l'estimez trop grand, cette habitude nuit à ses activités, l'institutrice ne supporte pas, etc. Mais qui veut qu'il arrête, lui ou vous ? Si c'est vous, alors que l'enfant n'en voit aucunement la nécessité, renoncez à l'embêter avec cela pour l'instant. **Discutez-en avec lui et attendez qu'il soit prêt**. Vous ne parviendrez à rien sans l'accord de l'enfant.

Mais si « l'homme de science » a dit qu'il était impératif que votre enfant cesse de sucer son pouce, il va falloir mettre sur pied un plan d'attaque en plusieurs points.

Comment s'y prendre ?

- Montrez-vous convaincant en expliquant à l'enfant la nécessité d'arrêter, les risques s'il continue, etc. Sa volonté et sa vigilance seront déterminantes. Dites-lui bien qu'arrêter est un cadeau qu'il se fait à lui-même pour l'avenir.
- Attirez son attention sur lui lorsqu'il suce son pouce (invitez-le gentiment à se regarder dans la glace, par exemple). Passé la petite enfance, se voir ainsi fait parfois un choc !
- Fixez ensemble une date symbolique où il devra avoir complètement arrêté (anniversaire, Noël, visite à la grand-mère, etc.).
- Demandez-lui de repérer pendant trois jours (et de noter s'il le peut) les lieux, les moments et les durées où il suce son pouce.
- Supprimez l'une des occasions. Par exemple : plus de pouce à table, ou en voiture, ou devant la télévision. Quand il aura acquis ce stade, supprimez une autre occasion. Et ainsi de suite.

• Pour l'aider, donnez-lui un substitut, comme une petite peluche ou une balle souple, à serrer et à pétrir dans ses mains lorsqu'il a envie de porter le pouce à la bouche.

• Soyez plus tolérant, pendant quelques jours, sur les bonbons et les chewing-gums qui remplissent et occupent la bouche.

• Félicitez largement l'enfant pour ses efforts et ses réussites. Vous pouvez aussi mettre en place un système de récompenses : on colle une petite gommette sur le calendrier à chaque réussite et on offre un petit cadeau toutes les dix gommettes, par exemple.

• Le dernier stade, le plus difficile, consiste à supprimer le pouce la nuit. Quand vous en serez là, proposez à votre enfant de lui tenir la main pendant qu'il s'endort, un jour ou deux. Pour éviter le geste automatique en dormant, vous pouvez suggérer à l'enfant d'envelopper son pouce dans un gros pansement un peu rigolo, impossible à mettre en bouche.

• N'oubliez pas la valeur de l'exemple. Difficile de demander à l'enfant de se débarrasser de cette mauvaise habitude si vous continuez tranquillement à fumer ! En revanche, c'est une excellente occasion d'arrêter ensemble.

À fabriquer : la moufle de nuit antipouce

- *Posez la main de votre enfant sur un tissu fin en deux épaisseurs. Dessinez une moufle un peu large et découpez le tissu sur le trait. Cousez le contour.*
- *Recouvrez la surface du pouce de la moufle avec un tissu rêche, genre Velcro.*
- *Passez un petit lien ou un élastique dans l'ourlet du poignet.*

Version plus simple : pendant quelques nuits, glissez la main de l'enfant dans un gant de toilette lié autour du poignet par un ruban ou un gros élastique à cheveux.

71 Que faire quand *il a chapardé* ?

Voler est contraire à la loi, qui impose le respect de la propriété de chacun. C'est un acte malhonnête, et l'honnêteté est un apprentissage.

Quelle maman n'a pas retrouvé, dans la petite main poisseuse de son enfant, la sucette qu'elle avait refusé de lui acheter dans la queue de la caisse dix minutes plus tôt ? Laquelle n'a pas récupéré, au fond du lave-linge, une petite voiture qu'elle est certaine de n'avoir jamais vue auparavant ?

Un comportement fréquent

Le vol dans l'enfance est banal. Beaucoup de parents ont certainement « chipé » à un moment ou à un autre de leur enfance ou de leur adolescence, sans pour autant être devenus des délinquants. Qu'importe : même si le vol est minime, tout parent confronté à cette situation s'inquiète immédiatement. Il suffit qu'il s'aperçoive que son enfant s'est emparé de quelque chose qui ne lui appartenait pas pour s'affoler, se fâcher, craindre pour son avenir. La situation est pourtant fréquente. Mais cette fréquence, si elle a le mérite de rassurer, ne signifie pas qu'il faille s'en désintéresser. Alors que faire ?

Tenir compte de l'âge de l'enfant

On ne peut parler de vol que pour un enfant qui sait ce qu'il fait. Cette prise de conscience se précise entre trois et six ans. Donc jusque-là, tant que le sens de la propriété n'est pas bien établi, il ne s'agit pas de vol mais de « chapardage ». L'enfant prend ce qui lui plaît, au moment où il le désire, sans se soucier des conséquences pour autrui. Comme il se sent au centre du monde, l'enfant s'approprie tout ce qui fait partie de son « territoire », c'est-à-dire ce qu'il perçoit. C'est progressivement, selon l'attitude des parents, qu'il apprend que « c'est mal » et « qu'il faut demander ».

Essayer de comprendre

Il est important d'essayer de comprendre, or les motivations sont multiples et dépendent de chaque enfant. En voici quelques-unes, qui sont autant de pistes de réflexion.

Le vol est utilitaire

L'enfant avait très envie d'une chose qu'il n'avait pas les moyens d'acheter ou que ses parents lui ont refusée. Il s'est servi, dans le magasin ou dans le porte-monnaie de sa mère.

Le vol est généreux

L'enfant prend pour donner. S'il vole, c'est pour offrir. Il peut s'agir de faire plaisir à sa maman, ou bien de s'acheter des amitiés. Ainsi, certains enfants se sentent obligés d'arriver tous les matins à l'école les poches pleines de bonbons.

L'enfant éprouve un sentiment d'infériorité envers ses copains

Dans ce cas, il peut voler des attributs (jouets, vêtements, accessoires) qui vont le valoriser. Dans le même ordre d'idée, l'enfant peut voler sous la pression des copains, pour « ne pas se dégonfler ».

L'enfant a une difficulté psychologique sous-jacente

Celle-ci peut être faite de rancune, de frustration, d'incompréhension. **Le vol peut alors être une vengeance, une manière de combler un manque affectif ou un simple besoin d'attirer l'attention sur un problème**.

Prévenir

La prévention comprend trois éléments :

• **Enseigner à l'enfant le sens de la propriété,** distinguer ce qui est à lui et dont il a le libre usage, ce qui est à toute la famille ou à toute la classe et ce qui est à autrui. Lui donner de l'argent de poche lui apprend que les choses se paient et lui permet de satisfaire librement quelques désirs.

• **Lui apprendre l'honnêteté.** Cela consiste à lui expliquer très clairement que « voler, c'est mal » et que l'on ne prend pas sans autorisation. Il faut aussi l'encourager à réfléchir : « Que dirais-tu si quelqu'un te prenait tes affaires ? »

• Être pour son enfant, très concrètement, **un modèle d'honnêteté**.

Bien réagir

Bien réagir, ça veut dire ni trop (s'affoler, le traiter de voleur), ni trop peu (ne pas y attacher d'importance). Il est normal de se fâcher un peu, surtout à partir de six ans. Il faut aussi s'expliquer calmement et clairement : « Prendre sans autorisation un objet qui n'est pas à soi est malhonnête ; les adultes qui le font vont en prison. »

Finalement, presque tous les jeunes enfants volent, au moins une fois, « pour voir ». Si cet acte reste isolé, il est sans conséquence. Par leur comportement attentif, tendre et ferme, les parents permettent que tout rentre rapidement dans l'ordre.

Pour comprendre, il faut se poser les bonnes questions

• Quelles sont les circonstances du vol (à la maison, à l'école, chez un copain, dans un magasin) ?

• A-t-il volé un objet qu'il désirait pour lui ou dont il avait besoin ?

• S'agit-il d'un événement accidentel ou d'un comportement qui s'est déjà produit ?

• Quelles raisons donne l'enfant pour expliquer son acte ?

Rendre pour réparer

Une fois que l'on a discuté avec l'enfant et bien compris la situation et les circonstances de « l'emprunt », on lui demande ce qu'il compte faire pour réparer.

S'il ne le suggère pas de lui-même, on insiste pour qu'il aille rendre les objets volés et s'excuser. **Se retrouver face à la personne qui a été volée est difficile et très inconfortable** (pour les parents comme pour l'enfant !), **mais c'est une démarche réellement pédagogique**. Pour les plus jeunes, les parents font la démarche avec eux et s'excusent pour eux. Mais ils restent en retrait dès que possible.

Et le racket ?

Un nombre croissant d'enfants sont victimes de racket : ils doivent accepter de « donner » ce qu'ils ont, jouets ou vêtements, sous la menace de représailles physiques. C'est également la menace qui les oblige à se taire.

Plus âgés, ils sont souvent contraints à voler (par exemple de l'argent à leurs parents) par des plus grands (plus costauds, plus nombreux), qui les menacent de représailles. La peur, à nouveau, les empêche d'en parler.

Si vous soupçonnez que votre enfant est victime de racket, n'hésitez pas à aller vous en ouvrir à l'enseignant ou au directeur de l'école.

Les enfants rackettés sont en difficulté. Ils se sentent piégés et ils ont besoin d'aide.

Un numéro de téléphone gratuit a été mis en place où parents et enfants trouvent écoute et conseils : Jeunes Violences Écoute, au 0 808 807 700 (de 10 h à 22 h, 7 jours sur 7).

72 Que faire quand *il ment ou s'obstine à nier* ?

« Quand mon fils me regarde droit dans les yeux et m'affirme tranquillement que ce n'est pas lui alors que je l'ai surpris en flagrant délit, je suis parfaitement décontenancé et je reste sans voix… » Un papa.

Lequel d'entre nous ne s'arrange pas, parfois, avec la vérité ? Qui n'a pas laissé sciemment dans l'ombre un fait important ? Qui n'a pas cherché à dissimuler une erreur, lorsqu'elle risquait de lui coûter gros ? Ce qui est vrai pour nous l'est pour nos enfants…

Pourtant, quand l'un d'eux nous ment, qu'il s'obstine contre l'évidence, cela nous met hors de nous. Derrière ce qui est ressenti comme un affront point l'inquiétude : mon enfant est-il un menteur ? Ou encore un lâche qui n'affronte pas les conséquences de ses actes ?

Faire la part entre le réel et l'imaginaire

Il faut d'abord comprendre que **la différence entre le réel et la fiction est un concept difficile**, qui demande des années pour s'installer. Le petit enfant « prend ses désirs pour des réalités » : s'il raconte un mensonge, il pense que celui-ci pourrait bien, à force d'insistance, devenir la vérité.

Lorsque Diane, quatre ans, les mains et le visage barbouillés de traces marron, déclare à sa maman, en la regardant droit dans les yeux, que « non, elle n'a pas touché à la tablette de chocolat », c'est à la fois amusant et touchant. Mais quand l'enfant a dix ans, c'est carrément exaspérant ! Aussi la question du rapport des enfants à la vérité doit-elle est être abordée différemment selon leur âge.

Des conceptions de la vérité qui évoluent avec l'âge

Jusque vers quatre ans

Le principe qui gouverne les actes de l'enfant est son désir de faire plaisir à ses parents. Ce qui les réjouit, c'est le bien ; ce qui les contrarie, c'est le mal. Si le petit intrépide avoue à maman qu'il a désobéi en allant sur le grand toboggan, elle sera mécontente. La solution qui s'impose, ce qui lui semble le plus naturel, c'est de mentir en l'assurant du contraire. Inutile de prendre le fait qu'il nie pour un affront personnel : **son but est uniquement de fournir la réponse qui fera plaisir**, celle que ses parents attendent.

Jusque vers six ans

L'enfant peut avoir du mal à faire la part entre le fait réel et la fiction. Dans les histoires ou les émissions de télévision, il ne sait pas trop ce qui est « pour de vrai » et ce qui ne l'est pas. Nous lui parlons du Père Noël comme d'un personnage réel, il nous jure l'air innocent qu'il n'a pas touché à la télécommande.

Plutôt que de se fâcher, **mieux vaut l'aider**, à travers les jeux et les expériences partagées, **à faire la part entre le « vrai de vrai » et le reste**. Le loup dévorant la mère-grand, les monstres cachés sous le lit ? C'est pour rire ! Grand-père qui vient dîner, la douleur de sa sœur qu'il a tapée ? C'est pour de vrai !

À partir de l'âge de raison

L'enfant sait très bien qu'il ment, et cela le met généralement mal à l'aise. Mais il a de bonnes raisons pour cela. La principale est d'éviter un châtiment, voire une simple réprimande. Il préfère encore nier contre l'évidence, ou accuser quelqu'un d'autre de ses bêtises (de préférence celui qui ne peut pas se défendre, le chien par exemple). Cette attitude est banale, même chez des enfants élevés par des parents tendres et compréhensifs. Même chez des enfants de dix ou onze ans, âge où ils acquièrent pourtant une nouvelle maturité et ne supportent pas qu'on leur mente.

Quelle attitude avoir ?

N'incitez pas au mensonge

C'est le cas lorsque, déjà en colère, vous interrogez l'enfant sur sa responsabilité : « Tu n'as quand même pas encore cassé un verre ? » Même le plus honnête tentera de vous convaincre que non.

Soyez sûr de vous

Avant d'accuser un enfant de mensonge, mieux vaut être bien sûr que c'est le cas. Rien de pire pour l'enfant que de n'être pas cru alors qu'il dit la vérité.

Ne posez pas de questions

Dites plutôt ce qui a été mal fait et quel est votre ressenti : « Je suis ennuyé qu'un autre verre ait été cassé, et je ne crois vraiment pas que ce soit le chien qui ait caché les morceaux au fond de la poubelle. »

Il nie ? Ignorez ses dénégations, mais ne le coincez pas

Ne l'écrasez pas sous les preuves et la logique. Le but est de lui donner du courage, pas de le culpabiliser encore davantage.

Offrez-lui une porte de sortie

« Je vois que nous ne pensons pas la même chose sur ce qui s'est passé. Bien. Nous en reparlerons un autre jour. » Ou encore : « Puisque tu ne peux rien me dire, peut-être peux-tu m'écrire un mot ? Je serais très fier de toi si tu le faisais. »

Ne punissez pas trop les bêtises

Sinon, nier est une chance pour l'enfant d'éviter la sanction. L'enfant est maladroit, mais toujours désireux de bien faire et de rendre service. S'il a abîmé, il n'a pas fait exprès. N'accordez pas plus d'importance aux objets qu'à celui qui les a cassés. Trouvez plutôt avec lui la manière de réparer…

Des parents modèles de franchise et d'honnêteté

Il est souhaitable, en présence de l'enfant, d'être un modèle d'honnêteté.

N'oublions jamais que les enfants copient leurs attitudes sur ceux qu'ils aiment et admirent le plus : leurs parents. S'ils vous voient mentir sur leur âge pour bénéficier d'une réduction ou nier être passé au rouge pour éviter la contravention, ils auront vite compris que mentir peut rendre de grands services ou éviter bien des embêtements. Et ils en feront autant à la première occasion !

On peut mentir pour des tas de raisons…

La raison principale est la peur d'être grondé. Mais il arrive que l'enfant mente pour d'autres raisons.

La jalousie peut l'y inciter (il veut paraître aussi bien que son copain, être mieux aimé que son frère).

La honte également (il ne peut pas accepter l'image de lui que lui renverrait un aveu).

Dans tous les cas, ce dont a besoin l'enfant, c'est de se sentir aimé et accepté. **Tenter de le coincer ou le contraindre à avouer risque de l'enfoncer dans son mensonge.**

Et les ados ?

Le plus souvent, l'adolescent qui nie ou ment :

• Le fait face à des parents qu'il considère, à tort ou à raison, trop rigides, incapables de l'écouter comme de comprendre ses désirs et ses motivations ;

• Craint la répression et le manque de liberté : plutôt que de s'expliquer, il ment ;

• Cherche une façon de mettre sa vie intime à l'abri de l'incursion ou de la curiosité parentales. Mentir devient alors une manière de se mettre en retrait et de se protéger.

Quelles sont les attitudes parentales qui aident l'enfant à ne plus mentir ?

- *Savoir lâcher sans l'obliger à tout prix à avouer.*
- *Savoir pardonner et oublier.*
- *Juger l'intention plutôt que l'acte.*
- *Surtout faire confiance à l'enfant. Il se sent alors incité au courage de ses actes.*

73 Comment favoriser *l'optimisme chez l'enfant* ?

L'optimisme est l'ingrédient essentiel d'un bon caractère. Il témoigne d'une vraie force intérieure. Il est garant d'une confiance solide en l'avenir. Autant de raisons pour le favoriser chez nos enfants.

Face aux petites difficultés de la vie, l'enfant optimiste est capable de se récupérer et de reprendre espoir. L'enfant optimiste a confiance dans ses compétences et ses capacités à progresser, à se construire une belle vie. Il sait saisir les opportunités et se motiver pour agir.

Spontané chez certains enfants, **l'optimisme peut croître chez tous**.

Les petits enfants sont spontanément optimistes. À dix-huit mois, à trois ans, on ne doute de rien et surtout pas de soi. Confiant, prêt à toutes les aventures, l'enfant veut faire, et faire seul. « Tu peux y arriver ! » sont les mots magiques qui vont lui permettre, au fil du temps, de conserver cet état d'esprit positif.

En grandissant, les enfants ont tendance à perdre ce bel optimisme et se laissent plus facilement toucher par le découragement.

C'est alors que les parents ont un rôle déterminant à jouer.

Comment s'y prendre ?

Voici quelques exemples.

• Vous pouvez **aider votre enfant à considérer le changement comme positif**, parce qu'il ouvre sur de nouveaux possibles. Changer de lieu de vacances, de classe, de copains, de projets, d'orientation…, sont autant d'occasions d'aller de l'avant, de découvrir. Ainsi, ce que l'on perd est plus facile à oublier. Les gens optimistes sont ceux qui savent « rebondir » ou s'adapter plutôt que se morfondre.

• L'enfant souffre souvent en se comparant à ses copains. Il se trouve « moins » (moins grand, moins gâté, moins doué). **Conseillez-lui de se comparer à lui-même.** Voir les progrès que l'on a accomplis au fil des années est beaucoup plus positif que se comparer aux autres et permet de se projeter avec confiance dans l'avenir.

• **Apprenez à votre enfant à ne pas considérer les obstacles et les contrariétés de la vie comme des problèmes.** Mais tout simplement comme des événements qui demandent une réponse. N'oubliez pas que l'on donne du pouvoir à ce qui nous importe le plus : le positif ou le négatif de la vie.

Mais **votre tâche essentielle est d'être un modèle pour votre enfant**. Montrez-lui que vous gardez confiance au milieu des tempêtes et qu'une bonne nuit de sommeil est le plus sûr chemin vers l'optimisme. Si vous faites vôtres des phrases comme : « ce n'est pas grave », « il y a toujours une solution », « cela ira mieux demain », votre enfant, à son insu, les reprendra à son compte.

Si votre enfant dit...

- « Je ne peux pas nager sans bouée, je vais couler. »
- « Ma sœur, tu lui passes tout, moi, tu me disputes tout le temps. »
- « À la récré, personne ne veut jamais jouer avec moi ! »
- « J'arriverai jamais à faire du roller. »
- « Il pleut : ma fête d'anniversaire est foutue ! »
- « Moi, j'ai jamais de chance, je gagne jamais dans les jeux. »
- « Je suis le plus petit de la classe, c'est nul. »
- « De toute façon, je ne m'en sortirai jamais. »
- « Inutile que je lui demande, il voudra jamais. »
- « C'est trop tard, c'est foutu ! »

... répondez-lui

- « Regarde le chemin que tu as fait en un an ! »
- « Tu as déjà appris tant de choses. Cela aussi, tu peux l'apprendre. »
- « Jusqu'à présent, tu n'y arrives pas : demain est un autre jour, où tout est possible. »
- « Tu en as toutes les capacités. Le travail, ça dépend de toi. »
- « Ce n'est qu'un ennui passager. Tu t'en sortiras vite. Regarde devant toi. »
- « OK, tu feras mieux la prochaine fois. »
- « Et si on essayait de voir les choses autrement ? »
- « C'est un problème pour toi, d'accord. Qu'est-ce qu'on peut faire ? »
- « Tu es quelqu'un de formidable. Je sais que tu y arriveras. »

74 Comment lui apprendre à *se relaxer* ?

Les adultes ne sont pas les seules victimes du stress. Les enfants sont aussi sujets à l'anxiété et aux tensions excessives. Leur apprendre à s'en défendre ou à y faire face leur sera utile toute leur vie.

Rythme de vie trop intense, difficultés scolaires ou familiales, survenue d'un événement inquiétant : les raisons de se faire du souci sont nombreuses. Comment aider son enfant à se détendre ?

Pour l'aider à faire face à tous les événements qui agissent sur son tempérament anxieux, apprenez-lui à se relaxer. Pour cela, il suffit d'acquérir quelques techniques simples qui ont fait leurs preuves. Devenues une habitude, elles serviront à l'enfant dans toutes les circonstances et l'accompagneront toute sa vie.

Savoir respirer

Le travail sur la respiration est à la base de la relaxation.

Une fois votre enfant allongé sur le dos et détendu, les yeux fermés, demandez-lui de poser une main sur son ventre (à la hauteur du nombril). Au début, il s'agit juste de sentir l'inspiration et l'expiration à travers la paroi du ventre qui se soulève et s'abaisse. « Tu sens ton ventre sous ta main, comme un ballon qui se gonfle et se dégonfle ? C'est par là que tu dois respirer. »

Puis demandez-lui de respirer sur un rythme que vous allez lui donner. « Tu inspires quand je compte 1, 2. Tu expires quand je compte 3, 4. Tu inspires à nouveau. » Une fois que cette technique est bien acquise, reprenez-la dans la position assise, puis dans la position debout, les yeux ouverts.

Quand l'enfant maîtrisera cette respiration, vous lui expliquerez qu'il peut l'utiliser à volonté, où qu'il soit, lorsqu'il se sent tendu ou en colère, à l'insu de tous. Au début, rappelez-lui de l'utiliser lorsque vous sentez qu'il en a besoin, puis assurez-vous qu'il y a recours au moins une fois par jour.

Détendre ses muscles

C'est l'étape suivante de la relaxation. Procédez là aussi progressivement. **La détente musculaire ne doit pas prendre plus de dix minutes**. L'enfant apprend à **ressentir la détente du muscle par opposition à sa contraction**. On va donc demander à l'enfant de contracter chaque groupe de muscles pendant quelques secondes, puis de relâcher d'un coup, et de faire cela deux fois de suite.

« Nous allons détendre le bras droit. Pour cela, tu vas le contracter comme si tu voulais me montrer comme tu es musclé. Bien. Serre fort et tiens le temps de compter jusqu'à dix. 1, 2, 3… 10. Maintenant, relâche tout. Bravo. On recommence une fois, puis on passera au bras gauche. »

« Maintenant, la jambe droite. Tu vas la décoller du sol et la durcir comme si elle était en fer, le temps que je compte jusqu'à 10. » Comptez, dites-lui de relâcher, recommencez, puis passez à la jambe gauche.

Après le dos et le ventre, finissez par le visage. « Tu vas faire la plus grosse grimace que tu peux, en contractant tous les petits muscles du front, des joues, de la bouche et du cou. Parfait. Tiens pendant que je compte. Relâche. »

Une fois relaxé, l'enfant reste un moment à respirer, tranquille, la main sur le ventre.

Voyager dans sa tête

Une fois l'enfant parfaitement relaxé, vous pouvez lui suggérer de se transporter dans un lieu imaginaire, son jardin secret. Ce lieu peut être une plage avec du sable fin, du soleil, et quelques palmiers. Il est allongé et sent les vagues qui viennent lui lécher les pieds. Ce peut être un canot qui dérive doucement sur un joli lac de montagne. Il est couché au fond et sent les mouvements de l'eau sous lui À l'aide de vos suggestions, chaque enfant inventera le lieu où il se sent bien, en sécurité, parfaitement détendu. Le lieu où rien de fâcheux ne peut l'atteindre.

Il est important de développer un grand nombre de détails sur son coin de paradis : quelles sont les odeurs, les couleurs, les bruits, les gens présents. **Plus le lieu sera précis et personnel, plus il sera utile à l'enfant.** Dans sa vie quotidienne, chaque fois que l'enfant se trouvera dans un état d'esprit difficile dont il souhaitera sortir, il pourra fuir en se réfugiant dans son paradis secret et y retrouver bien-être, détente et sécurité.

Une pratique régulière

La relaxation n'est efficace que si elle est pratiquée régulièrement. C'est le seul secret. Trouvez un moment dans la journée où vous pourrez, quotidiennement, vous isoler avec votre enfant et vous relaxer ensemble. Après quelques semaines, il aura une bonne compétence. Montrez-lui alors comment il peut s'offrir, dans la journée, sans vous, des moments de « mini-relaxation ». En moins de cinq minutes, avec un peu d'entraînement, il peut se procurer une sensation de détente, de sécurité et de confiance.

75 Comment l'inciter à des *conduites écologiques* ?

« Ma fille a lu dans le journal auquel elle est abonnée quels étaient les comportements à adopter pour "sauver la planète". Maintenant, elle refuse les yaourts dans des emballages, réclame un compost dans le jardin et un réservoir pour récupérer l'eau de pluie ! » Un papa.

La planète se dérègle. À cause des comportements humains, la Terre est en danger. Plus personne ne peut ignorer les conséquences dramatiques de certaines activités humaines sur l'avenir de notre planète et l'épuisement des ressources naturelles. L'une des causes principales de ces désordres ? La somme de tous nos actes, individuels et collectifs, mis bout à bout. C'est donc en ayant tous de meilleures pratiques que nous sauverons la planète. Autant commencer tout de suite.

Les enfants, surtout entre six et treize ans, sont très sensibles au discours écologique. Assez grands pour prendre conscience de leurs comportements et de leurs conséquences, ils sont pleins d'enthousiasme et d'idéal. Les informer, les responsabiliser, les inciter à prendre de nouvelles habitudes : tout cela est très important. Ces pratiques, ils les garderont plus tard. Nous sommes tous passagers du navire Terre, mais l'avenir, c'est eux.

À la maison

C'est là que l'enfant passe le plus de temps, donc qu'il peut agir le plus efficacement. Notamment par quelques petits gestes quotidiens :

• Prendre une douche rapide plutôt qu'un bain. La consommation d'eau, bien précieux, est divisée par trois et l'énergie consommée pour le chauffage de l'eau est moindre ;

• Ne pas laisser couler un jet d'eau inutilement : pendant que l'on se lave les dents, que l'on se savonne les mains, que l'on rince une petite vaisselle…

• Prendre l'habitude d'éteindre la lumière lorsque l'on sort d'une pièce ;

• Consommer des fruits et légumes de saison et retrouver le goût des produits naturels, même si les tomates sont moins rondes, les carottes moins droites et les pommes tachetées ;

• Trier et recycler ses déchets, faire ses courses avec un panier plutôt que de les entasser dans des sacs en plastique.

Le plus difficile est de faire comprendre à l'enfant qu'il ne s'agit pas seulement de diminuer la facture d'eau ou d'électricité du foyer, mais bien de protéger la planète de trop de ponctions douloureuses.

À l'école

C'est un autre lieu de vie quotidienne. Là, il peut être plus difficile pour l'enfant d'avoir des comportements écologiques s'ils sont différents de ceux de ses copains. Sauf s'il saisit une occasion de s'exprimer et de créer une nouvelle mode ! Il aime la forêt ? Expliquez-lui que toute feuille de papier de ses livres et de ses cahiers vient d'arbres que l'on a abattus. Cela l'incitera sans doute à ne pas gaspiller. Pourquoi ne pas dessiner des deux côtés des feuilles ?

Les craies sur une ardoise grise sont plus naturelles et recyclables que les feutres et les ardoises blanches en plastique. Mais, là encore, il est difficile de se distinguer de ses camarades. Cela vaut certainement la peine d'engager une réflexion avec l'enseignant à ce sujet.

En revanche, il est tout à fait à la portée de l'enfant de privilégier la marche ou le vélo pour aller à l'école ou au stade, plutôt que de réclamer sans cesse que papa ou maman fasse le taxi !

Dans la rue, dans la ville

Se promener avec les enfants dans la rue est une bonne occasion de leur expliquer comment se comporter. Respecter la planète, c'est aussi respecter notre environnement immédiat. Cela signifie, entre autres : ne pas jeter par terre ses chewing-gums, ses tickets de bus ou ses canettes de soda. Ramasser les crottes de son chien. Ne pas faire trop de bruit. Bref : éviter toutes sortes d'« incivilités » envers autrui et envers l'environnement.

Ces incivilités ont leur importance. L'enfant doit comprendre qu'il ne s'agit pas de « se faire piquer » ou non, mais d'**assumer ses responsabilités** de citoyen.

Dans la nature

Les enfants des villes manquent souvent de connaissances sur la campagne. La prise de conscience passe par l'explication :

- On ne ramasse pas les fleurs et les plantes et on n'arrache pas les racines, sinon elles ne pourront pas repousser ;
- On ne dérange pas les animaux et on ne détruit pas leur habitat ;
- On ne salit pas et on ramasse ses déchets.
- Pour inciter votre enfant à adopter ces nouveaux comportements, vous disposez de deux atouts :
- Le faire réfléchir à cette question : « Si tout le monde faisait comme toi, qu'est-ce qui se passerait ? » ; son comportement, c'est un parmi des milliards, mais il est pourtant important ;
- Lui donner l'exemple ; ses parents sont son modèle, alors au travail !

76 Comment le réconcilier *avec l'eau et le savon ?*

Votre fils fait partie de ceux que l'on appelle les préados (en gros, une fourchette qui va de dix à treize ans) ? Il y a de grandes chances pour qu'il soit transitoirement fâché avec l'eau et le savon.

Ongles en berne, oreilles négligées et orteils douteux sont spectacle courant si vous n'intervenez pas régulièrement avec la conviction nécessaire. Le geste le plus détesté ? Se passer de l'eau sur la figure. La saleté et le refus du bain sont si fréquents à cet âge que certains spécialistes sont allés jusqu'à se demander s'il ne s'agirait pas d'une phase incontournable à traverser.

Des étapes presque banales

S'il est certain que les choses finissent par s'arranger, un peu plus tôt chez les filles que chez les garçons, cela peut néanmoins prendre du temps. Et suivre certaines étapes.

• Dès dix ans, l'enfant commence à ressentir spontanément la nécessité de se coiffer avant de sortir, d'avoir les dents propres ou de se couper les ongles. Mais il faudra encore le harceler longtemps avant qu'il n'assume seul et de son plein gré les comportements que la propreté et l'hygiène nécessitent. Les années précédentes, faire sa toilette était source de joie et de jeux interminables dans la baignoire. Mais c'est devenu pour votre enfant un synonyme d'ennui et de perte de temps. Il préfère désormais une douche rapide, sans trop soigner les détails.

• Vers onze ou douze ans, les enfants se rendent bien compte qu'ils ont besoin de se laver, et ils peuvent avoir honte, devant les copains, de leurs pieds sales. Les filles commencent à apprécier les « à-côtés » : gel douche parfumé, drap de bain moelleux, lait hydratant à la vanille. Mais, comme les garçons, elles ont encore besoin qu'on les envoie parfois à la salle de bains. Tous oublient fréquemment de se laver les oreilles, les ongles ou les mains si on ne les rappelle pas à l'ordre.

• Vers treize ou quatorze ans, changement de décor : il s'agit maintenant de plaire, et pour cela, mieux vaut être propre. Les filles se prennent seules en charge. Certains garçons sont encore réfractaires, mais commencent à passer beaucoup de temps devant le miroir, à tenter de dompter une frange qui rebique ou un bouton mal placé.

La bataille est terminée. Voyons ce qui l'a motivée.

Les raisons du rejet

• Il s'agit d'abord d'une façon de s'affirmer. **On devient indépendant en s'opposant**. L'enfant va s'opposer systématiquement sur le sujet de la propreté s'il sait que sa mère y est très sensible et qu'elle supporte mal sa crasse. Disons que c'est une forme de provocation, plus ou moins volontaire, pour devenir autonome.

• À l'adolescence se réveillent les conflits de la petite enfance. Quand vous avez appris la propreté à votre enfant qui se trouvait heureux dans ses couches, vous l'avez contraint, embêté. Inconsciemment, il vous l'exprime maintenant et retrouve le plaisir d'être « sale ».

Enfin, les changements que les préados constatent dans leur corps les troublent beaucoup. **Ils ont du mal à prendre soin d'un corps qu'ils ne reconnaissent plus, qui leur devient étranger et qu'ils s'approprient avec difficulté.**

Alors, comment réagir ?

• D'abord, inutile de se lancer dans des conflits, dans le style « la guerre de l'eau », qui ne peuvent que renforcer l'opposition. Dès que votre ado découvrira le flirt, il se réconciliera avec la savonnette et le shampooing. D'ici là, votre marge est étroite.

• Négocier en douceur est aussi nécessaire que de fixer quelques règles impératives, comme se brosser les dents le soir ou se laver les mains avant de manger.

• Les actes sont plus utiles que les mots : les parents donnent l'exemple des soins et de l'attention que l'on porte à son corps et du plaisir que l'on y trouve.

• Mais surtout, votre préadolescent a besoin que vous respectiez son autonomie et son intimité : ne rentrez plus dans la salle de bains sans frapper.

• Enfin, faites-lui des compliments sur son physique et valorisez les efforts qu'il fait pour prendre soin de lui.

C'est lorsqu'il sera réconcilié avec son propre corps qu'il saura seul s'en occuper.

Quelques trucs à essayer

• Pour les dix-onze ans, accompagnez-les à la salle de bains et réglez vous-même les robinets.

• Apprenez à l'enfant à se laver seul les cheveux, les ongles, les oreilles, etc., puis laissez-le se débrouiller. Tant que c'est nécessaire, vérifiez une fois par semaine.

• Pendant un temps, transigez sur une vraie toilette (douche ou bain au choix) tous les deux jours, et une petite entre les deux.

• Décidez d'un jour fixe pour le shampooing et rappelez-le. Développez le « bain plaisir » en lui achetant les produits qui lui plaisent (gel « pour homme », savon parfumé, etc.).

• Ne l'envoyez pas se laver à l'heure de son émission favorite ou au milieu de son jeu sur écran.

77 Une forme de défense *l'insolence* ?

« Je ne reconnais plus ma fille. Elle était si gentille, agréable à vivre. En quelques mois, elle est devenue capricieuse, exigeante et provocatrice. J'ai du mal à supporter le ton qu'elle emploie pour nous parler. » Une maman.

C'est souvent lors de la préadolescence, vers dix ou douze ans, que les enfants changent brusquement de comportement. Ils « répondent » sans cesse. Si l'on s'oppose à eux ou que l'on ne satisfait pas à leurs demandes, ils deviennent franchement insolents, voire insultants. La critique ouverte ne leur fait pas peur, les gros mots non plus. Les parents, qui savent bien que cet âge est critique, s'attendent à quelques changements. Mais là, ils trouvent que leurs « presque ados » exagèrent franchement, tant dans leurs paroles que dans leurs comportements.

Comment comprendre cette attitude ?

Elle est souvent la première que trouve l'enfant pour affirmer son identité. Elle rappelle celle de l'enfant de deux ans qui disait non à tout et faisait une colère quand on le contrariait. Refuser était sa façon de signifier sa différence. Dix ans après, c'est encore par ce type de provocation agressive que l'enfant manifeste son désir de prendre son autonomie affective. Critiquer sa mère, c'est lui exprimer que l'on peut se passer d'elle (ce qui est évidemment très prématuré). L'adolescence est toute proche. Déjà le jeune pressent qu'il va devoir se détacher. Mais il est si maladroit et si peu au fait de ce qu'il ressent vraiment qu'**il va user de la provocation comme d'un langage**. Son insolence a des rôles essentiels :

• Elle permet à celui qui l'utilise de se démarquer de l'éducation qu'on lui a transmise. Par l'utilisation de la violence verbale, il prend le contre-pied de ce qu'on lui a enseigné. Il s'affirme aux dépens de ce qui lui a été imposé précédemment.

• Les gros mots qui étaient interdits à l'enfant sortent librement. C'est une manière de faire comprendre : « Maintenant, je parle comme je veux, ce n'est plus toi qui décides pour moi, chacun sa façon de s'exprimer. »

• L'insolence met brusquement une distance entre les parents et l'adolescent. Or, la gestion de la distance affective est la grande affaire de ces années-là. Les attitudes des enfants sont contradictoires. Ils recherchent leur indépendance tout en ayant un grand besoin de sécurité. C'est ainsi que **les adolescents les plus insolents sont souvent les plus dépendants**.

• **C'est dans l'opposition à l'adulte que l'adolescent cherche à trouver sa propre place**. Une relation proche et tendre, avec sa mère notamment, peut par moments être vécue comme un empêchement au travail d'indépendance que le jeune se doit de faire. L'insolence, c'est à la fois un rempart contre les sentiments complexes qui assaillent l'enfant et une façon de développer le sentiment de sa propre identité.

Comment réagir ?

• La plupart du temps, ce que **l'enfant voudrait exprimer est différent de ce qu'il dit**. Mais il a du mal à savoir ce qu'il désire vraiment et il ne trouve pas, en face de l'adulte, les mots et les arguments pour défendre son point de vue. L'insolence lui vient plus facilement. Aux parents d'entendre, même si c'est difficile, qu'il a grandi, qu'il n'est pas d'accord avec l'éducation qu'il reçoit, qu'il veut davantage de liberté et de responsabilités, etc.

• Donner la parole à son enfant, écouter ce qu'il a à dire, dialoguer avec un esprit ouvert, sont des attitudes qui peuvent prévenir les dérives de l'insolence.

• Les parents comprennent rapidement que l'insolence est une façon de montrer que l'on est en train de changer. De là, ils peuvent trouver la force de dédramatiser ce qui n'a généralement qu'un temps. Sur le moment, l'humour est souvent une bonne façon de réagir, surtout si l'on parvient à rire ensemble.

• Une autre stratégie possible consiste à faire semblant de ne pas entendre. Couper court à la conversation et sortir de la pièce vaut toujours mieux qu'adopter une attitude autoritariste.

• **Les parents ont le droit de refuser de se laisser maltraiter et de redire la règle**. Il est toujours utile, à froid, lorsque la crise est passée, de reprendre les faits et d'exprimer son désaccord. Le père peut dire : « Je te demande de ne pas parler à ta mère de cette façon. C'est un manque de respect que je trouve inacceptable. »

• **Être parents, c'est donner l'exemple :** attention, donc, à la manière dont la parole circule dans la famille. Les préados ont tendance à copier le mode d'expression des adultes, croyant ainsi paraître plus grands.

• Tout parent d'adolescent sait bien qu'il doit se montrer disponible, vigilant. Mais également, et c'est très difficile, capable de subir critiques, reproches et remises en question parfois agressives de la part de son enfant, sans pour autant déprimer ou agresser en retour. C'est tout un apprentissage !

• Ce qui aide le plus, c'est d'en parler. Quand on peut échanger avec des copines ou d'autres mères d'enfants du même âge, on se sent moins seule. Tous les ados traversent ce genre de crise : le constater et en rire ensemble soulage et permet de **prendre de la distance**.

Et dans la fratrie ?

Il est fréquent que l'insolence et la violence verbale s'expriment essentiellement entre frères et sœurs. Les bagarres peuvent être très dures, les réflexions blessantes. La meilleure attitude consiste souvent à **ne pas s'en mêler**, afin de leur apprendre à se débrouiller entre eux. Si l'on intervient, il est important de **ne pas prendre parti, d'écouter les points de vue de chacun** et de mettre en avant la **compréhension de l'autre**.

78 Comment avec un adolescent ***garder le contact*** ?

Les relations étaient jusque-là sans problème. On discutait, même si ce n'était pas toujours de tout repos. Soudain, l'ado entre dans son monde, et il semble que l'on n'y ait plus accès. On ne sait plus comment s'y prendre pour rester en lien…

L'adolescence est l'âge où il faudrait exercer ses forces et ses idées, confronter ses points de vue, discuter d'avenir. Mais les journées des jeunes sont remplies par l'école (qui leur impose silence et immobilité), par les activités annexes et le travail scolaire, par les médias, par les copains, par l'informatique, les jeux, les réseaux sociaux…

Il ne leur reste pas beaucoup de temps pour échanger, en famille, des idées, des questions ou des inquiétudes. D'autant que tout cela n'est pas très clair dans leur tête. Quant aux parents, fatigués et souvent dépassés, ils se sentent perdus face aux comportements provocateurs ou aux attitudes de repli sur soi de leurs enfants adolescents.

Pourquoi est-ce si difficile, soudain, de communiquer ?

• **L'adolescence est l'âge de tous les paradoxes**. Plus l'adolescent ressent l'envie ou le besoin d'être proche de ses parents et plus il va s'en éloigner et sembler les tenir à distance. C'est le prix de son autonomie affective. L'adolescent prendra comme une intrusion insupportable tout désir approfondi de parler avec lui, de son attitude et de ses difficultés, si bien qu'il se protège en lançant un : « De toute façon, tu ne peux pas comprendre ! », très irritant pour le parent qui, évidemment, est convaincu du contraire.

• **Les préoccupations des adolescents et de leurs parents ne sont pas les mêmes**, ce qui induit des malentendus et des tensions dans les échanges. Les parents ont des soucis de parents (la scolarité, l'avenir, le travail) ; les adolescents ont des questions existentielles (quel est le sens de la vie, à quoi cela sert d'apprendre pour se retrouver au chômage, comment construit-on un couple). En pleine crise du milieu de la vie, les parents ne sont pas forcément les mieux placés pour répondre.

• Enfin, et c'est certain, l'adolescent préfère désormais parler avec ses copains. C'est d'eux qu'il se sent compris, avec eux qu'il parle des heures au téléphone, auprès d'eux qu'il cherche échanges et réconfort.

Pourtant, même s'il se montre fermé et réticent, **l'adolescent a besoin de discuter avec des adultes et de se confronter à eux**.

Comment faire pour maintenir la communication ?

• L'adolescent vient parler quand il en ressent le besoin et la possibilité, s'il sait par expérience qu'il ne sera ni jugé ni rejeté. L'essentiel pour l'adulte est de patienter et de **se montrer disponible lorsqu'un dialogue s'ébauche**. On peut aussi créer des conditions plus favorables et aménager des moments tranquilles en tête à tête.

• Pour que la conversation s'établisse, il est important que le parent sache **écouter sans s'énerver**, en relançant les questions plutôt qu'en y répondant trop vite. Il est nécessaire qu'il se montre honnête sur ce qu'il ressent réellement (« Je me sens inquiète quand tu rentres en retard », plutôt que : « Tu aurais quand même pu prévenir ! »).

• L'adolescence est une période où les parents peuvent encore éduquer et guider. **Il est normal que parents et enfants n'aient pas le même point de vue**, que des désaccords et des conflits s'expriment. Discussions et solutions communes peuvent surgir. **Assumer sa position de parent**, tout en s'interdisant toute ingérence excessive dans la vie de son enfant, vaudra toujours mieux qu'une attitude de « parents copains », artificiellement complices et peu capables d'aider l'enfant à se structurer.

Et si l'adolescent refuse de communiquer ?

Il s'enferme dans sa chambre, il ne répond aux questions que par monosyllabes, il s'enfonce dans une attitude d'opposition Que faire ? Reconnaître que, dans l'immédiat, le dialogue n'est plus possible. Toute tentative de forcer la communication ne ferait qu'affermir le refus.

Assumer ce silence est très difficile pour l'entourage. C'est une étape pour l'adolescent, la seule manière, peut-être, qu'il ait à sa disposition pour marquer son individuation et sa mise à distance affective. L'adulte, lui, peut parler de ce silence et de ce qu'il ressent. Il peut aussi parler de sa vie personnelle qui continue.

Tout ne passe pas par les mots. Restent les actes, les attitudes, tout ce que l'on peut communiquer autrement que par le langage : un bon repas partagé, une séance de cinéma, un sourire affectueux. Quand l'adolescent se renferme, quand la relation va mal, **l'adulte a la tâche difficile de continuer à vivre sans se laisser détruire**. Et de **montrer qu'il l'aime toujours**.

Une grande patience...

L'adolescent, surtout s'il est en difficulté, voudrait être compris à demi-mot, sans avoir à faire l'effort de s'expliquer. En même temps, l'idée que l'on puisse savoir ce qui se passe en lui, **le comprendre parfois mieux qu'il ne se comprend lui-même, lui est absolument insupportable**. Ses demandes sont floues et contradictoires ; ses réactions sont injustes...

C'est dire si le rôle du parent est difficile, s'il demande patience et sérénité ! C'est pourquoi il serait même souhaitable, parfois, de laisser la place à un autre adulte de confiance.

79 Comment l'aider si elle refuse de mettre un maillot car ***elle est complexée ?***

« C'est qui, cette fille dans la glace qui ne me ressemble pas vraiment, qui s'efforce de sourire d'un air contraint et dont chacun dit : "Mon Dieu, ce qu'elle a changé depuis la dernière fois que je l'ai vue !" ? Ce ne peut pas être moi. »

Quand survient la puberté, le corps change. Ces modifications sont brutales, même si elles se préparent de longue date. Être mal dans sa peau, c'est plus simplement ne même pas reconnaître sa peau. Les adolescents ont le sentiment aliénant que leur corps ne leur appartient plus et se transforme sans qu'ils n'y puissent rien.

Ce que l'adolescence fait aux filles

La puberté, c'est aussi une production hormonale désordonnée. Acné, kilos ou centimètres pris trop vite et en trop grande quantité, poils que l'on voudrait cacher faute de savoir les épiler, seins trop petits, trop gros ou différents : comment faire la paix avec un corps qui maltraite votre narcissisme ? Les marques de la féminité ne sont pas faciles à intégrer.

Il est alors aisé, parce que l'on ne se reconnaît plus, de se trouver des défauts rédhibitoires. **Les adolescents, plus encore que les adultes, sont rarement satisfaits de leur corps**. La pression est encore plus forte sur les filles que sur les garçons. Chacune se compare au modèle du mannequin ou de l'actrice étalé dans les magazines : elle se trouve trop ceci, pas assez cela Pas sortable.

Un sentiment de malaise intérieur, le fait que l'adolescente se sente « mal dans sa peau », se traduit banalement par un refus d'exposer son corps au regard des autres. Comment supporter que l'on regarde celui qui vous en fait tant voir ?

« Pas question que je me mette en maillot de bain ! »

Vous avez loué un mobile-home dans un camping avec piscine, ou bien vous passez les vacances familiales au bord de la mer, et votre fille de quatorze ans s'obstine à garder pantalon et tee-shirt. Au mieux consent-elle à enfiler un short les jours de grosse chaleur. À une condition - encore une nouveauté de cette année : que vous ne vous approchiez pas d'elle avec un appareil photo.

Que pouvez-vous faire ? Vous souvenir de vous à son âge !

Surtout **ne vous moquez pas** d'elle. Le pire qu'elle puisse subir (la honte !), ce sont les moqueries des cousins ou des copains. Ceux qui vont rire de son malaise et trouver drôle de l'attraper et de la jeter à l'eau toute habillée. Face à de telles menaces, que ses parents se montrent respectueux et compréhensifs ne peut que la soulager.

Ne forcez jamais votre fille à se mettre en maillot de bain si cela lui semble impossible. **N'insistez pas** non plus sans arrêt, et demandez gentiment aux autres de la laisser tranquille. Après tout, se mettre en maillot sur les plages est une habitude récente et nullement une obligation.

Comprendre où le bât blesse

Il est important de parler avec l'adolescente.

Certaines se sentent globalement trop mal et c'est avec leur corps entier qu'elles sont en souffrance. Pour d'autres, il s'agit d'une partie de leur corps qui est mal investie et qui suscite la gêne. Trouve-t-elle sa poitrine trop plate ou trop volumineuse ? Ses hanches trop larges ? Ses genoux de travers ? Sa peau trop blanche ou trop noire ? Il est important de savoir, de regarder ensemble, sérieusement.

Ensuite, **l'attitude juste consiste à la fois à la rassurer** sur son charme, **à accepter son ressenti** et **à lui proposer des solutions**. « Tu n'aimes pas ta poitrine, d'accord, mais tu as des jambes ravissantes. On pourrait peut-être trouver un joli boléro qui s'arrêterait au nombril ? », ou : « Que dirais-tu d'un paréo qui ne cacherait que tes hanches ? »

Qu'est-ce qui peut l'aider à s'accepter ?

Aller faire des courses entre femmes peut être une bonne idée. L'achat d'un nouveau maillot de bain, à la mode, de la forme qu'il faut, dans lequel elle se trouve acceptable, peut arranger les choses.

Mais **la principale source de réassurance vient toujours des autres**. Si l'adolescente s'épanouit dans un groupe de copains et se fait apprécier de chacun, si elle participe à des parties de volley ou à des sorties communes, si elle se trouve jolie dans le regard des garçons, elle aura moins de raisons de ne pas se laisser entraîner lorsque les autres diront : « Allez, on va tous se baigner ! »

Un peu de patience

Enfin, si rien n'est possible, il reste l'empathie et la patience.

Complice et compréhensive, vous pouvez aider votre fille à trouver un motif « acceptable » au fait de ne pas exposer son corps aux rayons du soleil : allergie, sensibilité, etc. Cela justifie qu'elle garde obstinément un tee-shirt, jusqu'à se baigner avec. Elle sera moins gênée pour affronter réflexions et regards si elle a une explication simple et crédible à fournir.

Vous savez bien, pour y être passée, que tout cela n'a qu'un temps. C'est une question de patience pour que l'adolescente apprivoise ce nouveau corps et sache le mettre en valeur. L'été prochain, c'est elle qui se promènera, bronzée et ravie, au bord de la piscine.

« Un corps qui bouge »

On se sent mieux dans un corps en mouvement, actif et utile, que dans un corps problématique et avachi, que l'on observe avec désespoir pendant des heures. Une solution pour les adolescentes mal dans leur peau consiste donc à essayer de profiter des vacances pour les mettre en mouvement, ce qui n'est pas toujours facile. Elles ont certes passé l'âge du Club Mickey. Mais peut-être seraient-elles partantes pour un stage de plongée, une randonnée à cheval ou un tournoi de volley ?

Et les garçons ?

***Les garçons**, en début d'adolescence, **peuvent traverser des émotions comparables**. Eux aussi vont camoufler leur torse imberbe ou leur musculature qu'ils jugent insuffisante sous un tee-shirt avantageux. Les conseils sont les mêmes : respect, incitation à l'autonomie, intégration dans un groupe de copains, activité sportive. Le temps nécessaire pour que le corps s'étoffe et que le jeune trouve assez de confiance en lui pour affronter les regards.*

80 Comment établir concrètement *le contrat de confiance* ?

Ce que cherchent les ados dans le conflit, c'est d'abord la confrontation. Pour éviter d'en rester là, il revient donc aux parents de leur donner des repères auxquels se mesurer, chacun exprimant clairement son opinion.

Dans les échanges éducatifs avec les adolescents, surtout s'il s'agit d'obtenir quelque chose, il y a **deux écueils à éviter.** Un : **se laisser entraîner dans des discussions interminables qui tournent à la dispute**. Deux : **céder trop facilement, afin de leur faire plaisir.**

Il n'est pas question d'utiliser avec un adolescent les mêmes méthodes éducatives qu'avec un jeune enfant. Pour que l'ado prenne son autonomie, les relations d'autorité doivent évoluer progressivement vers des relations plus égalitaires. Les ados se voient confier davantage de responsabilités et sont tenus d'assumer les conséquences de ce qu'ils font. Le contrat de confiance est conçu pour les y aider.

C'est une technique simple et efficace, qui incite l'enfant à tenir les engagements qu'il a pris librement. Elle tient en quatre étapes.

Discuter

Demandez à votre adolescent de discuter avec vous d'un point le concernant qui vous pose problème. Par exemple : « Je trouve que tu ne participes pas assez aux tâches ménagères », ou bien : « Tu passes plus de temps sur Internet que sur tes devoirs. Il me semble évident que tes notes s'en ressentent. »

Exposez votre difficulté avec le plus de neutralité et d'objectivité possibles, en vous en tenant aux faits : « Depuis deux semaines, tu n'as pas une fois vidé le lave-linge ou le lave-vaisselle. » Évitez de mettre la moindre agressivité dans vos propos, du style : « tu ne fais jamais rien » ou « tu me prends pour ta bonne ».

Puis laissez l'adolescent s'exprimer librement sur ses réticences. Il serait étonnant qu'il soit immédiatement d'accord avec vous. **Écoutez attentivement ses arguments et ses justifications.**

Chercher des solutions

Cela **doit se faire ensemble**, jusqu'à ce que vous soyez d'accord sur la solution trouvée. Il s'agit de passer un contrat sur lequel l'adolescent va s'engager. Pour cela, chacun va devoir négocier et **aucun n'aura tout ce qu'il voulait**. Par exemple, vous aboutissez à la décision qu'il sortira la poubelle tous les soirs avant de se coucher. Ou bien qu'elle pourra sortir un soir par semaine avec une copine à condition qu'il n'y ait pas de notes en dessous de la moyenne.

Finaliser les détails

Il est important de se mettre d'accord sur les détails et sur une façon de faire. Un accord comme : « Je vais faire un effort pour ranger ma chambre », ou : « J'irai moins sur l'ordinateur » ne fonctionnera pas. **Le contrat doit être précis et explicite** : ce qui doit être fait, à quel moment, de quelle manière. Par exemple : « Tu t'occuperas de sortir le chien tous les soirs, avant dix-neuf heures, pendant au moins quinze minutes. »

Suivre le résultat

Il ne vous reste plus qu'à inciter votre ado, si nécessaire, à tenir son engagement. Cela sans jugement ni critique, avec calme et respect, sans douter de sa bonne volonté, sans rediscuter l'accord chaque jour.

Si le parent voit l'ado qui a promis de vider la poubelle aller se coucher en oubliant, un simple mot suffit à le rappeler à sa tâche (« poubelle », « Tu n'oublies pas quelque chose ? », « Ton engagement ? »). Mieux encore : désignez la poubelle d'un geste du doigt ou du menton. Quelles que soient la réponse ou les protestations de l'adolescent, maintenez votre position de manière calme, concise et amicale. Moins vous commentez, mieux cela marche.

Tenir leurs engagements n'est pas la priorité des adolescents. C'est pourquoi **c'est aux parents d'être garants que la tâche est accomplie**. Mais vous serez étonné de voir à quel point un adolescent à qui l'on fait confiance, faisant appel à son sens des responsabilités et à la parole donnée, prend à cœur son engagement.

Éviter l'escalade

Les ados expriment fréquemment des sentiments agressifs. Ils le font avec colère et une bonne dose de provocation. Selon la façon dont les parents répondent, les conflits risquent de s'aggraver, ou bien s'apaisent. La tâche des parents est d'apprendre à leur enfant à s'exprimer de manière appropriée et respectueuse, mais également de gérer leurs propres tensions pour montrer l'exemple.

Les adolescents, lorsqu'ils sont critiqués de manière répétitive, se mettent volontiers en position maximaliste de victime. « De toute façon, tout ce que je fais, vous êtes contre, et tout ce que je dis, vous trouvez ça idiot. » **L'attitude adéquate consiste à mettre davantage l'accent sur le positif que sur le négatif, en limitant le plus possible les jugements de valeur, les critiques et les punitions.**

81 Qui sont les ados qui ont *confiance en eux* ?

« Mon fils se sert de la phrase "Je suis nul" comme d'un moyen pour anticiper l'échec. Il pense sans doute qu'il me prépare, de cette façon, à ses mauvais résultats à venir... » Une maman.

Victor répète à qui veut l'entendre, avant chaque contrôle, qu'il n'y arrivera pas.

D'ailleurs, depuis qu'il est en sixième, ses résultats patinent un peu. Déjà en CP, il déclarait qu'apprendre à lire était trop dur. Ses parents le soutiennent comme ils peuvent et se demandent bien comment lui donner confiance en lui. D'autant que sa sœur Juliette, du haut de ses dix ans, avec des résultats équivalents, semble n'avoir peur de rien et ne jamais douter d'elle-même.

Pour avoir confiance en soi, il faut d'abord s'estimer soi-même à sa juste valeur, ce qui n'a rien à voir avec l'égoïsme ou la vantardise. **Connaître ses points forts et ses points faibles, les accepter**, c'est ce qui permet d'aller de l'avant sans se laisser freiner par des peurs inutiles.

Comment aider nos enfants ? En faisant de l'« expertise », c'est-à-dire en regardant comment fonctionnent les enfants confiants en eux-mêmes, puis en incitant les nôtres à suivre le même chemin.

L'enfant qui a confiance en lui se sent bien dans son corps

Cette notion d'un enfant « bien dans sa peau » n'a rien à voir avec la beauté. Il s'agit d'une attitude vis-à-vis de soi-même qui est à la portée de chacun et qui dépend beaucoup de l'éducation.

C'est dès l'enfance que l'enfant acquiert les comportements d'hygiène et de santé. L'enfant qui a confiance en lui respecte son corps et connaît ses limites. Il aime se fixer des défis et aller au bout de ses forces. Il prend soin de lui et s'entraîne.

Les parents ont un rôle central à jouer pour aider l'enfant à se sentir bien et beau. Le féliciter de la manière dont il s'est habillé ou coiffé, lui acheter des vêtements seyants, le trouver séduisant, minimiser l'impact des premiers boutons d'acné, tout cela compte. Mais plus encore permettre à l'enfant de sentir qu'il a un corps normal et sain, et que ses sensations le sont aussi. Tous les mécanismes corporels sont normaux et peuvent être abordés avec des mots simples, évitant tabous et fausse pudeur.

Si les parents prennent soin d'eux, ne fument pas, boivent avec raison, se soignent, mais sans prendre en permanence des médicaments, ont une activité sportive, ils sont un bon modèle pour leur enfant.

Il sait compter sur lui-même

Savoir compter sur soi nécessite de s'évaluer justement. C'est l'expérience qui permet de connaître ses points forts.

• L'enfant qui compte sur lui n'essaie pas de ressembler aux autres et ne tente pas à tout prix de s'en démarquer. Progressivement, il découvre que l'essentiel de sa force réside à l'intérieur de lui.

• Pour qu'un enfant puisse compter sur lui-même, **il ne faut pas qu'il ait appris à agir en fonction de la peur, de la critique et de la réprimande**. Si vous voulez que votre enfant développe des comportements d'honnêteté et de responsabilité, ne le punissez jamais lorsqu'il vous dit la vérité sur une erreur, une faute, une maladresse, une mauvaise note.

• S'il dit : « Ce n'est pas ma faute ! », reprenez-le : « Il ne s'agit pas d'une faute, mais tu es responsable de ce qui est arrivé. Ce n'est pas grave et je sais bien que tu n'as pas vraiment voulu cela. Tout le monde fait des erreurs. Inutile de se rendre malheureux avec ça. Voyons ce que l'on peut faire pour arranger les choses. » C'est cette **attitude constructive qui apprendra à votre enfant à ne pas avoir peur et à compter sur lui**.

Il fait des choix

Donc il ne dépend pas sans arrêt de l'autre pour décider de lui. Il ne quête pas sans cesse l'approbation d'autrui pour avancer. Pour cela, **il est souhaitable, au long de l'éducation et selon son âge, de laisser à l'enfant l'occasion de choisir.**

Personne ne vous empêche de donner votre avis, mais sans trop influencer, sans contraindre, sauf pour les choses vraiment importantes.

Parlez-en avec votre enfant, puis laissez-le décider, selon son âge, du choix de ses amis, de l'organisation de son travail, de ce qu'il mange au goûter, du sujet de son exposé, du club où il partira cet été, de sa façon de s'habiller : « Personnellement, ce n'est pas exactement le choix que j'aurais fait, mais si tu penses que c'est bien pour toi, alors d'accord. Si tu as bien réfléchi, je te soutiens. »

Favorisez les expériences de l'enfant et laissez-le en tirer les conséquences. **Ne soyez pas toujours derrière lui pour lui dicter son comportement** ou lui « sauver la mise » : c'est ainsi qu'il saura à la fois faire des choix et être responsable de ses actes.

Il en assume les conséquences

Pour faire des choix « éclairés » et les assumer, l'enfant doit être informé des différentes possibilités et des conséquences possibles. Puis il assume, avec votre soutien.

Votre enfant veut se coucher tard afin de finir son livre ? D'accord ; vous le prévenez qu'il sera fatigué le lendemain et vous le réveillez à la même heure que d'habitude. Votre fille veut suivre des cours de boxe française alors que vous rêviez de danse classique ? D'accord, mais elle s'engage sur un an. L'enfant qui aura choisi de son plein gré « option latin », pour des raisons qu'il connaît, s'y tiendra mieux que celui à qui le latin a été imposé.

L'enfant bien dans son corps, conscient de ses compétences et qui saura trouver en lui sa motivation à agir sera en bonne voie pour développer une confiance intérieure solide. Il saura que rien ne peut l'obliger à avoir peur de ce qui n'est pas dangereux, à se faire du souci inutilement ou bien à être malheureux.

82 Faut-il autoriser *le piercing, le tatouage* ?

« Ma fille de quatorze ans me casse les pieds pour que je l'autorise à se faire tatouer une rose sur la hanche. Et si elle change d'avis plus tard ? » Une maman.

Les conflits sur les « marquages corporels » sont fréquents. Les parents s'interrogent : « Mon fils de seize ans veut absolument se faire poser un piercing sur le sourcil. Je trouve cela inquiétant et affreux. Comment le convaincre d'y renoncer ? »

La plupart des parents ne souhaitent pas autoriser un tatouage ou un piercing, quels que soient sa forme ou son emplacement. Mais la mode des « marquages » divers dans les endroits du corps les plus surprenants aboutit à une banalisation du phénomène. « Mais toutes mes copines ont un piercing au nombril ! » L'adolescent insiste, fait la tête, tente de faire flancher ses parents. Jusqu'à l'ultime argument : « Après tout, c'est mon corps, je peux en faire ce que je veux, c'est moi qui en subirai les conséquences. »

Pourquoi veulent-ils un piercing ?

La puberté entraîne des modifications corporelles irrésistibles. Élevé dans une société qui prône la toute-puissance et l'individualisme, l'adolescent peut trouver cette passivité insupportable. **Marquer son corps volontairement, c'est s'appartenir à nouveau et se réapproprier son corps**.

À l'adolescence, un tatouage ou un piercing est un signe visible qui montre l'appartenance à un groupe et distingue des autres. Pour les filles comme pour les garçons, il peut s'agir d'une marque de séduction, d'une aide pour définir sa personnalité, ainsi que d'une manière d'affirmer son autonomie face à la génération « raisonnable » des parents. Choisie et assumée, cette marque peut les aider, comme le symbole d'un pouvoir pris sur la vie, à se sentir plus fort et mieux dans leur peau.

Une question de culture et de génération

Accepter que son enfant ait un tatouage ou un piercing **dépend beaucoup des valeurs personnelles de chacun**. C'est une décision permanente et irréversible, elle engage donc l'avenir. Les parents, qui ont une vision à plus long terme, sont évidemment concernés. Beaucoup d'entre eux préfèrent que leurs enfants attendent d'avoir plus de maturité, voire d'être majeurs, pour pouvoir prendre ce genre de décision et en assumer les conséquences. Leurs arguments ne manquent pas de poids : dans dix ans, quand la mode aura changé, quand il sera sorti de l'adolescence et qu'il cherchera du travail, est-ce que leur enfant ne va pas regretter ?

C'est pourquoi discuter et échanger des arguments est la première chose à faire. Quelles sont les motivations de l'adolescent ? Se rend-il compte des conséquences ? À court terme, l'opération a des répercussions douloureuses et nécessite des précautions : risque d'infection, hygiène rigoureuse, pas d'exposition au soleil, pas de piscine, etc. À long terme, le jeune gardera un look particulier, ce qui entraîne un risque de jugement social.

Il est important que les parents donnent clairement leur opinion. « Je dois dire que je n'ai jamais aimé ce genre de chose, bien que je comprenne ta demande. »

Prendre une décision

Elle dépend de vos convictions et de la demande de votre enfant, de ce que vous pouvez tolérer ou non. Finalement, il n'y a que trois possibilités :

• Vous donnez votre accord, convaincu par les arguments raisonnables de votre adolescent. Le piercing ou le tatouage qu'il réclame est discret. Ou bien il a presque dix-huit ans et vous estimez que c'est à lui désormais de prendre ce genre de décision : « Tu veux un piercing, d'accord, mais sache que je n'aime pas cette idée. » **Soyez attentif à l'endroit où il va se rendre afin que les conditions d'hygiène soient respectées.**

• Vous aboutissez à un compromis concernant l'endroit du piercing ou la taille du tatouage. Par exemple : « Oui, mais à condition que cela ne se voie pas lorsque tu es habillé ». Ou bien vous demandez un délai : « Cet acte engage à long terme : je pense qu'il faut y réfléchir encore. Si tu en as encore envie dans six mois, je te donnerai mon autorisation. »

• C'est non. Dans ce cas, exprimez clairement vos convictions : « Je suis contre tout ce qui peut modifier ton corps de façon permanente. Tu es trop jeune pour ce genre de décision. J'y vois trop de risques. Je sais que tu en avais très envie et je suis désolé. Quand tu auras dix-huit ans, c'est toi qui décideras, mais aujourd'hui, pour moi, c'est non. » Cette position est légitime, d'autant plus que les marquages demandés sont visibles par tous et irréversibles. Mais attendez-vous à des réactions et des protestations. Dire non à son adolescent n'est pas une partie de plaisir, mais c'est parfois nécessaire pour le protéger des conséquences d'erreurs sérieuses et durables.

Et les scarifications ?

Elles sont différentes des autres marques corporelles. Elles se rapprochent davantage des conduites à risques fréquentes à l'adolescence. Se scarifier peut avoir une multitude de sens (se sentir exister, se punir, se purifier…), mais traduit toujours une angoisse intériorisée.

En s'infligeant une douleur physique, l'adolescent tente de lutter contre une souffrance psychique. C'est une façon pour lui de combattre son mal de vivre et de décharger des tensions insupportables. Ce comportement n'est pas à banaliser, car il arrive qu'il indique quelque chose de plus grave à venir. **L'adolescent qui se scarifie a besoin d'une écoute et d'une aide**.

83 Comment inciter à bouger *l'ado en surpoids* ?

On sait qu'une majorité des adolescentes se trouvent trop grosses. La mode et les modèles des magazines y sont pour beaucoup. Pour la plupart des jeunes, c'est faux : ils aimeraient perdre du poids, mais leur silhouette est parfaitement normale. Pour quelques-uns, c'est vrai, et ceux-là ont besoin d'aide.

Tania a douze ans, elle est en cinquième. Depuis quelques mois, elle s'isole, se replie sur elle-même, refuse les sorties et demande à être dispensée des cours d'éducation physique et sportive. La raison ? Elle se trouve trop grosse, donc moche. Les garçons se moquent d'elle.

Baptiste, lui, n'a que dix ans. Depuis quelques mois, il est devenu « Bouboule » pour toute la classe. Les séances de piscine sont un supplice pour lui.

Tout le monde dit que les enfants doivent bouger, que c'est bon pour eux. Mais comment y amener les réfractaires, parmi lesquels on trouve une grande proportion d'enfants en surpoids. Cause ou conséquence ? Qu'importe, il faut agir.

Le surpoids, une souffrance

Un enfant trop gros est rarement bien dans sa peau : il ne bouge pas comme il le souhaite, il est parfois moqué par ses camarades. Si bien qu'il souffre souvent d'un **manque d'estime de lui-même et de confiance en lui**, à un âge où il en aurait tant besoin…

Cela n'a rien d'une fatalité. Le surpoids de l'enfant et de l'adolescent est directement en corrélation avec la qualité (et la quantité) de son alimentation. Mais, plus nettement encore, avec la pratique ou non d'une activité physique et le temps passé devant un écran (télévision, bien sûr, mais aussi console ou ordinateur). Alors le remède est simple : un minimum de télévision, une nourriture équilibrée, pas de grignotage… et un maximum d'activité physique.

Le constat est le suivant : le nombre d'enfants en surpoids a beaucoup augmenté ces dernières années. On considère qu'un enfant sur dix est trop gros. Dans le même temps, la mode exige une extrême minceur. Pour les enfants en surpoids, les situations sportives sont parmi les plus difficiles à vivre. Complexés, ils trouvent toutes les excuses pour s'en dispenser et leur problème s'aggrave.

Il ne s'agit pas tant d'être dans les critères de la mode que d'être en bonne santé. **Le surpoids fait courir des risques à l'enfant. Il doit donc comprendre que l'activité physique lui est indispensable.** Mais comment l'inciter à s'y mettre ?

Comment aider ?

Le surpoids est souvent lié à de mauvaises habitudes de vie. La première chose est d'encourager l'enfant à en changer. Pendant que l'on bouge, non seulement on améliore son corps et sa santé, mais encore on ne regarde pas la télé et on ne mange pas : c'est double bénéfice !

- N'obligez pas votre enfant à pratiquer un sport où il sait qu'il sera objet de moqueries. Soit qu'il doive se mettre dans une tenue où il se sent ridicule, entre en compétition avec des copains plus sveltes, donc plus rapides.

- Aidez-le à porter son choix sur un sport où son surpoids n'est pas un handicap pour réussir : tennis de table, voile, ski, vélo, etc. **Il y a même des sports où le poids est un avantage**, comme la musculation ou le judo.

- Avec les plus jeunes, entraînez-le vous-même à l'activité physique. Lancez-lui des défis : « Es-tu capable de courir jusqu'au bout de la rue ? », ou : « Allez, cours, j'essaie de te rattraper ! »

- Pour un enfant très complexé et qui refuse toute rencontre sportive, pourquoi ne pas lui proposer de commencer par une activité sportive « privée », de type vélo d'appartement ?

- L'étape suivante est le sport en famille, plus facile à aborder dans un premier temps.

Le sport en famille

À l'adolescence, soit le jeune a laissé tomber le sport qu'il pratiquait jusque-là, soit il a atteint un niveau qui ne relève plus de la sortie familiale (sauf s'il s'agit de l'accompagner le dimanche matin, à l'aube, à ses compétitions, ce qui demande motivation et abnégation de la part des parents). Mais il reste encore des occasions de faire du sport ensemble, surtout si l'habitude a été prise précédemment.

Il y a les parties de tennis, où la nouvelle génération commence à battre l'ancienne, qui s'essouffle plus vite. Il y a la piscine ou la mer, surtout pendant les vacances. Pour certains, les virées en bateau ou à cheval. Plus couramment, il y a le séjour au ski. C'est un excellent exemple : dans la journée, il y a le sport où chacun choisit sa piste, attend l'autre, vient secourir, commande le chocolat chaud. Puis il y a le soir : la fatigue partagée, les grandes tablées, le jeu de société à la veillée. On s'est tant dépensé qu'il n'y a plus assez d'énergie, le soir, pour le stress, les tensions ou les conflits.

Bien sûr, toutes les familles ne vont pas au ski, mais c'est exactement pareil de partir pour plusieurs jours en randonnée, sac au dos.

Une manière différente de communiquer

À l'adolescence, le sport en famille est une manière de décharger son agressivité et de désamorcer les conflits. « Je te prends au ping-pong ! — D'accord ! » Et tout observateur attentif constate qu'il se joue bien autre chose, dans l'énergie communiquée aux balles, qu'une simple partie de ping-pong.

L'agressivité est détournée et le sport permet de la ritualiser. Dans ces années où se comprendre est parfois difficile, **il est précieux de pouvoir communiquer autrement** et de garder un terrain pour le **partage d'un plaisir commun.**

Bouger pour être mieux dans sa peau

À l'adolescence, les tensions sont externes, mais aussi internes.

Faire régulièrement du sport permet à l'adolescent de se construire un rapport au corps différent. Dans ces années troublées, l'adolescent se mire avec anxiété. Le garçon ne se trouve jamais assez musclé, la fille jamais assez fine. **Le sport va les aider à être mieux dans leur peau, parce qu'il permet la jouissance de ce corps si insatisfaisant par ailleurs**. Pendant qu'il s'efforce, pendant qu'il se défonce, se salit, s'abandonne, l'adolescent oublie un instant ses tourments et jouit d'être vivant.

Se faire aider « en ligne »

Si l'idée de bouger en famille se révèle insuffisante ou trop peu attractive, il existe une alternative pour les ados déjà équipés d'une liaison Internet, que ce soit par ordinateur, tablette ou smartphone. Plusieurs sites ou applications, gratuites ou très bon marché, soutiennent les efforts de celui qui essaie de contrôler son poids, notamment en bougeant davantage.

Une manière plus ludique et plus « branchée » de se mettre en route…

chapitre 3

La vie intellectuelle et sociale

84 Comment l'aider à *réussir son primaire* ?

« Quand j'ai accompagné ma fille pour sa première rentrée à la "grande école", en CP, je crois que j'étais plus anxieuse qu'elle. Tous mes souvenirs d'écolière remontaient et j'aurais voulu repartir en courant ! » Une maman.

Votre enfant entre à l'école primaire. Lecture, écriture, calcul : cette fois, les choses sérieuses commencent. Vous allez vous initier progressivement au dur métier de parent d'élève. Même si vous sous-traitez l'apprentissage à l'enseignant de votre enfant, pas question de vous tenir sur la touche. Aux premières loges, **vous avez un rôle essentiel à tenir pour aider votre enfant à réussir**. Cela tient en trois points.

Se tenir au courant

Votre enfant a besoin de sentir que vous êtes concerné par l'école et par ce qu'il y vit. Lui ne vous racontera pas grand-chose. Il va falloir aller aux nouvelles. Cela consiste principalement à assister aux réunions de parents organisées à la rentrée, puis une ou deux fois dans l'année, pour connaître la vie de la classe et le projet pédagogique. C'est aussi rencontrer régulièrement l'enseignant pour faire le point et s'assurer que tout va bien (si c'est le cas, une ou deux fois par trimestre semblent suffisantes). S'intéresser à la vie de la classe et de l'école, c'est aussi feuilleter les livres, les cahiers et le carnet de correspondance, régulièrement, et bien lire les annotations.

Votre profession vous laisse un peu de temps ? Proposez-vous pour accompagner une sortie de classe. C'est une bonne occasion de nouer des liens avec l'enseignant, de sentir l'ambiance de la classe et de faire connaissance avec les copains. En outre, votre enfant sera ravi.

Important : **inscrivez-vous à une association de parents d'élèves**. C'est à ces réunions que vous en apprendrez le plus sur la vie de l'école.

Valoriser l'apprentissage

L'idée à faire passer est simple : apprendre, c'est drôlement sympa !

• Vous ne connaissez pas un mot ? Cherchez-le ensemble dans le dictionnaire. Un voyage en voiture ? Jouez à trouver des mots qui riment ou à inventer ensemble des histoires. Une promenade à la campagne ? Développez son enthousiasme et sa curiosité en observant ensemble les plantes et les insectes.

• Suivez les programmes : « Tiens, tu étudies Napoléon ? On pourrait aller visiter les Invalides dimanche », ou bien : « Qu'est-ce que tu étudies en ce moment en sciences naturelles ? La circulation du sang ? C'est drôlement intéressant. Tu peux me raconter comment ça marche, je crois que j'ai un peu oublié ! »

Et si votre enfant a des intérêts ou un talent particuliers pour les dinosaures comme pour les échecs ? Aidez-le à les valoriser et à approfondir, sans pour autant l'y enfermer.

Assurer de bonnes habitudes de vie

Les études sont formelles : **les enfants qui réussissent ont une vie régulière et dorment bien**. Ils ont le temps de se détendre et de jouer. De cela, vous êtes garants. Pas d'agenda de ministre, une heure de coucher qui tient compte de ses besoins de sommeil : voilà l'indispensable.

À vous aussi de **mettre en place de bonnes habitudes concernant l'école.** Il y a une heure pour se détendre, une heure pour faire ses devoirs et une heure pour réciter ses leçons à papa ou maman. Il y a une étagère où ranger ses affaires, un coin calme où travailler, et les bonnes habitudes dans la manière de tenir sa trousse et son cartable.

Ces règles vous semblent peut-être rigides : elles permettent, à l'usage, une grande économie de temps et d'énervement.

L'atout psychologique

Un enfant réussit mieux s'il a confiance en lui. Pour cela, il a besoin de se sentir soutenu. Il a une bonne note ? Ne ménagez pas vos félicitations, montrez votre joie et votre fierté. Il a une mauvaise note ? Positivez (« Au moins, on sait ce que tu n'as pas compris, on va pouvoir reprendre cela tranquillement ! »). Soutenez ses efforts, **encouragez-le à progresser**. Si votre enfant améliore sa note la prochaine fois, félicitez-le, si minime soit le progrès.

85 Comment l'aider à ***s'affirmer en classe*** ?

La PPP (ou « peur de parler en public ») touche aussi bien les enfants que les adultes. Mais elle est, chez les premiers, beaucoup plus facile à corriger.

Zoé a huit ans et vient d'entrer au CE2. Tout va bien à l'école et les notes sont bonnes… surtout à l'écrit. Car la maîtresse de l'an dernier déclare volontiers qu'elle a peu entendu le son de sa voix au cours de l'année. Ce qui n'est pas faute de l'avoir encouragée ! Il en est ainsi depuis la maternelle. Zoé parle volontiers à l'oreille de ses copines, mais, dès que la maîtresse l'interroge, elle rougit, perd ses moyens et se tait. On la dit timide.

Egon a le même problème, mais lui est en CM2. Ses parents commencent à s'inquiéter. Egon apprend bien ses leçons, mais, appelé à les réciter devant la classe, il ressent un réel sentiment de panique : son cœur bat fort, sa gorge est sèche, sa tête est comme un vide, il ne peut plus dire un mot. Et ses notes s'en ressentent.

L'enfant victime de la peur de parler en public (la « PPP » des spécialistes) est aussi celui qui n'osera pas demander son chemin ou réclamer son dû. Celui qui ne saura pas poser des questions en classe et se faire apprécier de ses professeurs. Aider son enfant à dépasser cette crainte, c'est lui éviter beaucoup de soucis dans les années à venir.

Bien cerner ensemble l'objet de la peur

On ne combat bien que ce que l'on connaît bien. De quoi l'enfant a-t-il précisément peur ? Est-ce de se tromper, ou bien que l'on se moque de lui, a-t-il peur de paraître idiot, etc. ? L'enfant craint-il également de lire tout haut ? A-t-il plus peur lorsqu'il doit être noté ? A-t-il autant peur quel que soit le public (petit groupe, groupe mixte, etc.) ? Est-ce l'erreur qui lui fait si peur ? Même les grands professionnels se trompent : vous pouvez sûrement lui en montrer des exemples.

Montrez-lui la valeur de l'erreur, qui seule permet de progresser : « Tu vois, heureusement que tu as fait cette erreur en maths, sinon je n'aurais jamais su que tu confondais décamètre et décimètre. Maintenant, je vais te réexpliquer et tu ne te tromperas plus. »

Quand on sait, on est plus sûr de soi

N'oubliez pas que **la compétence aide beaucoup à dépasser le trac**. Compétence sur ses leçons d'abord : l'enfant qui les sait parfaitement a moins peur de les réciter. Compétence dans la prise de parole ensuite : il existe des règles simples et des exercices pratiques que l'on trouve dans les livres spécialisés sur l'affirmation de soi et qui peuvent être d'une grande aide. Devenir un bon orateur est pris alors comme un défi ou comme un jeu, auquel l'enfant s'entraînera à la maison. Voici quelques idées :

- Ne perdez aucune occasion de l'inciter à s'exprimer en public ;
- Suggérez-lui de raconter à son oncle Farid le livre qu'il vient de lire ;
- Faites-lui réciter ses leçons debout, comme s'il était en classe ;
- Lisez ensemble des poésies ;
- Inscrivez-le à un atelier de théâtre.

Mais gardez en tête d'avancer progressivement et de ne jamais le forcer au-delà de ses possibilités.

Apprendre la relaxation

Parler correctement nécessite avant tout un bon contrôle du souffle. L'anxiété le bloque et accélère la respiration. C'est pourquoi les techniques de relaxation sont une grande aide. L'enfant qui se sera entraîné à respirer lentement et profondément, avec le bas du ventre, et à détendre ses muscles, aura sûrement fait de gros progrès dans la maîtrise du souffle, donc de la parole (voir « 74. Comment apprendre à son enfant à se relaxer ? » page 314).

Une ambiance familiale détendue

Dans ce monde incertain, où **la vie scolaire des enfants se déroule très tôt sous le signe de la rivalité et de la compétition, certains vivent avec la crainte de ne pas se montrer assez performants**. Et préfèrent encore se taire.

Un climat familial chaleureux, où l'enfant se sent accepté et soutenu sans qu'il ait besoin de « faire ses preuves », où il trouve écoute, disponibilité et encouragements, est la meilleure recette pour aider un enfant timide. Encouragé et apprécié, il fera peu à peu partie de ceux qui prennent avec plaisir une part active à la vie de la classe.

Les trucs du bon orateur

- *Annoncer son plan au début et bien le garder en tête. Préciser chaque nouveau chapitre.*
- *Parler en regardant quelqu'un dans les yeux.*
- *Avoir une attitude posée, éviter les tics ; au besoin, occuper ses mains avec un crayon.*
- *Impliquer son public avec des anecdotes, des exemples concrets, des éléments d'humour.*
- *Si possible, écrire au tableau, au fur et à mesure (ou à l'avance, avec le plan), les mots-clés du point évoqué.*
- *Terminer en remerciant les gens présents.*

86 Comment développer son *esprit scientifique* ?

Les filles comme les garçons ont, spontanément, la passion du « pourquoi ? » et du « comment ? ». Si l'on veut que cette envie de découvrir et de connaître se maintienne au long de leurs années d'étude, il est nécessaire de l'encourager.

Kamel est allongé dans les feuilles mortes, l'anorak boueux, sa petite cousine à côté de lui. Ils regardent passionnément une belle limace orange qui s'étire doucement au pied du chêne vert. « Tu crois qu'on pourrait lui faire une maison ? On lui mettrait de l'herbe. Comment on pourrait l'appeler ? Maman, t'aurais pas une boîte ? »

Maman n'a pas d'affinités avec les limaces. Mais quel parent ne souhaiterait pas, dans notre société où les sciences ont la meilleure part, que son enfant s'y intéresse ? Faire preuve de curiosité pour le monde qui l'entoure, élaborer de nouvelles connaissances en observant et en expérimentant, c'est ce que fait l'enfant jeune et qu'il faut l'inciter à continuer ensuite.

C'est ainsi qu'il développera des qualités de pensée logique, de raisonnement et d'attention.

Une attitude déterminante

L'adulte a un rôle essentiel à jouer pour encourager l'enfant dans ses explorations et lui communiquer l'enthousiasme et le sens du merveilleux **dans tous les détails du quotidien**.

Face à un enfant qui a cessé de poser des questions sur la marche des choses, c'est à l'adulte de prendre le relais, stimulant la réflexion, la créativité et l'action :

- « Oh, regarde, ce nuage a une drôle de forme ! Qu'est-ce que tu y vois ? »
- « Tu as vu ce tout petit ruisseau ? Qu'est-ce qui se passerait si on construisait un barrage ? »
- « Tiens, un avion, comment fait-il pour voler ? »
- « Et si on regardait cette feuille au microscope ? »
- « Que se passe-t-il si on gonfle des ballons et qu'on les lâche dehors ? »

Garçon ou fille, à la campagne ou à la ville, à cinq ans comme à dix, rare est celui qui résistera à de telles propositions.

Le quotidien comme terrain scientifique

Voici quelques idées simples pour transformer la vie de tous les jours en autant d'occasions de se livrer à des expériences « scientifiques ».

- Le domaine privilégié est tout simplement celui de la routine quotidienne. Le bain du plus petit ? On transvase des récipients, on réfléchit sur les volumes, on explique comment on fait des bulles ou de la mousse. Le plus grand se coupe ? Tout en le soignant, on explique la désinfection, puis on surveille ensemble les étapes de la cicatrisation. Vous aimez les plantes d'intérieur ? Achetez à votre enfant quelques graines et permettez-lui de faire germer, pousser, fleurir ses propres plantes dans sa chambre.

- Faire la cuisine avec l'enfant permet de discuter de nombreux concepts. Avec les plus petits, l'effet du chaud ou du froid sur les aliments, le rôle de la cuisson, les grandes familles d'aliments, les différentes saveurs. Avec les plus grands, on aborde des notions de diététique, des jeux avec les poids et les mesures. Quel enfant n'est pas passionné si vous lui confiez une balance, un verre gradué et quelques mesures à effectuer ?

• « Comment ça marche ? » et « Comment on le fabrique ? » sont deux questions fondamentales qui impliquent que l'on démonte et remonte tout ce qui peut l'être. Avec le petit, la râpe à fromage et le moulin à persil ; avec le plus grand, le poste de radio et la tondeuse à gazon. Ensemble, emmenez-les visiter l'arrière-boutique du boulanger, qui leur expliquera comment il fait croissants et baguettes.

• Le monde animal attire tous les enfants. Apprenez-leur à observer finement et à respecter l'animal, son habitat, ses habitudes. Cela développe la patience, l'attention, et suppose que vous ne leur transmettiez pas de peurs irraisonnées.

Une étagère comme musée

Fabriquez avec votre enfant une boîte (ou une étagère) à trésors, qui accueillera son musée personnel : coquillages, cailloux, scarabée, graine de tournesol, puce informatique, aile de papillon, morceau de bois sculpté, fleur séchée, etc. Chaque objet a sa raison d'être, son histoire. Le lieu est à respecter : n'y passez pas le chiffon et ne jetez surtout pas ces « vieilleries » à la corbeille !

« Comment ça marche ? »

Vous êtes avec votre enfant dans une queue, une salle d'attente ou un embouteillage ? Jouez ensemble à « Comment ça marche ? ».

Partez d'un objet quotidien un peu compliqué (téléviseur, sonnette de porte, réfrigérateur, ascenseur, voiture) et essayez d'amener votre enfant à imaginer comment il fonctionne. Entraînez sa créativité en cherchant avec lui les explications les plus farfelues. Ne reculez pas devant l'absurde : l'important est de stimuler l'imagination et d'adopter une démarche « logique » en envisageant le maximum d'aspects de la question.

Développer **cette attitude permettra au jeune enfant de passer en douceur du monde magique où tout est possible au monde réel des faits**, des informations et de la joie des vraies découvertes. Une façon de penser la vie qui est celle des vrais scientifiques.

87 Comment améliorer *son orthographe ?*

Produire un texte en bon français est une tâche ardue, que bien des adultes maîtrisent difficilement. Pour l'enfant qui doit réfléchir à chaque étape du travail, la complexité est souvent énorme.

Quand l'instituteur donne comme consigne : « Racontez une promenade à la campagne », l'enfant doit à la fois chercher ce qu'il va dire, organiser ses idées, choisir la forme qu'il va leur donner, trouver les mots pour les traduire et enfin veiller à leur orthographe. On comprend que cette dernière tâche soit parfois négligée. Dans les dictées, la tâche est unique, donc plus simple. Mais l'enfant ne choisit pas ses mots, et ceux-là peuvent lui être inconnus ou receler des pièges.

Prendre de bonnes habitudes

Gérer tout cela est bien difficile. La seule manière d'y parvenir, c'est de mettre en place des automatismes. Quand les « s » viendront tout seuls se placer à la fin des mots au pluriel, quand le verbe qui vient après « tu » sera spontanément suivi d'un « s », l'enfant aura plus de temps pour s'interroger sur le nombre de « r » à « chariot » et à « charrue »...

Ces automatismes ne peuvent s'installer qu'avec le temps et l'entraînement. Le cerveau devient plus vigilant, les yeux apprennent à repérer la « bonne forme » des mots et l'enfant prend l'habitude de se poser les bonnes questions (où est le verbe, quel est le sujet, est-il féminin ou masculin, singulier ou pluriel, etc.).

Mais cette dernière étape demande des préalables.

D'abord encourager la lecture

L'idée est simple : chaque fois que les yeux se posent sur un mot correctement écrit, le cerveau « imprime » son orthographe, comme s'il faisait une photo. Cette trace dans la mémoire est renforcée à chaque fois que l'enfant rencontre le mot. Lorsque, hésitant entre deux orthographes possibles, nous écrivons un mot de deux façons, nous ne faisons rien d'autre que de rechercher celle qui ressemble à la « photo » que nous avons prise.

Il est donc nécessaire de mettre l'enfant en contact avec des textes écrits. Cela passe par les livres d'histoires et la bibliothèque, mais aussi par la vie la plus quotidienne : trouver son émission dans le programme de télévision, lire la recette pour faire le gâteau ou déchiffrer les panneaux pour se repérer dans la rue.

Puis encourager l'écriture

Votre enfant sort ? Demandez-lui de vous laisser un petit mot avec le but de sa promenade et son heure de retour. Il s'absente ? Réclamez-lui des lettres où il raconte ce qu'il fait. Vous sortez faire les courses ? Dictez-lui la liste des achats.

Tous les prétextes sont bons. Ils sont autant d'occasions de voir l'importance de l'écrit et de s'entraîner à en produire. Plus l'enfant est grand et plus les possibilités sont nombreuses. L'un appréciera de tenir un journal quotidien de ses activités et de ses pensées, ne serait-ce que pendant une période de vacances. Dans ce cas, offrez-lui un joli carnet avec un cadenas où il pourra consigner ses secrets. Un autre enfant sera heureux de trouver un correspondant avec qui échanger du courrier. Si vous êtes équipé d'un ordinateur connecté à Internet, vous pouvez proposer à votre enfant d'avoir sa propre adresse et sa boîte à courriel. Pour nos petits génies du clavier, c'est autrement plus motivant !

Attention : **si votre enfant vous envoie une lettre ou vous fait un poème, résistez absolument au désir de corriger ses fautes.** Il se peut que vous soyez tellement agacé par son orthographe ou sa syntaxe que vous ayez bien du mal à vous retenir. Il est pourtant impératif de le faire. **Sinon, il croira que vous vous intéressez plus à la manière d'écrire qu'au contenu.** Vexé, il ne vous écrira plus. Or, c'est en écrivant que l'on apprend.

Enfin travailler l'orthographe

Cette étape vient en dernier, mais elle est indispensable. Son but est d'intéresser l'enfant au mot lui-même, puis de lui permettre de **développer des automatismes.**

• Achetez à votre enfant un dictionnaire adapté à son âge et agréable à consulter. Vérifiez qu'il sait le manier aisément. Incitez-le, chaque fois qu'il hésite sur le sens ou l'orthographe d'un mot, à consulter son dictionnaire. Ce sera beaucoup plus facile si vous donnez l'exemple.

• Vous pouvez, si votre enfant est à l'aise avec les écrans, le renvoyer sur un dictionnaire ou une encyclopédie en ligne, installés sur l'ordinateur. Il y trouvera non seulement l'orthographe du mot, mais aussi son histoire et sa signification.

• Vérifiez, en lien avec ses cours de français, que votre enfant apprend ses règles parfaitement, exceptions comprises. Au besoin, mettez-les en musique, un bon moyen mnémotechnique pour se les rappeler. Reprenez-les périodiquement.

• Apprenez-lui un nouveau mot par jour (sens et orthographe). Écrivez-les sur le frigo et reprenez-les chaque jour. Le dimanche, il doit connaître la liste entière.

L'exercice de la dictée

Enfin, il reste la dictée, exercice « scolaire », parfois rébarbatif, mais vraiment utile.

Pour être efficace, la dictée doit être **courte mais quotidienne**. Tout roman à l'écriture classique et ouvert au hasard peut servir de trame :

• N'hésitez pas à changer les mots pour les besoins de l'exercice ;

• Commencez par des extraits faciles, afin que l'enfant puisse réussir et se sentir compétent ;

• Si le texte est difficile, laissez l'enfant le lire d'abord avec attention (le but est toujours de l'aider à réussir) ;

• Insistez sur le temps de relecture, puis laissez à l'enfant le plaisir de se corriger lui-même.

Améliorer une orthographe défaillante peut demander un peu de temps et de constance. Mais l'acquis est définitif et très utile tout au long de l'existence. Encore faut-il en convaincre l'enfant…

L'enfant dysorthographique

Si votre enfant a de grosses difficultés dès les débuts de la lecture, n'hésitez pas à consulter un orthophoniste. Si un diagnostic de dyslexie est posé, il est important que celle-ci soit traitée avant que surviennent des difficultés scolaires et une dysorthographie, terme désignant les erreurs orthographiques qui font suite à la dyslexie et qui peuvent représenter un handicap scolaire.

88 Comment l'inciter à *développer sa créativité* ?

Tous les enfants ne deviendront pas Picasso ou Mozart, mais tous, quel que soit l'avenir qui les attend, peuvent enrichir leur vie en la rendant plus créative.

Les jeunes enfants sont créatifs et aucun ne manque d'imagination. L'un invente des histoires abracadabrantes et semble y croire dur comme fer. L'autre dessine partout : sur les feuilles de papier, sur le journal de papa, sur les murs du couloir. Un autre encore ne peut jouer à un jeu sans en changer les règles, ni chanter une chanson sans en modifier les paroles. Puis, bizarrement, à l'âge des apprentissages « sérieux » de l'école primaire, cette veine créative semble se tarir chez la majorité d'entre eux, au grand désarroi des parents.

Aurait-on omis de les encourager dans cette voie ? **Pour que votre enfant soit créatif, vous avez un rôle important à jouer.**

Les bonnes conditions de départ

Vous pourrez encourager la créativité chez votre enfant grâce aux conseils suivants :

Fournissez le matériel

L'enfant peut créer dans sa tête, à partir de rien. Mais le plus souvent, il se sentira inspiré si vous mettez à sa disposition du « matériel » dont il pourra se servir à sa guise. Citons en vrac : papier de brouillon, crayons de toutes sortes, craies, ciseaux et colle (avec aide pour les plus jeunes), cuvette, éponge, vieux vêtements, dînette, boîtes vides, courrier publicitaire, catalogues et vieux journaux, etc. Aux beaux jours : sable, jouets de plage, eau, tente, drap, etc.

Laissez toute liberté

Pour que sa créativité s'exerce, l'enfant doit se sentir tout à fait libre d'explorer de nouvelles pistes. Mieux vaut des feuilles blanches qu'un album de coloriage. Devoir **recopier** les mêmes couleurs en suivant le modèle et sans déborder, **c'est tout sauf créatif, et très vite ennuyeux**. L'enfant qui invente ne connaît pas l'ennui. Aussi, laissez-le prendre des initiatives et n'intervenez dans son activité qu'à sa demande expresse, en veillant à ne pas trop l'orienter. Ne suggérez que s'il appelle à l'aide et ne le forcez jamais à finir un dessin.

Autorisez le fouillis

Il ne s'agit pas de permettre à l'enfant de répandre ses jouets dans toute la maison et de ne rien respecter ni ranger sous prétexte de créativité. Mais enfin, si chaque objet a une place et doit y rester, si la peur de salir ou de se salir est plus forte que le goût du jeu, si l'ordre et la propreté sont des impératifs de chaque instant, alors il n'y a plus d'invention possible. Mieux vaut prévenir et prévoir : le grand tablier en plastique, la nappe en papier journal, le grand tableau lavable, les serpillières en nombre, etc.

Un soutien actif

Valoriser plutôt que critiquer

Si vous voulez que votre enfant ait confiance en lui et dans ses compétences créatives, vous ne devez pas ménager vos encouragements. Avant de relever qu'il y a des traces de colle sur la table de la cuisine ou que le journal découpé n'avait pas encore été lu, avant de pointer qu'une maison coloriée exclusivement en marron n'est peut-être pas très gaie, prenez le temps d'admirer la réalisation. Dans toute œuvre, **sachez voir le bon, l'inventif, et mettez-le en valeur**. Ne sous-estimez jamais la susceptibilité des artistes !

Se transformer en collectionneur d'œuvres d'art

Apprécier sincèrement ne suffit pas, surtout si le pot à crayons en pâte à sel ou le collier de nouilles rejoint la pile de dessins au fond d'un tiroir, voire la poubelle. Si vous voulez que votre enfant développe une veine créative, vous allez devoir, pendant plusieurs années, vous transformer en collectionneur. Un mur pour ses dessins (dont certains seront encadrés), une étagère pour ses réalisations, c'est un minimum. N'oubliez pas que l'**un des moteurs essentiels de l'enfant est d'être reconnu et apprécié**.

Encourager l'imagination

Jusque vers trois ou quatre ans, l'enfant apprend essentiellement par l'imitation. Aussi, des parents qui expriment librement leur créativité et leur imagination ont-ils davantage de chance que les autres d'avoir des enfants comme eux. Inutile d'être artiste peintre pour donner l'exemple. Se montrer créatif, cela peut passer par le fait d'innover par rapport à la recette de cuisine du livre, changer de place les meubles du salon, inventer une histoire plutôt que lire un petit livre, s'extasier sur la beauté d'un arbre ou s'acheter une tenue d'intérieur confortable mais « fantaisiste ». On peut aussi montrer à l'enfant quelques techniques qui lui permettront de parfaire ses réalisations, mais **sans jamais insister pour qu'il fasse absolument à la manière ou selon le désir de l'adulte**.

Il y a un temps pour jouer et inventer ensemble les histoires ou les jeux les plus fous, un temps pour suggérer à l'enfant, en panne provisoire, une idée qui relancera son imagination et un temps pour laisser l'enfant tranquille, lorsqu'il joue, concentré, investi totalement dans ses créations et ses inventions.

La « rencontre » avec les œuvres d'art

Encourager chez l'enfant un tempérament créatif passe aussi par le fait de lui présenter les œuvres d'artistes accomplis. À la maison, vous pouvez écouter des disques de musiques variées, visionner ensemble certaines émissions télévisées ou feuilleter des livres d'art. Mais, dès le plus jeune âge, les enfants peuvent tirer bénéfice de la fréquentation des musées ou des expositions. Certaines heures et visites spéciales, fort bien conçues, leur sont parfois réservées. Une seule règle : tenir compte de la faible durée d'attention de l'enfant, variable selon son âge. **Pour ne pas créer un rejet, il est important de cesser la visite dès que l'enfant est lassé ou qu'il commence à s'ennuyer**.

89 Une mission impossible *la politesse* ?

« Cette impression de devoir répéter mille fois la même chose, que c'est pénible ! Ma mère disait qu'apprendre la politesse à son enfant, c'est comme remplir une bouteille avec des grains de sable ! » Un papa.

Au début, c'est : « Dis merci à maman », « Prends ta fourchette plutôt que tes doigts », « Dis au revoir à la maîtresse »... Puis : « Enlève tes coudes de la table », « Mets la main devant ta bouche quand tu tousses », « Ne coupe pas la parole »... Enfin : « Écris à ta marraine pour la remercier », « On dit bonjour *madame* », etc.

Cela vous rappelle quelque chose ? Normal. Si une certaine politesse semble se perdre, ce n'est pas faute d'essayer de transmettre l'essentiel. Mais alors, comment se fait-il que cela soit si difficile ? Pourquoi des enfants capables de retenir les guerres napoléoniennes ou les fractions semblent-ils oublier sans cesse les règles les plus élémentaires du savoir-vivre (qu'on leur rabâche pourtant depuis leur plus jeune âge) ?

Un travail de longue haleine

Commencé dès la petite enfance, l'apprentissage de la politesse n'est pourtant toujours pas acquis à l'adolescence. Les parents sèment des petites graines, arrosent jour après jour…, mais ils ne verront le résultat que bien des années plus tard.

Si certaines règles peuvent devenir des automatismes (comme se présenter au téléphone ou retenir la porte devant celui qui suit), la plupart sont appliquées de façon fluctuante. D'autres encore ne seront utilisées que lorsque l'enfant, devenu grand, en ressentira lui-même la nécessité sociale. Il faut donc faire preuve d'une grande patience : inutile d'attendre de nos enfants ce qu'ils ne sont pas en mesure de fournir, mais il ne faut jamais renoncer pour autant, on œuvre pour le long terme, pour le jour où une maman nous dira : « Quel enfant charmant vous avez, quelle chance d'avoir un enfant aussi bien élevé ! »

Être poli : pour qui ? pour quoi ?

L'apprentissage de la politesse dépend aussi, comme tous les autres, de la motivation. Pour les parents, l'affaire est entendue : savoir se comporter en société est une manière de montrer son respect de l'autre, de se faire accepter et de rendre les relations humaines plus agréables. Mais quelle est la motivation de l'enfant ? Jeune, il veut faire plaisir à ses parents et il dit « s'il te plaît » parce que cela lui permet d'obtenir ce qu'il veut. Plus grand, l'enfant ne voit pas l'utilité de semblables efforts. Au contraire, il trouve ces règles vaguement hypocrites et bien superflues. C'est là qu'il faut tenir bon, car **ce travail d'éducation, personne ne le fera à notre place**.

Voici quelques conseils

Soyez réaliste dans vos attentes

La politesse que l'on peut attendre d'un enfant dépend de son âge et de son développement. Mais il ne faut pas sous-estimer ses capacités non plus. Un enfant de six ans peut parfaitement apprendre à se présenter lorsqu'il répond au téléphone ou à ne pas sortir de table sans en demander l'autorisation.

L'enfant ne peut pas non plus être parfait tout le temps. Il comprend vite que, **selon les lieux et les situations, il doit plus ou moins contrôler son comportement**, ce que nous faisons également.

Posez les bases

Avec le petit enfant de moins de trois ans, on installe les quatre mots magiques (bonjour, au revoir, s'il te plaît, merci), les débuts du respect et du partage.

À cet âge, l'autre n'est pas vraiment pris en compte : les premières règles de politesse vont viser à l'introduire. La méthode la plus efficace consiste à enseigner une seule règle à la fois. Si « merci » vous semble prioritaire, concentrez-vous sur cette demande et laissez le reste de côté jusqu'à ce que l'habitude soit prise.

De trois à douze ans

Avec les débuts à l'école démarre l'époque des gros mots. Si les premiers (« caca boudin ! ») font plutôt rire, les autres nous amusent beaucoup moins.

L'enfant peut vite comprendre qu'une certaine façon de s'exprimer ne doit pas franchir la porte de la maison. Au fil des années, l'influence des copains se fait prépondérante et l'enfant a tendance à adopter les règles du groupe. Il faut pourtant continuer à faire respecter les règles importantes à la maison. Les parents expliquent qu'ils tiennent à cette politesse et félicitent l'enfant chaque fois que son comportement le mérite.

Les règles les mieux intégrées seront **les règles les plus simples et les plus claires,** exprimées en termes positifs, toujours les mêmes, et **répétées inlassablement**, chaque fois que nécessaire.

La valeur de l'exemple

L'exemple est encore et toujours le moyen le plus efficace d'enseigner la politesse. L'enfant, sans s'en rendre compte, modèle son comportement sur celui des adultes de référence, ses parents. Il est donc toujours utile de jeter un regard critique et objectif sur ses propres habitudes. **Si les parents n'appliquent pas eux-mêmes les « bonnes manières » qu'ils prônent, leurs exigences seront sans effet**.

L'enfant va être sensible au fait que l'on est poli et accueillant avec lui et que l'on respecte son point de vue dans une discussion. Il va remarquer que ses parents sont courtois entre eux, avec leurs amis et relations, avec les commerçants, qu'ils disent systématiquement « s'il vous plaît » et « merci ». Quand son tour sera venu, ce sont ces codes sociaux que, spontanément, il appliquera.

Répéter cent fois la même chose

La plupart des parents finissent par se demander si leur enfant ne serait pas un peu sourd, s'il n'aurait pas la tête particulièrement dure ou si c'est pour les embêter qu'il s'obstine à ne pas appliquer les quelques règles simples qu'ils lui ont enseignées.

En réalité, jusque vers six ans, être poli ne paraît pas important aux enfants. Ils n'y voient aucun avantage. À l'inverse de phrases comme : « J'ai soif », « Pipi » ou « Je ne veux pas aller me coucher », qui, elles, sont d'une utilité immédiate.

Pourtant, **il est indispensable de rappeler à l'enfant ce que vous attendez de lui** et de maintenir une légère exigence, si vous voulez recueillir, lorsque la maturité sera venue, les fruits de vos efforts.

90 Pourquoi pas à la maison, alors qu'il se tient ***si bien chez les autres*** ?

Vous voulez juger des résultats de l'éducation que vous avez donnée à votre enfant ? Envoyez-le quelques jours chez sa tante, ou bien acceptez qu'il se rende à l'invitation à passer le week-end chez son copain.

Vous serez sûrement étonné de ce que l'on vous dira de lui. Il aidait spontanément à mettre la table, il a mangé de la ratatouille, il tirait sa couette tous les matins… Alors qu'à la maison, vous avez l'image d'un enfant qui en fait le moins possible et n'aide, de bien mauvaise grâce, que lorsque vous vous fâchez.

Finalement, que nos enfants soient capables, lorsque la situation l'exige, de se tenir correctement et d'appliquer des préceptes longuement répétés, est assez rassurant. Contrairement à ce que vous auriez pu croire, votre éducation a porté. Imaginez que ce soit l'inverse et qu'il oublie, la porte à peine franchie, tout ce que vous lui avez enseigné !

À la maison, on se détend

Mais pourquoi ne l'applique-t-il pas à la maison aussi spontanément ? Parce que, **pour l'enfant, son foyer est d'abord le lieu de la tolérance, de la chaleur**. C'est l'endroit où l'on peut se laisser aller et relâcher ses efforts, où l'on se sent accepté et aimé inconditionnellement. Ne réagissons-nous pas un peu de la même façon ? Le « chez-soi » n'est-il pas le lieu où nous pouvons, à l'abri des regards extérieurs, nous laisser aller et oublier provisoirement efforts et tensions ?

Il faut bien comprendre que, pour l'enfant, être « bien élevé » n'est pas encore une habitude, mais une lourde contrainte. Qu'il réserve à l'extérieur, lorsqu'il veut se faire apprécier et, peut-être, vous rendre hommage.

La situation a de bons et de mauvais côtés

Comment pouvez-vous en tirer parti ?

• **Acceptez que votre enfant aille souvent chez les autres,** afin qu'il expérimente sa « bonne éducation » : elle deviendra plus vite une habitude.

• **Invitez souvent des copains de vos enfants chez vous.** Eux auront à cœur de bien se tenir et serviront d'exemples à vos enfants.

• Certains soirs, ou bien le dimanche midi, **jouez « au grand restaurant »** à la maison, ou bien jouez à « **manger chez la princesse** ». On s'habille soigneusement, on utilise les couverts à poisson et les fourchettes à gâteau, on ne se coupe pas la parole, etc. Soignez le menu et demandez à chacun de se comporter comme si ce repas se tenait dans un lieu très chic, très « classe »...

• **Montrez très concrètement à votre enfant,** en attirant son attention sur des anecdotes quotidiennes, les bienfaits de la courtoisie. Qu'il comprenne les avantages très concrets qu'il retirera du fait d'être bien élevé. Par exemple avec ses enseignants.

• **Expliquez à votre enfant** que vous comprenez son besoin de se détendre, mais qu'il y a, y compris à la maison, quelques bases minimales de correction sur lesquelles vous ne transigerez pas. Exposez-les clairement et veillez à ce qu'elles soient respectées.

• **Modulez vos exigences :** elles peuvent être différentes selon qu'elles concernent la chambre de l'enfant, lieu privé, et les lieux communs à tous. Il est acceptable qu'à sept ans il ne range pas son bureau à votre idée, mais cela l'est moins qu'il laisse ses habits traîner dans le salon ou les restes de son goûter sur la table de la cuisine.

• **Donnez l'exemple.** Les enfants sont plus sensibles aux actes qu'aux discours. Ils auront toujours tendance à modeler leur comportement sur le vôtre. Montrez-vous courtois, serviable et attentionné avec ceux qui vous entourent : vos enfants, avec le temps, auront tendance à vous imiter.

• Vous trouvez le temps long ? **Suggérez-leur des petites attentions :**

• « Et si tu portais un verre de jus de pomme à ton papa ? »

• « Quand tu prends une sucette, tu en offres aussi aux autres. »

• « Si tu envoyais un beau dessin à mamie, elle serait sûrement contente. »

Une chose importante

Vous vous sentez rassuré et content lorsque ceux qui ont reçu votre enfant vous complimentent sur sa gentillesse et son éducation. Alors n'oubliez pas d'en faire autant lorsque vous recevez un enfant chez vous : cela rassurera ses parents qui, probablement, partagent vos inquiétudes !

Ce que vous pouvez attendre d'un enfant...

Vers six ans

- *Se lever tout seul le dimanche, sans faire de bruit, et aller regarder ses dessins animés en attendant que ses parents se réveillent.*
- *S'habiller tout seul. Se verser des céréales dans un bol et du lait par-dessus.*
- *Mettre quotidiennement son linge dans le panier à linge sale. Tirer sa couette.*
- *Répondre poliment au téléphone, en se présentant.*
- *Rester seul dans la maison une demi-heure.*
- *Ne pas interrompre les gens qui parlent.*
- *Dire systématiquement bonjour, au revoir, s'il vous plaît, merci.*
- *Aider aux tâches ménagères courantes. Si vous avez plusieurs enfants, vous pouvez organiser un tour. L'un est « de service » lundi, mercredi, vendredi, l'autre mardi, jeudi, samedi. Le dimanche, tout le monde met la main à la pâte.*

Le minimum exigible des moins de douze ans à la maison

- *Mettre quotidiennement son linge dans le panier à linge sale. Tirer sa couette. Tenir sa chambre dans un ordre « raisonnable ».*
- *Répondre poliment au téléphone, en se présentant.*
- *Ne pas interrompre les gens qui parlent.*
- *Dire systématiquement bonjour, au revoir, s'il vous plaît, merci.*
- *Aider aux tâches ménagères courantes (si vous avez plusieurs enfants, organisez un tour).*

91 Adolescence : peut-on lâcher sur *les « bonnes manières »* ?

Les bonnes manières. L'expression fait vieux jeu. Est-ce si important que cela, si votre enfant est insolent ou se tient mal à table ? Oui, ça l'est. Même si, pour vos ados, vos remarques relèvent de la « prise de tête »...

Les parents trouvent souvent plus simple de « laisser passer », de faire comme s'ils n'avaient ni vu ni entendu. À long terme, ce n'est pas une bonne idée. **Être « bien élevé » n'est pas seulement agréable pour les autres, c'est aussi important pour soi-même**.

Enseigner les règles fondamentales du savoir-vivre est l'une des tâches importantes des parents.

Un apprentissage essentiel à l'adolescence

Ce qui est mignon chez un petit devient irritant chez un grand et tout à fait insupportable chez un adolescent. Ce dernier semble soudain oublier le peu qu'il savait - y compris les basiques : bonjour, bonsoir, s'il te plaît, merci - et prétend s'affranchir de telles règles. C'est malheureusement à l'âge où les jeunes se révoltent contre l'ordre établi que la politesse devient déterminante.

Si l'adolescent ne sait pas, ou ne veut pas, se comporter correctement, il va en subir les conséquences. Dans son quotidien, il est en contact avec des adultes pour qui être bien élevé est important et qui le jugeront là-dessus : un enseignant chargé de l'évaluer, un professionnel à qui il demande un stage, les parents des copains, etc.

Toutes choses égales par ailleurs, **le jeune correct et poli aura toujours plus de chance de trouver les appuis dont il a besoin**. Pas seulement au nom du respect de codes, mais aussi parce que **la courtoisie est garante de bonnes relations entre les êtres**.

Sur quoi faut-il insister ?

La base, tout le monde la connaît, encore faut-il l'appliquer. Ensuite, chaque famille définit ses priorités éducatives :

• Le comportement au téléphone : répondre en se présentant spontanément, la voix « accueillante », prendre et transmettre les messages, ne pas appeler les copains en lançant aux parents qui décrochent un laconique : « Allô ! Est-ce que Ben est là ? » ;

• Les attitudes un peu « vieux jeu », dont chacun regrette qu'elles disparaissent : laisser sa place dans le métro, tenir la porte, écrire une lettre de remerciement et non passer un simple coup de fil, attendre avant de manger que chacun soit servi, etc. ;

• La manière de dire les choses, demander et non pas exiger : « S'il te plaît, est-ce que tu pourrais ? » vaut mieux que : « Donne-moi », dire son ressenti plutôt que râler ;

• Finalement, tout ce qui marque le respect que l'on aimerait soi-même recevoir.

La meilleure façon de parler

Savoir s'exprimer correctement est une part importante des « bonnes manières ». Les parents qui surprennent une conversation entre leur adolescent(e) et ses copains sont souvent atterrés par la grossièreté et la pauvreté du langage. Ce n'est pas forcément grave si le jeune est « bilingue », qu'il sait parler la langue des copains et celles des adultes. Il faut donc insister sur deux points :

- L'adolescent doit être capable, lorsqu'il est avec ses parents ou avec des adultes extérieurs à la famille, de parler comme eux ;

- Le ton de voix compte autant que les mots eux-mêmes. Les adolescents souvent ne réalisent pas la dose de négativité que traduit leur expression. Leur dire : « Je comprends que tu sois contrarié, ou mal luné, mais je te demande de t'exprimer sur un autre ton » passe mieux que : « On dirait que tu aboies. »

Le moteur de l'apprentissage

Ne pas lâcher sur les bonnes manières, à tout âge, passe par deux attitudes complémentaires :

- Rappeler les points importants aussi souvent que nécessaire, c'est-à-dire très souvent. Sans se lasser. Comme pour toutes les habitudes, installer les « bonnes » demande de la consistance. L'exigence des parents, si elle est raisonnable et patiente, est toujours payante ;

- Servir d'exemple. **Même si les adolescents font, pendant quelques années, le contraire de ce qu'on leur a appris, ils enregistrent, jour après jour, ce qu'ils voient autour d'eux**. Cela impose aux parents de se comporter comme ils aimeraient voir leurs enfants le faire. Par exemple frapper à la porte de leur chambre : « Excuse-moi, je peux t'interrompre une seconde ? », plutôt que d'y entrer en terrain conquis… L'exemple existe aussi hors de la maison. Après qu'un copain est venu dîner, on glisse : « J'ai trouvé ton ami agréable, bien élevé, tu le réinvites quand tu veux. » Le jeune comprend que lui aussi sera jugé chez les autres.

Aux garçons, apprenez la galanterie

Écoutez les jeunes filles : pas une qui ne se plaigne que les garçons d'aujourd'hui se comportent en général comme des mufles. Contrairement à leurs aînés, ils ne savent plus faire de compliments aux filles, offrir des fleurs, tenir la porte, laisser passer, etc. Revendiquer l'égalité et partager l'addition n'implique pas que l'on se débarrasse de tout ce qui faisait les délices de la galanterie et de la courtoisie. Même égaux, on ne sera jamais identiques : apprendre à ***bien se comporter vis-à-vis de l'autre sexe fait partie intégrante d'une bonne éducation****.*

92 Un pas vers l'autonomie, *l'argent de poche* ?

La publicité, les magasins, les modes : tout est fait pour développer les désirs de consommation des enfants et des adolescents. Donner de l'argent de poche à son enfant est un acte pédagogique : cela lui apprend à gérer ses ressources, à différencier ses besoins et ses désirs, et le responsabilise.

L'argent de poche (quand, combien, comment) est devenu une préoccupation parentale. Près de 94 % des enfants reçoivent de l'argent de leurs parents, ce qui fait un pouvoir d'achat global considérable. Mais tous ne reçoivent pas cet argent régulièrement (moins de la moitié sont dans ce cas) et tous les parents n'ont pas, loin de là, la même attitude éducative.

Autant de familles que de comportements

Noémie, onze ans, n'a pas d'argent de poche : « Elle n'en a pas besoin, dit sa mère, je lui paye tout ce qu'elle désire. » C'est oublier que recevoir un cadeau rend redevable et met en position de passivité et de dépendance. Se l'acheter soi-même, c'est devenir actif, devoir choisir, décider, renoncer. Qui n'a d'ailleurs pas remarqué que les enfants sont beaucoup plus économes avec leur argent qu'avec celui de leurs parents ?

Xavier, douze ans, a de l'argent, qu'il reçoit selon les occasions : dix euros pour une sortie, cinquante euros à Noël, etc. Selon les notes, aussi : un euro pour chaque point au-dessus de quinze. Comme il est plutôt bon élève, il arrive à se constituer une cagnotte. Son but : remplacer ses rollers.

Les parents de Sarah, dix ans, et Antoine, quinze ans, pensent que les enfants doivent travailler pour eux-mêmes : les bonnes notes ne sont donc pas rémunérées. Mais depuis que leurs enfants ont huit ans, ils leur donnent de l'argent de poche de façon régulière. Sarah a quinze euros par mois et cet argent ne lui sert que pour ses petites dépenses courantes. Antoine a trente euros, mais il doit payer ses sorties entre copains, ses disques et, en général, tout le « superflu ».

La valeur éducative de l'argent de poche

Bien que l'argent ne soit plus un sujet tabou, il reste toujours difficile aux parents de décider et de trouver un accord avec leurs enfants. L'essentiel est de se souvenir que **l'argent de poche doit avant tout avoir une valeur éducative.** Il est destiné à apprendre à l'enfant à gérer, économiser, choisir, dépenser.

Donner de l'argent à son enfant, c'est lui faire confiance, lui permettre progressivement de s'émanciper de notre autorité et de prendre son indépendance. N'est-ce pas le but de toute éducation ? Gérer son argent aide à grandir et, accessoirement, à comprendre les fins de mois douloureuses. Cela admis, les choses deviennent plus claires.

Quelques conseils comme points de repère

• Si l'argent est une récompense, d'une note ou d'un service, le jeu est biaisé car l'enfant ne peut rien planifier. Le mieux est de s'en tenir à la définition de l'argent de poche : une petite somme d'argent à usage libre, versée régulièrement et sans contrepartie. Ce qui n'empêche pas les extras.

• Quand commencer ? Lorsque l'enfant sait compter et connaît la valeur des pièces, entre huit et dix ans. Au début à la semaine, puis au mois dès que l'enfant a fait la preuve qu'il savait gérer son argent.

• Apprendre aux enfants à se servir de leur argent, à connaître la valeur des objets, à épargner et à choisir, est indispensable mais n'empêchera pas les « bavures ». Le sens de l'argent ne s'acquiert que progressivement et laisser son enfant dépenser tout son mois d'un coup en autocollants, même s'il le regrette ensuite, a aussi une valeur éducative.

• La somme allouée se décide en famille. Elle dépend de l'âge de l'enfant, de ses besoins, de la destination de cet argent. Donner trop peu, c'est empêcher l'enfant de devenir autonome ; donner trop, c'est le leurrer sur la valeur de l'argent.

Quelques chiffres

(Attention, ces chiffres sont des moyennes et cachent de grandes variations individuelles.)

- *En France, l'âge moyen auquel les enfants commencent à recevoir de l'argent de poche est de 9 ans. La moitié des enfants âgés de 7 à 15 ans reçoivent régulièrement de l'argent de poche.*
- *De 7 à 11 ans : 12 euros par mois en moyenne.*
- *De 12 à 13 ans : 18 euros par mois en moyenne.*
- *Les 14 ans et plus sont 75 % à recevoir de l'argent régulièrement : 47 euros par mois en moyenne.*
- *4 % des enfants n'ont pas un sou.*
- *Il n'y a pas de différences selon les milieux sociaux.*

93 Est-ce possible de perdre sans *être mauvais joueur* ?

Dans un jeu comme dans un match, gagner et perdre sont deux issues qu'il est bon de savoir accepter avec la même tranquillité, sous peine de se faire rejeter.

Pour certains enfants qui s'impliquent à fond dans le jeu, perdre est une vraie souffrance dont ils ne savent se tirer avec élégance. Florent, onze ans, est débutant au ping-pong ; pourtant, il ne peut supporter de perdre contre son frère sans accuser celui-ci de tricherie. Quant à Jade, sept ans, elle jette le jeu de loto par terre si elle n'est pas la première à remplir sa carte.

Le problème, c'est que personne ne supportera longtemps de jouer avec eux…

Développer « l'esprit sportif »

Tolérer que son enfant soit mauvais joueur, ou bien le laisser gagner pour lui éviter cette épreuve, sont deux solutions qui ne l'aideront pas à affronter l'existence. Dans la vie comme dans les jeux, il faut prendre des risques sans être sûr du résultat.

Savoir accepter l'échec et s'en servir pour progresser est l'attitude de ceux qui finissent par réussir : le jeu est l'école de la vie. Jouer sans être assuré du résultat, ne pas s'effondrer lorsque l'on perd ni écraser l'autre lorsque l'on gagne, c'est bien ce que l'on nomme « l'esprit sportif », qu'il convient de développer chez nos enfants. Cette caractéristique n'apparaît pas spontanément et reste difficile jusqu'à neuf ou dix ans, parfois au-delà.

Être bon joueur est en général plus facile aux enfants qui ont confiance en eux et savent que leur valeur n'est pas en cause dans le résultat obtenu. Aussi est-il bon de s'interroger face à l'enfant qui a tant de mal à accepter de perdre : qu'est-ce qui est en jeu pour lui, au-delà du jeu proprement dit ? En quoi se sent-il remis en question ? Dans tous les cas, l'éducation tient un rôle essentiel.

Tenir compte de l'âge de l'enfant

Avec les plus jeunes enfants, jouez à deux à des jeux qui privilégient le hasard, comme les dominos ou le loto. Chaque partenaire a ses chances.

Plutôt que de le laisser gagner, **profitez du temps du jeu pour lui montrer quelles sont les réactions correctes**, avec des phrases comme : « Dis donc, que tu joues bien, tu m'as battue ! », ou : « Trois-un : rien à dire ! On fera une autre partie demain et j'essaierai de prendre ma revanche », ou : « Cette fois, c'est moi qui ai gagné, mais tu as vraiment bien joué. Je ne sais pas si je pourrais recommencer. »

À un enfant plus grand, vous pouvez apprendre les phrases acceptables en fin de jeu ou de match, comme : « Bravo, tu as vraiment bien joué », ou : « Tu es en forme, dis donc, il va falloir que je m'entraîne si je veux te battre ! », etc.

Votre attitude est déterminante.

« Ce n'est qu'un jeu ! »

Il est important que l'enfant apprenne la légèreté, le recul (« Ce n'est qu'un jeu : le plaisir est bien plus de jouer que de gagner »), ainsi que la leçon de l'échec (« Je n'étais pas assez entraîné ou pas assez attentif », ou bien : « Je n'ai pas eu de chance : je ferai mieux la prochaine fois »).

Pour cela aussi, **l'exemple reste le moyen le plus efficace**. Si vous êtes bon joueur et que vous perdez avec le sourire, votre enfant vous imitera vite. Mais l'exemple peut aussi venir de compétitions ludiques ou sportives suivies à la télévision. Attirez l'attention de l'enfant sur l'attitude des perdants, comme le joueur de tennis qui serre la main de son adversaire et le félicite, ou les judokas qui se saluent, discutez-en et valorisez les comportements particulièrement corrects.

En procédant ainsi, les choses s'arrangeront vite. En attendant, faites savoir à votre enfant que certains comportements sont inacceptables : s'il continue à lancer les cartes ou à bouder, vous ne jouerez plus avec lui. Parallèlement, félicitez-le largement lorsqu'il se comporte sportivement, quel que soit son score.

Valorisez l'erreur

Être mauvais joueur est une attitude rarement isolée : **l'enfant mauvais joueur est bien souvent un enfant qui ne se donne pas le droit à l'erreur**. En tant que parent, posez-vous des questions sur votre attitude éducative. N'êtes-vous pas trop exigeant avec lui ? N'attendez-vous pas de lui des choses difficiles à son âge ? Comment réagissez-vous en cas de mauvaises notes à l'école ? Mettre de la légèreté dans sa vie et l'aider à distinguer les véritables enjeux, cela passe aussi par vous.

Les jeux d'écran apprennent à perdre

Lorsqu'il joue seul face à un écran, l'enfant se comporte bien différemment face à l'échec ou l'erreur. Il y a plusieurs raisons à cela :

• On peut généralement régler le niveau de difficulté et l'adapter à ses capacités. Ce n'est que lorsque le joueur a réussi un niveau qu'il peut accéder au suivant ;

• On peut recommencer autant de fois que l'on veut, le retour en arrière est souvent possible et les conséquences de l'erreur sont la seule sanction ;

• On est seul face à soi-même ou face à la machine : on ne peut s'en prendre qu'à soi de ses difficultés, ou s'en prendre au hasard. On peut trouver des raisons de s'énerver, sans doute, mais pas d'agresser. On ne se bat que contre soi-même, on se lance ses propres défis. Même dans les jeux en réseau, « l'autre » reste une donnée relativement abstraite ;

• Il n'y a pas de honte ou de sentiment d'humiliation à perdre devant autrui, pas de soupçon de tricherie.

Tous ces éléments font qu'il est plus facile de « perdre » face à un écran. Reste à transférer cela dans la vraie vie, où l'on ne joue plus avec des avatars mais avec des partenaires, lesquels veulent, eux aussi, gagner…

94 Comment l'aider s'il se sent ***victime d'une injustice*** ?

« "C'est pas juste, j'ai rien fait", râlait ma fille, qui venait d'avoir zéro à son contrôle d'anglais parce que ses fautes étaient les mêmes que celles de sa voisine de classe, qui avait tout copié sur elle. Je n'ai pas su comment l'apaiser ni lui faire comprendre sa part de responsabilité. » Un papa.

Le sentiment d'injustice surgit très tôt chez l'enfant : dès l'âge de quatre ans, il peut se sentir révolté par le sentiment d'avoir moins ou parce que ses droits ne sont pas respectés. Ce sentiment évolue avec l'âge, mais il ne nous quitte jamais tout à fait.

Qui, en tant qu'adulte, peut affirmer qu'il trouve la société ou la vie complètement justes et que cela ne le révolte jamais ? Chez l'enfant, **ce sentiment d'injustice peut s'accompagner d'une vraie souffrance**. Selon son tempérament, il sera plus ou moins tenté de « rectifier » les choses dans le sens d'une plus grande équité. Dans tous les cas, il a besoin de notre compréhension et de notre aide. Mais l'attitude du parent sera différente selon l'âge de l'enfant.

Chez les plus jeunes

Le sentiment d'injustice accompagne souvent un sentiment de jalousie ou de rivalité. C'est le frère aîné qui a droit à plus parce qu'il est plus grand, ou le plus petit que l'on ne gronde pas parce qu'il est plus petit… C'est difficilement supportable lorsque l'idée première de la justice voudrait que tout le monde ait la même chose (ou que j'aie un peu plus que les autres !).

Le rôle des parents dans ce cas est de parler avec l'enfant. L'inciter à prendre une distance, à faire la part des choses en les resituant dans un contexte plus large, peut l'aider beaucoup. « C'est vrai que ta sœur a eu un nouveau manteau, mais rappelle-toi, c'est à toi que j'en avais acheté un l'an dernier. Le sien était vraiment trop petit. » Ce qui n'empêche pas, évidemment, de s'interroger : avons-nous tendance à favoriser l'un de nos enfants (celui qui demande le plus ou qui crie le plus), à être plus sévère ou à passer plus de temps avec un autre ?

Si, avec honnêteté, on se répond non, alors il ne faut pas se laisser culpabiliser par les éternelles réclamations de nos petits.

Être juste avec ses enfants

L'enfant se sent en insécurité : « Et si mes parents m'aimaient moins ? » L'aider, c'est lui permettre de développer l'estime qu'il a de lui-même et **lui prouver de cent façons qu'il est aimé pour ce qu'il est, de manière inconditionnelle, et non pour ce qu'il fait**.

Tenter de satisfaire ses enfants en visant l'égalité absolue de traitement entre eux est un piège dans lequel les parents ne doivent pas tomber : ils n'en finiraient pas de calculer le temps passé avec chacun de leurs enfants, le nombre de cadeaux offerts, la dimension de la part de tarte, etc.

Mieux vaut expliquer, aussi souvent que nécessaire, la raison des différences entre les enfants. Celles-ci doivent avoir un sens clair. Ce sera le cas si les règles sont connues et si les privilèges sont accordés à chacun en fonction de son âge, de son sexe ou de ses réussites. Par exemple, si tous les enfants de la fratrie savent que l'argent de poche augmente de trois euros par mois à chaque anniversaire, ils ne développeront pas de sentiment d'injustice sur le fait d'avoir moins que l'aîné.

Lorsque l'enfant grandit

Les sources du sentiment d'injustice se déplacent en partie sur le monde scolaire. La punition collective parce que le coupable ne s'est pas dénoncé ou les deux points de moins pour un retard font lever de grandes révoltes.

L'attitude des parents est essentielle. Votre rôle est de réfléchir avec l'enfant, de le faire s'exprimer et de l'aider à comprendre le point de vue de l'autre. Même rangé du côté de votre enfant, vous devez, en tant que parent, également soutenir l'autorité enseignante. Dans ces discussions, vous trouverez l'occasion de **rappeler les règles sociales et la nécessité de s'y soumettre**, comme vous le faites vous-même.

Et si le professeur est vraiment et souvent injuste ? Dans ce cas, **aidez votre enfant à savoir quand intervenir et comment le faire**. Défendre ses droits, c'est prendre un risque, cela demande du courage. Jeune, l'enfant a besoin que nous intervenions pour lui : il saura qu'il n'est pas seul, que ses parents sont là. Plus grand, il a besoin que nous le soutenions dans ses revendications. La relation de confiance est primordiale.

Et les adolescents ?

Vers dix ou douze ans, puis chez les adolescents, le sentiment d'injustice trouve deux nouveaux champs d'exercice. Le premier est classique : « La mère de Juliette, elle la laisse regarder les films à la télévision le soir. C'est pas juste. » **L'enfant compare son éducation à celle de ses copains et trouve matière à revendication**. Là encore, il faut réfléchir ensemble, honnêtement, puis prendre position en s'expliquant clairement sur la raison de ses choix éducatifs. « Moi, je te demande de te coucher tôt le soir pour telle et telle raison. Mais je suis d'accord pour que… », etc.

L'autre champ est celui de l'injustice sociale. Découvrant le monde et la société, l'adolescent se révolte, pour lui ou pour les autres, contre ce que certains possèdent et d'autres non. Aider l'enfant, c'est accepter la discussion sans la limiter au désespérant : « Eh oui, c'est comme cela. » Sa générosité et sa révolte seront douloureuses si elles en restent au stade de l'émotion ; elles seront utiles si elles débouchent sur l'action.

Agir contre l'injustice

Les enfants et les adolescents sont souvent sensibilisés à la misère qui nous entoure et aux nombreuses « injustices » que sont la pauvreté, le rejet ou la maladie. Montrons-leur que **les mots et la révolte sont insuffisants. On peut agir**, chacun à son échelle, pour rendre le monde plus beau. Chacun peut donner un peu de son temps ou de son bien. On peut aussi inciter le jeune à travailler pour s'offrir ce qu'il convoite, ou bien à adhérer à une association visant à établir un peu plus de justice dans une société qui en est largement dépourvue.

95 Comment leur *donner une morale* ?

Dans un monde en perte de repères collectifs, parler de morale peut sembler incongru. Quant à l'enseigner, c'est une tâche indispensable, mais rude.

Hadrien, dix ans, a trafiqué les notes de son bulletin scolaire. La même semaine, ses parents sont convoqués au commissariat : leur fille Raphaëlle, quatorze ans, a « piqué » un pull et s'est fait coincer. Quant au petit dernier, il s'est battu dans la cour de récréation Les parents se demandent quelle erreur éducative ils ont pu commettre.

Une transmission difficile

Nous avons tous des croyances personnelles et une morale sociale, spirituelle ou philosophique conformes ou non à celles de nos parents. Les transmettre à nos enfants, c'est les aider dans leur quête d'un sens de la vie et d'un engagement dans la société. S'y mettre à l'adolescence, c'est trop tard : **l'éducation morale est un travail de longue haleine qu'il faut entamer dès le plus jeune âge !**

Comment définir le sens moral ?

Il s'agit d'une **aptitude intérieure à distinguer le bien du mal, le bien étant ce qui peut entraîner à la fois l'estime de soi et l'estime de l'autre**. Ainsi armé, l'individu peut faire des choix. Le sens moral résulte de nombreux facteurs sociaux et culturels, mais, pour l'essentiel, il dépend de l'attitude des parents. Leurs comportements et leurs opinions face aux situations de la vie marquent l'enfant. Vous voulez un enfant qui avoue ses fautes ? Montrez-vous capable de reconnaître vos propres erreurs.

Le développement du sens moral

• Il n'existe pas chez le jeune enfant qui, se croyant au centre du monde, pense que tout lui est dû. Puis l'enfant devient sensible à l'approbation et à la désapprobation. Comme son seul souci est de faire plaisir, le bien est ce que ses parents approuvent.

• Vers deux ans, l'enfant, qui devient opposant et coléreux, ne fait preuve d'aucune « méchanceté » : il tente de s'affirmer. S'entendre énoncer les limites, de sécurité ou d'éducation, que ses parents lui fixent est ce qui l'aidera le plus à s'apaiser.

• **Vers trois ans, les règles sont intégrées et les bases essentielles de la morale posées**.

• Mais ce n'est qu'à partir de sept ans que l'enfant va commencer à pouvoir se mettre à la place d'autrui, à être sensible à l'injustice et à élaborer ses propres convictions.

• Les années d'adolescence seront surtout axées sur la recherche d'une morale individuelle, avec un sens aigu du respect et de la liberté, assortie d'une dose certaine de maladresse et de provocation.

• Il faudra encore quelques années pour que surgissent le recul et la tolérance, l'adolescent comprenant progressivement la nécessité d'une conduite morale.

Comment transmettre la morale

Les parents n'ont pas à craindre de transmettre ce en quoi ils croient. Leurs indications morales seront autant de points de repère à partir desquels l'enfant pourra tracer son propre chemin.

À trois ans comme à quinze, l'enfant qui s'oppose pour mieux se construire a besoin d'outils pour le faire. Non pour imiter, mais pour se définir.

Il n'est pas d'accord avec vous ? Tant mieux : il y a matière à discuter, échanger et négocier.

• L'attitude parentale qui a le plus de sens pour l'enfant est ferme et cohérente. Ce qui est interdit lundi n'est pas, sans raison particulière, autorisé mardi. Les parents n'interdisent pas ce qu'ils se permettent. Comment faire admettre à son enfant qu'il doit respecter le règlement du collège s'il vous voit resquiller dans le métro ?

• La meilleure méthode pour apprendre l'honnêteté à un enfant, c'est-à-dire le respect des lois sociales, consiste à lui apprendre, dès son plus jeune âge, à respecter les lois de la vie. Elles sont innombrables : « il faut bien dormir pour être en forme », « un animal que l'on embête peut mordre », « on n'est pas aussi fort à quatre ans qu'à sept », etc. De même, **le simple apprentissage de la politesse est une initiation à la morale**.

• **Il est toujours plus facile d'apprendre à un enfant à respecter des règles si on peut lui en expliquer le sens**. Formuler, prendre des exemples, mettre des mots sur des notions essentielles sont autant de manières de l'aider à les mémoriser.

Respecter l'avis de l'enfant

Tout cela ne doit pas faire oublier que **l'enfant a droit au respect de ses opinions**.

Autant l'attention, l'humour et la tendresse seront vos alliés dans le développement du sens moral de votre enfant, autant les menaces et les châtiments ne vous seront pas d'une grande aide.

C'est parce que votre enfant sent que vous lui faites confiance qu'il a à cœur de la mériter. Pour pouvoir, un jour, se forger son propre système de valeurs respectueux d'autrui, votre enfant a besoin de votre soutien et de votre estime pour tout ce qu'il imagine, crée ou invente.

Quelques questions pour réfléchir

« Et si tout le monde faisait ceci, que se passerait-il ? »

« Et si on te faisait cela à toi, qu'en penserais-tu ? »

N'ayez pas peur de répéter ces formules simples à votre enfant aussi souvent que nécessaire, jusqu'à ce qu'elles soient pour lui évidentes. Elles aident à sa réflexion et à la prise de distance par rapport à son propre comportement. Derrière leur simplicité se cachent les bases essentielles de la morale universelle.

96 Est-ce inévitable que tout le temps ***il discute et argumente*** ?

Forcément, la démocratie familiale, nouvelle à l'échelle de l'histoire, a des ratés. Elle donne aux enfants des occasions sans fin de discussions sur les exigences parentales. Elle épuise les parents, sommés de justifier chacune de leurs décisions.

En vacances, Lisa, onze ans, a le droit de traîner un peu dehors avec ses copains. Ses parents ont dit clairement : « Dix-neuf heures maxi à la maison. » Chaque jour, au moment de sortir, Lisa revient sur cette limite : « Pour une fois ! Mais qu'est-ce que ça peut te faire ? Les autres ne rentrent qu'à huit heures. » Tous les soirs, quand elle rentre, Lisa a grignoté quelques minutes, et la discussion repart.

L'été est là. Matthéo a besoin de nouvelles chaussures. Le problème, c'est que Matthéo, du haut de ses sept ans, a des idées arrêtées sur ce qu'il convient de porter. Ce n'est jamais exactement ça. « Oui, mais » est sa phrase fétiche. Douze magasins et cinq catalogues plus tard, Matthéo se décide enfin pour des sandales. Une fois en vacances, elles ont perdu leur charme : trop petites, trop pointues, moches. Conflit chaque matin. Matthéo a réponse à tout, puis il va à la plage pieds nus.

Tout se discute, rien n'est imposé

Depuis vingt ans, on a répété aux parents qu'il ne fallait plus exiger de leurs enfants ni obtenir autoritairement qu'ils obéissent. Désormais, il fallait expliquer à l'enfant pour entraîner sa conviction, en faisant appel à sa raison. Les enfants, très doués, ont rapidement compris le bénéfice qu'ils pouvaient tirer de la méthode. Ils ont appris à prendre l'avantage dans ces négociations : ils sont patients et ils ont tout à y gagner. Si bien que **les parents se trouvent fréquemment débordés**, quand ce n'est pas excédés, **par les capacités de discussion de leurs enfants**. Ces derniers sont mis en position de décider, à égalité avec leurs parents.

Les parents ont l'impression que, chaque fois qu'ils posent une limite, l'enfant résiste, les entraînant dans des discussions sans fin. Ceux qui se sont montrés précocement prêts à négocier se retrouvent avec un petit juriste à la maison, qui a réponse à tout. Le moindre compromis fait jurisprudence.

Avec les plus jeunes, mieux vaut éviter l'escalade

Certains enfants, dès l'âge de cinq ou six ans, discutent chaque demande parentale. Ils réclament dix fois les bonbons ou le dessin animé qu'on leur a pourtant refusé. Ces enfants savent, par expérience, que l'insistance paie. **Ils ont l'habitude d'avoir les adultes « à l'usure »**. Pour éviter que ce comportement persiste, voire s'aggrave, avec l'âge, mieux vaut y mettre un terme rapidement :

- Communiquez clairement et fermement sur ce qui est demandé ou autorisé ;
- Une fois la règle ou l'exigence posée, restez sourd aux complaintes ;
- Gardez une voix convaincue et calme. Évitez l'irritation et l'escalade.

S'il considère que « non » n'est pas une réponse

… c'est probablement que vos « non » n'en sont pas. L'enfant a compris que tout se discute. Avec l'âge de raison, la négociation devient plus âpre et les arguments plus solides. Si votre enfant « sait » qu'il finira par avoir ce qu'il demande, il vous rejouera le même air, encore et encore, sur des modes variés : enjôleur, coléreux, plaintif, selon ce qui vous irrite ou vous émeut le plus.

La seule solution consiste à réellement donner du sens aux mots que l'on prononce et à en convaincre l'enfant.

« Maman, je peux avoir une glace ? » La réponse : « Non, parce qu'on déjeune dans une demi-heure » est certainement plus efficace que « Tu ne crois pas que ça va te couper l'appétit ? » Ou bien : « Il est neuf heures. Au lit ! » fonctionne mieux que : « Ce ne serait pas l'heure d'aller se coucher ? » Et si ça proteste : « J'ai dit au lit, cela veut dire au lit. »

Les marges de la négociation

Vous serez d'autant plus à l'aise pour vous en tenir à ce que vous avez défini que cela sera clair pour vous. Dans la variété des décisions concernant votre enfant, il est bon que vous sachiez par avance :

• **Ce qui n'est pas négociable :** cela inclut les interdits de sécurité (ne pas jouer avec les allumettes ou se servir seul du mixeur) et les points qui vous tiennent à cœur (par exemple, l'heure du coucher ou les leçons apprises avant de jouer).

• **Ce qui se prête à un compromis après négociation :** dans ce cas, l'échange où chacun met du sien permet d'aboutir à un accord. « Je suis d'accord pour que tu ailles jouer chez Shuang, à condition que tu aies rangé ta chambre », ou : « OK pour cette émission de télé, mais tu me récites tes leçons d'abord. »

• **Là où vous êtes prêt à lâcher :** vous ne pouvez pas être présent sur tous les fronts. Certaines demandes vont dans le sens d'une prise d'autonomie souhaitable : les autorisations doivent forcément évoluer avec l'âge, ce que les enfants se chargent de nous rappeler. Laisser aux enfants des choix concernant leur vie, c'est aussi les responsabiliser et leur faire confiance.

Les avantages de la négociation

Attention à ne pas tout rejeter ! Savoir discuter, avancer des arguments, les faire valoir, convaincre, tout cela est important dans notre société et fait partie de l'éducation.

Échanger et discuter son point de vue, c'est apprendre la démocratie. Autant le jeune enfant qui discute tout renvoie l'adulte à un déficit d'autorité, autant il convient de valoriser l'expression des désirs et des opinions. **L'adulte qui sait écouter sans faire la leçon et qui défend ses convictions sans écraser l'enfant met en place les meilleures conditions pour la discussion familiale.** Un point à peaufiner d'urgence avant l'adolescence !

Réfléchir avant de parler

Maintenir une demande ou un refus sans se laisser fléchir par l'insistance de l'enfant, c'est d'autant plus facile que l'on n'a pas parlé trop vite. Ou que l'on n'a pas dit non à une demande légitime, sans trop réfléchir, par lassitude. **Limitez vos « non » à ceux qui ont du sens et de la cohérence, sinon ils seront difficiles à défendre.** Face à une demande de l'enfant, mieux vaut prendre un temps pour réfléchir et s'assurer que la réponse que l'on va donner est bien la bonne. Une fois décidée et énoncée clairement, et sauf élément nouveau, la réponse n'a plus à varier.

La mère des copains

« Solveig, elle, elle a le droit de regarder la télévision le soir. Sa mère elle veut bien. » « Lucas, sa mère, elle lui a donné un téléphone portable. » La pression des copains est forte. Comment savoir, sans références, si l'on fait bien ? Comment ne pas s'interroger en comparant ce qui se fait ailleurs ? Pour les enfants, c'est souvent mieux chez les autres. Fiez-vous à votre réflexion et à votre bon sens. Puis positionnez-vous clairement : « Je ne suis pas la mère de Solveig. Ici, les enfants de dix ans ne regardent pas la télévision en semaine. C'est comme ça. »

97 Faut-il les laisser *faire leurs erreurs* ?

À l'adolescence, se frotter à la réalité et faire des erreurs que l'on assume ensuite est ce qui est le plus efficace pour devenir autonome. Pas facile pour les parents protecteurs…

Grégoire, treize ans, adore faire des jeux en réseau sur son ordinateur et cela l'amène à se coucher fort tard. Les matins où il ne se réveille pas, sa mère doit le tirer du lit. Quand il manque le premier cours, elle lui fait la leçon et rédige un mot d'excuse. Puis cela se répète, et elle décide de changer de tactique : Grégoire a un réveil, qu'il s'en serve. S'il est en retard, qu'il assume. Quand il a eu un avertissement du collège, Grégoire a commencé à modifier ses heures de coucher.

Coupable ou responsable ?

L'erreur fait partie intégrante de l'apprentissage et de la croissance. Difficile d'en convaincre les adolescents. L'enfant, quand il se trompe ou rate, se sent frustré ou déçu, mais il ne se demande pas de quoi il a l'air. L'adolescent, si. Il se sent nul. Ridicule aux yeux des autres. À tel point qu'il préfère souvent **ne pas tenter plutôt que de prendre le risque d'échouer**.

Difficile également d'en convaincre les parents. Ceux-ci préfèrent bien souvent épargner à leurs grands enfants toute difficulté plutôt que de les laisser les assumer. Il faut être héroïque pour voir son enfant se diriger dans une impasse ou prendre un risque sans tenter de l'en empêcher.

Même si cela peut parfois être inconfortable pour chacun, **la liberté de faire des choix**, donc des erreurs, **est essentielle au développement psychologique de l'adolescent**. C'est seulement ainsi qu'il peut grandir et devenir adulte. Impossible de tout lui épargner. Ce ne serait pas lui apprendre la vie.

La valeur de l'exemple

Le meilleur moyen de convaincre un adolescent que « l'erreur est humaine », normale et non pas honteuse, que c'est même une merveilleuse méthode d'apprentissage ? Lui montrer l'exemple.

La réussite ne survient souvent qu'après une longue suite d'essais et d'erreurs, qu'il s'agisse de réussir un lancer de ballon, une équation du second degré ou un créneau de stationnement. D'autres fois, l'erreur vient d'un oubli, d'une inattention ou d'une prise de risque.

Il est utile à votre adolescent de vous entendre raconter que, comme vous avez oublié de poster la lettre pour le Trésor public contenant le chèque des impôts, vous allez devoir payer une amende. Votre réaction est une leçon pour lui. À condition que vous ne vous rouliez pas par terre de rage, d'injustice ou de culpabilité !

La bonne attitude ? Elle tient en quatre points :

- Reconnaître sa part de responsabilité dans l'erreur. « C'est ma faute, j'ai oublié », ou : « Je n'ai pas assez réfléchi », ou encore : « Je m'y suis mal pris. » Ce n'est pas la faute « aux autres » ou à « pas de chance » ;

- S'excuser si l'on fait du tort à quelqu'un ;

- Réparer ce qui peut l'être ;

- Tirer les leçons de ses erreurs pour la fois suivante. C'est l'étape « pédagogique » par excellence.

« *Je te l'avais bien dit !* »

Bien sûr, vous aviez mis votre fille ou votre fils en garde, c'est votre devoir de parent : « Si tu dépasses ton forfait téléphonique, c'est toi qui paieras la différence. Attention : le temps passe très vite quand on bavarde. » Puis : « Je trouve que tu téléphones beaucoup, tu sais où tu en es de ton forfait ? » Inutile pour autant, quand arrivera la facture avec trente euros de dépassement, de lui faire remarquer avec aigreur que vous le lui aviez bien dit.

Une leçon à la fois, c'est bien suffisant. Si vous voulez que l'enfant apprenne de la vie, ne vous en mêlez pas trop. Même si c'est héroïque de vous retenir, évitez toutes les phrases du genre : « Je te l'avais bien dit ! », « Je t'avais prévenu ! », « Si seulement tu m'avais écouté ! », etc. Elles ne peuvent qu'affaiblir le message. En outre, elles attireront sur vous l'agressivité : « Évidemment, toi tu sais tout, tu as toujours raison ! »

Mieux vaut laisser les conséquences parler pour elles. Quand l'adolescent aura remboursé ce qu'il doit, il apprendra vite à mettre un terme à ses conversations téléphoniques. Mais pas si, attendri, vous payez pour lui.

Lui « sauver la mise » systématiquement est évidemment une mauvaise idée.

Assumer, sans culpabilité ni double peine

Ne culpabilisez pas votre adolescent pour ce qu'il a fait, ni pour obtenir qu'il fasse ce que vous souhaitez. **La culpabilité n'est jamais un bon moteur de comportement**. Mieux vaut l'aider à tirer les conséquences de ses actes et à exprimer ses émotions. Il est en colère ? Il se sent bête ? Déçu ? D'accord. Maintenant, essayez avec lui de comprendre d'où vient l'erreur. Puis **incitez-le à réparer ce qui peut l'être, à assumer les conséquences et à tirer les leçons de l'événement**.

Elle a passé son devoir de maths à une copine et les deux se retrouvent avec un zéro ? Il a bu de l'alcool chez un copain et vous le récupérez malade comme un chien ? Laissez-le assumer, sans l'écraser ou l'humilier. Pas de « double peine ». S'il s'est fait punir au lycée, inutile de le punir aussi à la maison pour la même chose. S'il rembourse un objet perdu, la « punition » est suffisante.

L'ado qui fait une erreur doit être traité avec respect et compréhension. Il apprend la vie et ce n'est pas facile.

Halte à la surprotection !

L'attitude des adultes est déterminante. Si les parents ont peur des risques et des erreurs de leur adolescent et le surprotègent, s'ils décident de tout pour lui, ils risquent de **transformer un enfant curieux et courageux en un ado craintif**.

Un jeune surprotégé, lorsqu'il se retrouvera sans défense, quand il devra se débrouiller seul face aux défis de l'existence, risque de s'écrouler au moindre revers de fortune. Ou bien l'adolescent deviendra rebelle et prendra des risques excessifs, pour bien montrer à ses parents ce dont il est capable. **Il utilisera son énergie pour s'opposer plutôt que pour se construire**.

98 Faut-il l'obliger à *continuer le piano* ?

S'entraîner pour progresser, au tennis comme au piano ou aux claquettes, demande des efforts suivis et peut se révéler frustrant. Quand arrive le collège, avec ses nouveaux centres d'intérêt, la tentation d'arrêter se fait plus forte.

Enthousiaste, ou au moins partie prenante, au mois de septembre, l'enfant veut lâcher prise quelque temps plus tard. Ou bien il veut arrêter la natation qu'il pratique depuis plusieurs années, alors justement qu'il devient bon. Les moments de pratique virent au conflit. Quant aux parents, ils ne savent plus s'ils doivent insister ou lâcher prise.

Un, on discute : il s'agit de comprendre

Excès de fatigue ?

Chaque activité demande du temps, qui va s'ajouter à celui des cours et des devoirs. À la tension scolaire s'ajoute celle des compétitions ou des auditions. La fatigue de l'hiver aidant, le stress et la lassitude vont venir remplacer la joie de pratiquer. C'est alors que l'enfant veut arrêter.

Un problème avec l'enseignant ?

Le choix de l'enseignant est déterminant : si l'enfant l'aime, le trouve chaleureux et enthousiaste, il aura plus tendance à s'engager durablement que s'il est face à un enseignant avec qui « ça ne passe pas ». Il y a toujours moyen d'assister à un cours pour sentir l'ambiance et discuter avec l'enseignant pour tenter de résoudre le problème.

C'est l'activité qui lui déplaît ?

Il veut passer de la guitare à la clarinette. Finalement, elle préfère le tennis de table au volley. Pourquoi pas, si l'enfant connaît bien ce qu'il quitte (pas de regrets ultérieurs) et ce vers quoi il va. Souvent, quelques cours à l'essai avant de s'engager permettent d'éviter ce problème en milieu d'année.

Deux, on encourage et on temporise

S'il s'agit de fatigue, on peut, pendant un mois, ralentir ou suspendre l'activité. L'enfant a besoin d'un temps quotidien pour se détendre, rêver, bricoler sur son ordinateur ou voir ses copains. Si l'équilibre n'est pas respecté entre le temps « organisé », d'apprentissage, et le temps libre, l'enfant aura du mal à tenir le rythme.

N'oubliez pas non plus que votre enfant doit se sentir soutenu. Il prend des cours de danse ou de guitare basse ? Soyez bon public et admirez ses progrès. Il a un match de handball contre le club voisin ? Allez l'encourager avec enthousiasme.

Trois, on fait un effort

Une fois engagé, on n'abandonne pas sur un coup de tête, ni quand survient la difficulté. Le rôle des parents est de soutenir et de rappeler l'engagement. Un engagement d'un an a du sens, mais l'insistance doit être modulée selon l'âge de l'enfant.

Aux parents aussi d'aider l'enfant à avoir de la suite dans les idées, à tenir un projet. Ce fameux sens de l'effort qui semble faire tant défaut à certains adolescents, c'est dans l'enfance qu'il faut l'entraîner. Dans une société qui met en avant la réussite facile et rapide, il est difficile de faire admettre aux enfants que l'on ne devient pas ceinture noire en trois stages ou pianiste en deux saisons. Encore l'une des tâches ingrates des parents…

Quatre, on prend une décision

Tout cela évalué, pris en compte, on décide. **Apprendre ne se fait pas au prix de conflits permanents. Chacun a droit à l'erreur et à l'épuisement**. Tout est question d'appréciation. Si le loisir n'apporte plus de plaisir, a-t-il encore sa raison d'être ?

« Ma fille sera danseuse étoile »

La question fondamentale à toujours se poser avant de décider si l'enfant doit ou non arrêter son activité artistique ou sportive est : « Avec ses cours de piano (ou de foot), mon enfant poursuit-il son rêve ou le mien ? »

Beaucoup d'enfants suivent des cours pour faire plaisir à leurs parents, parce qu'eux-mêmes l'ont fait, ou au contraire en ont été privés. Cela entre dans le rêve qu'ils font pour leur enfant. Mais l'enfant réel est toujours différent de celui dont on rêvait : il a d'autres désirs, d'autres goûts, qui sont à respecter, au prix parfois d'une vraie déception pour les parents.

99 Que faire quand (collège, profs, élèves) *il en a marre de tout* ?

Le collégien, comme chacun, traverse des hauts et des bas. Mais l'âge est délicat et certains de ces « bas », s'ils durent, peuvent avoir des conséquences problématiques sur sa scolarité ou son état psychologique.

Les résultats de Damien, treize ans, sont à la baisse. Depuis quelques semaines, même les matières qui lui plaisaient ne l'intéressent plus. Entrer en quatrième dans un nouveau collège lui faisait plaisir. Cela a duré quelques mois, puis l'ennui a pris le dessus. Tous les soirs, il semble contrarié. Faire ses devoirs, c'est « une galère », un non-sens. Ce qui ne va pas ? Rien ne va ! Les profs ne sont pas intéressants. Les programmes sont ennuyeux et inutiles. Les élèves sont décevants. Damien **s'isole et se démotive**. Ses parents s'inquiètent en le voyant adopter une attitude qui pourrait compromettre son avenir. Comment réagir ? Comment l'aider à dépasser ce cap ?

La première étape est de parler avec l'enfant

C'est le seul moyen de comprendre ce qu'il a en tête. Mais discuter avec un jeune n'est pas facile. Il a souvent tendance à se replier sur lui-même ou à répondre par monosyllabes. Aux questions commençant par « pourquoi », il répond invariablement « J'sais pas. » **Autant il ressent le besoin de parler avec l'adulte, autant il craint toute tentative d'intrusion dans son univers intérieur**. Pour permettre à l'adolescent de s'exprimer, on peut s'aider de ces quelques conseils :

• On ne fait que proposer ; c'est lui qui décide du moment, c'est quand il a envie.

• La meilleure attitude consiste à se taire, ou à relancer de la manière la plus neutre possible : « Ah oui ? », « Que veux-tu dire par là ? », « Qu'est-ce qui te fait dire cela ? », etc.

• On essaie d'éviter les jugements, les critiques, les conseils, tout ce qui va le bloquer à coup sûr et attirer immédiatement une réaction du type : « Mais c'est impossible », « Tu ne comprends rien », « Oui, mais... », etc.

De la discussion, il ressort généralement que l'adolescent en a marre. De tout. Des profs comme des élèves. De ses parents également. Rien ne mérite indulgence.

Que signifie ce rejet ?

On peut chercher dans plusieurs directions :

• Quand ce comportement a-t-il démarré ? Il y a souvent un déclencheur, même s'il est passé jusqu'ici inaperçu. Ce peut être une mauvaise note, ou une suite de notes médiocres. L'adolescent n'a pas pris la mesure de ce qui était demandé dans cette classe et sent qu'il se fait distancer. Plutôt que de remettre en question ses capacités ou son travail, il rejette la responsabilité sur l'extérieur. Une rencontre avec le professeur principal serait sûrement précieuse.

• L'adolescent est-il déçu ? Il est fréquent que les enfants se fassent une haute idée de ce qui les attend au collège : ils ont choisi une section particulière, ils vont connaître la vie passionnante des collégiens, etc. Mais la réalité est plus terne : il y a beaucoup de matières, l'emploi du temps est chargé et la vie quotidienne est parfois lourde.

• À l'adolescence, la « vraie vie » (les filles, les garçons, ce qui les rassemble) compte souvent davantage que le programme scolaire. C'est pourquoi ce qui démobilise les adolescents de leurs études est souvent à rechercher ailleurs. Un événement de la vie personnelle, rayon copains ou rayon famille, a-t-il pu le déstabiliser ?

Le plus souvent, ce n'est qu'un passage à vide

Une déception et une fatigue passagères sont souvent à l'origine de la difficulté.

Voici quelques pistes pour ne pas laisser l'enfant s'enfoncer dans cette attitude de refus critique :

• Trouvez une chose qu'il aime en dehors des études et valorisez-la. Il est passionné de rap ? Écoutez-en avec lui, emmenez-le à un concert. Elle rêve de chanter ? Trouvez-lui un cours, une chorale, un lieu où donner libre cours à son désir. L'idée est de permettre à l'adolescent de trouver des moments de plaisir et d'évoluer dans un domaine qu'il a choisi, en dehors du collège. Un élément de sa vie échappe à son sentiment d'ennui et de morosité générale.

• Favorisez les relations qu'il entretient avec ses copains. Souvent, un (ou une) seul ami peut sauver de la grisaille. N'hésitez pas à lui suggérer d'inviter des copains à la maison ou d'organiser des sorties collectives.

• Incitez-le à faire des projets, à se projeter dans l'avenir. Les prochaines vacances sont en vue : aimerait-il faire un stage, un voyage, découvrir une nouvelle passion ? Le week-end, organisez des activités qui lui changent les idées.

• Apprenez-lui la patience. **La vie ne ressemble jamais à l'idée que l'on s'en fait, ni la réalité au rêve**. En grandissant, on a plus de prise sur les choses, on peut davantage les faire évoluer à son idée. Mais jamais totalement. **Accepter ces frustrations et devenir capable d'apprécier ce que l'on a, cela s'appelle grandir.** Et cela prend du temps.

Et si cela cache une forme de dépression ?

Il est fréquent qu'en cours d'année, des moments de fatigue intense amènent l'enfant à remettre en question ce qu'il aimait jusque-là. Chez certains, cela peut aller jusqu'à des états dépressifs : ils n'ont plus goût à rien, plus rien ne vaut la peine de se secouer, rien ne les intéresse. Même leurs activités parascolaires ne les mobilisent plus. Las dès le matin, se lever leur demande un effort terrible. On peut aussi observer une attitude de **repli sur soi : le jeune s'enferme dans sa chambre et se coupe de ses copains**.

Dans ce cas, il peut être utile de **consulter un médecin** (pour un bilan de santé) **et un psychologue** (pour un bilan psychique et une aide directe).

100 Puis-je intervenir si *je n'aime pas ses copains* ?

« Lorsque Jasmine nous a présenté sa nouvelle amie, genre cheveux bleus, jean troué et rat sur l'épaule, j'ai eu un coup au cœur… » Un papa.

Les jeunes ont besoin de liberté. Cela passe par le fait de vivre leurs propres expériences. Ils ont besoin de trouver le mode de vie et les copains qui leur correspondent. Cela se fait souvent en opposition aux choix et aux préférences des parents. Même en ayant confiance en son enfant, il peut arriver que les parents s'inquiètent de certaines fréquentations. Comment réagir ?

Des parents concernés

Depuis quelque temps, votre fils de quatorze ans passe beaucoup de temps dehors, avec les nouveaux copains qu'il s'est fait dans le bâtiment voisin. Vous vous inquiétez, vous les voyez fumer, vous trouvez qu'ils s'habillent d'une drôle de façon. Vous aimeriez mieux qu'il revienne à ses copains d'avant. Ou bien c'est votre fille de treize ans qui s'est entichée d'une copine de deux ans son aînée, trop maquillée et nettement trop avancée à votre goût. Devez-vous intervenir ?

D'un côté, votre enfant doit être assuré que vous continuez à vous sentir responsable de son éducation. Pas question de faire semblant de ne rien voir ou de lui laisser faire tout ce qu'il veut. D'un autre côté, votre adolescent doit se sentir respecté dans ses choix afin de pouvoir faire lui-même le tri entre ce qu'il aime et ce qu'il aime moins. Pour cela, il faut qu'il se sente libre dans ses relations aux autres, sans toutefois se sentir seul.

Faire vraiment connaissance

La première chose à faire est certainement d'inciter votre enfant à inviter ses copains chez vous, afin que vous fassiez leur connaissance. Les **voir de loin ou se fonder sur une réputation ne suffit pas pour se faire une opinion**. S'ils se retrouvent chez vous, il vous sera plus facile de vous faire une idée sur leur personnalité, leur caractère, leur éducation.

Essayez de savoir ce qu'ils font quand ils sont ensemble. Mais attention, cela ne signifie pas être intrusif et entrer dans la chambre à tout moment sous divers prétextes !

Faites connaissance, partagez un repas, échangez une conversation En un mot, essayez honnêtement d'aller au-delà de l'apparence et de dépasser votre première impression.

Accepter la différence

Vous avez rencontré le copain et non, vraiment, il ne vous plaît pas. C'est plus fort que vous, l'idée que votre fils le fréquente vous est insupportable. Il est temps de se demander pourquoi.

Vos raisons peuvent être personnelles : le copain n'a pas la bonne éducation, il ne vient pas du bon milieu, il n'a pas la bonne couleur de peau ou la bonne religion, sa façon de s'habiller ou de s'exprimer ne vous revient pas, etc. Dans ce cas, la meilleure solution consiste à faire bonne figure, à retenir vos remarques et vos réticences et à accueillir le copain à la maison.

Dites-vous bien que votre enfant a besoin de connaître des gens de milieux et de cultures différents pour mieux comprendre la société où il vit. L'ouverture sociale, le dépassement de la différence, la rencontre avec l'autre : cela ne peut lui faire que du bien. Alors laissez-le explorer. Que vous appréciiez moins certains des copains de vos enfants que d'autres est parfaitement normal et pas bien gênant.

Modérer les critiques

Vos raisons peuvent être plus « éducatives » : vous craignez que le copain n'ait une mauvaise influence sur votre enfant sur des points qui vous paraissent importants. Vous allez devoir réagir et donner votre avis. Mais veillez à intervenir avec beaucoup de doigté et de diplomatie.

Commencez par discuter avec votre enfant. Demandez-lui ce qu'il apprécie chez cet ami. Soyez très mesuré dans vos paroles. Ne portez pas un regard trop critique sur les goûts de votre adolescent, ses activités ou ses copains. N'oubliez pas qu'un jugement négatif pourrait le braquer et avoir l'effet tout à fait inverse à celui recherché. Si vous attaquez son copain, il va le défendre. Il risque de continuer à le voir, mais sans que vous le sachiez, et il ne vous présentera plus personne.

En conclusion, ne soyez pas trop exigeant et critique sur les fréquentations de votre enfant. **Faites preuve d'ouverture d'esprit. Donnez votre avis tout en respectant ses goûts**. C'est le meilleur moyen de maintenir le dialogue et de lui apprendre à faire de bons choix relationnels.

Si votre enfant est entraîné vers des comportements illicites

En tant que parent, vous êtes garant de la sécurité de votre enfant et de la loi. Vous êtes là pour lui donner des repères. **Pas question de se faire complice de comportements illégaux ou dangereux**. L'attitude juste consiste à tâcher de maintenir le dialogue afin que l'ado ne s'isole pas et chercher ensemble des solutions. Sans banaliser ni dramatiser, mais en étant prêt à prendre des mesures radicales si nécessaire.

Éloigner votre enfant d'un copain ou d'une bande qui l'entraînent dangereusement sera plus facile si vous pouvez le faire changer d'environnement, au moins partiellement, et que vous l'incitez, lors de sorties, d'activités ou de vacances, à se lier avec d'autres.

Que penser des amis virtuels ?

Nos enfants, dès qu'ils ont accès à Internet, que ce soit par l'intermédiaire du smartphone ou de l'ordinateur, s'inscrivent sur les réseaux sociaux. Ils y partagent des informations avec des « amis » et des « amis d'amis » qu'ils n'ont parfois jamais rencontrés dans la « vraie vie ».

Autant vous pouvez rencontrer et discuter avec les amis du collège ou du voisinage, autant il est difficile d'avoir un avis sur ceux qui n'existent qu'à travers leur pseudonyme.

À partir du moment où vous laissez votre enfant avoir accès à ces sites, il est important de **l'informer très concrètement de la manière de s'y comporter et des risques qu'il prend**. Si vous-même n'êtes pas assez au point sur ces questions, renseignez-vous ou trouvez quelqu'un qui pourra faire ce travail.

Tant que votre enfant a l'âge du collège, installer l'ordinateur dans une pièce commune plutôt que dans sa chambre permet de jeter, de temps en temps, un coup d'œil sur ce qu'il y fait…

Conclusion

Certains parents, à l'issue de ce livre, pourraient avoir des regrets, pensant qu'ils n'ont pas bien géré ceci ou mal emmanché cela... C'est le contraire de ce que je souhaite. Ces conseils sont des pistes, mais sans garantie de succès ! À l'inverse, ce que les parents font avec leur cœur peut donner d'excellents résultats, même si telle attitude leur paraît, après coup, maladroite.

Deux bonnes nouvelles :

- Les enfants sont merveilleusement adaptables ;
- Les parents n'ont pas à être parfaits, ce serait même insupportable pour leurs enfants, qui n'auraient plus la liberté de penser faire mieux un jour...

Au lieu de regarder vers le passé et de regretter ce qu'ils « auraient dû » faire, je conseille aux parents de se concentrer sur le présent. C'est le seul « lieu » où ils peuvent être efficaces.

Prendre soin de l'ambiance à la maison, y mettre encore plus de détente, d'ouverture du cœur et de joie de vivre afin que chacun s'y sente bien : voilà l'essentiel.

Imprimé en Italie par Canale et C.SPA
Achevé d'imprimer en janvier 2014 pour le compte des Éditions Hachette Livre (Marabout)
43, quai de Grenelle - 75905 Paris cedex 15
dépôt légal : décembre 2013
ISBN : 978-2-501-08155-9
Codif : 4121646